初心永在

嘉兴英烈谱

南湖革命纪念馆　编

浙江大学出版社
ZHEJIANG UNIVERSITY PRESS

图书在版编目(CIP)数据

初心永在：嘉兴英烈谱/南湖革命纪念馆编. —
杭州：浙江大学出版社，2021.3

ISBN 978-7-308-21044-7

Ⅰ.①初… Ⅱ.①南… Ⅲ.①革命烈士－生平事迹－
中国－近现代 Ⅳ.①K820.6

中国版本图书馆 CIP 数据核字(2021)第 019396 号

初心永在——嘉兴英烈谱

南湖革命纪念馆　编

策划编辑	张　琛　黄静芬
责任编辑	黄静芬
责任校对	徐　旸
封面设计	周　灵
出版发行	浙江大学出版社
	（杭州市天目山路 148 号　邮政编码 310007）
	（网址：http://www.zjupress.com）
排　　版	浙江时代出版服务有限公司
印　　刷	浙江新华数码印务有限公司
开　　本	710mm×1000mm　1/16
印　　张	18.5
字　　数	313 千
版 印 次	2021 年 3 月第 1 版　2021 年 3 月第 1 次印刷
书　　号	ISBN 978-7-308-21044-7
定　　价	78.00 元

浙江大学出版社市场运营中心联系方式　（0571)88925591；http://zjdxcbs.tmall.com

本书编委会

主　任：张宪义

副主任：李　允

主　编：唐颖华　陈亚欣

序

英雄是民族最闪亮的坐标，是民族的脊梁和我们不断开拓前进的勇气与力量所在。为纪念中国共产党成立100周年，弘扬习近平新时代中国特色社会主义思想，巩固深化"不忘初心，牢记使命"主题教育成果，南湖革命纪念馆编写了《初心永在——嘉兴英烈谱》一书。本书展现了红船起航地嘉兴20世纪初以来风起云涌、波澜壮阔的革命历程，收录了嘉兴先烈（包括在嘉兴牺牲的、嘉兴籍的及在嘉兴活动过的烈士）矢志奋斗、可歌可泣的事迹，展示了这些革命烈士的光辉事迹。

嘉兴人杰地灵，英才辈出，是中国共产党的诞生地。在中国革命、建设和改革的各个历史时期，无数的嘉兴儿女为争取民族独立、国家富强、人民幸福，献出了宝贵的生命。先烈们用宝贵的生命，矗立起一座座精神丰碑，换来了我们今天和平幸福的生活。红船百年，见证了他们的丰功伟绩；秀水泱泱，传诵着他们的万古英名。缅怀英烈，铭记历史，我们的信念才会更加坚定，我们前进的脚步才会更加有力。

先烈们用生命谱写了一曲曲高亢激越的革命颂歌，他们的崇高精神和浩然正气永存人间。热爱祖国、忠于人民、无私奉献、敢于牺牲的烈士精神，凝聚着中华民族无数仁人志士对世界观、人生观、价值观的认知和感受，积淀着中华民族的崇高精神和高尚品格，具有巨大的凝聚力和感召力。如今，嘉兴正站在全面深化改革的历史新阶段，为"两个一百年"的奋斗目标而追梦奔跑。《初心永在——嘉兴英烈谱》不仅是一本革命传统教育读物，更是一笔宝贵的精神财富，它传承和弘扬红船精神，培育和践行社会主义核心价值观，教育和激励当代嘉兴人不断奋进，为中华民族的伟大复兴而奋斗！

嘉兴革命烈士陵园简介

嘉兴革命烈士陵园（英雄园），坐落在风景优美的南湖之畔，始建于1969年，原址在嘉兴市南湖区三塔路，是中华人民共和国成立后为纪念革命先烈而建造的，这些先烈为了嘉兴的解放事业而英勇献身。1996年搬迁至南湖风景名胜区，占地面积30.1亩。为了更好地缅怀革命先烈，教育后人，发挥嘉兴革命烈士陵园的教育、纪念、休闲功能，当地政府于2005年12月开始，历时4个多月，耗资600多万元，对陵园进行整体改造，陵园于2006年3月正式竣工并对外开放。

嘉兴革命烈士陵园功能齐全，设施完备，设有英雄纪念碑、英雄广场、人民英雄革命纪念园（烈士墓区）、嘉兴革命历史史料陈列馆等区域。同时，在周边增置了休闲设施，使人们在瞻仰和缅怀英烈的同时，又可以在园中休憩、游览。

英雄纪念碑位于英雄广场的北侧，是整个园区改造的重中之重。纪念碑总重400吨，由66块花岗岩拼装而成，总高度为7米，宽度为12.5米，底座两侧宽3.5米。底座四面的浮雕以嘉兴革命和建设时期的重大事件为背景，表现出各个时期英雄人物为嘉兴的解放和发展而英勇献身的精神。碑体由人物群雕组成，分别代表不同历史时期人物的形象，突出了主体雕塑的纪念性和崇高性，同时又具有一定的典型意义。它是一座历史的丰碑，展示了独特的艺术魅力和政治意义，突出了中华民族团结一致、积极向上、不屈不挠的精神气质，如同一首壮丽的歌曲，激励和感动当代的人们，使人们产生无尽的联想和深思。

英雄广场呈C字形，宽敞明亮，观众可以不走两边台阶而直接进入广场，中央设音乐喷泉。广场北侧与纪念碑对应部分建有烈士英名壁，用大理石贴面，用嵌金镌刻烈士英名录。

人民英雄革命纪念园（烈士墓区），现安葬革命烈士57位，每位烈士的墓穴边植有一棵小柏树，以示纪念。四周用花岗岩砌成花坛并种有地龙柏，纪念园前配置一块用红色花岗岩制作的艺术化英烈碑，用嵌金镌刻烈士的名字。墓区前方建有小型祭扫广场。

嘉兴革命历史史料陈列馆位于园区西侧,馆中展览用以史串人、以人彰史的方式叙述了鸦片战争、抗日战争、解放战争、抗美援朝、社会主义建设等不同阶段的革命先烈的英雄事迹和嘉兴地方革命史,教育广大群众团结一致,提高其国防意识,激励其爱国热情。

嘉兴革命烈士陵园是浙江省国防教育基地、嘉兴市爱国主义教育基地,是对广大群众特别是青少年进行国防教育和革命传统教育的重要阵地,也是嘉兴市传承红色基因的重要窗口。

目　录

全国解放战争时期（1945 年 8 月—1949 年 9 月） …………………（91）

嘉兴革命烈士陵园墓区烈士事迹简介 ………… **（267）**

中国共产党的创立和大革命时期

（1921 年 7 月—1927 年 7 月）

张佐臣(1906 年—1927 年 7 月)

又名张鹏、张人杰,平湖县(今平湖市)人。1924 年参加杨树浦工人"进德会",开始从事革命活动。1925 年[①]加入中国共产党。1925 年 2 月,根据党中央指示,中共上海地方委员会所属上海地区 100 余名党员投入上海 22 家工厂 4 万余工人的同盟大罢工。张佐臣也参加了此次罢工。张佐臣和其他工人代表与日方资本家展开了斗争,深得工人拥护和爱戴,被工人们亲切地称为"张大哥"。5 月 1 日,张佐臣与邓中夏等赴广州出席了第二次全国劳动大会,张佐臣当选为中华全国总工会执行委员。五卅惨案后,广

张佐臣

大人民群众对帝国主义的暴行有着切齿之恨。6 月初,张佐臣和杨之华(瞿秋白夫人)等人在上海总工会的领导下,在陆家嘴路、烂泥渡路等地组织浦东罢工委员会,建立工会组织,创办工人夜校,以提高工人积极分子的觉悟,并把他们吸收到党组织中来。8 月,中共上海地方委员会改组为中共上海区委(即中共江浙区委),张佐臣担任中共上海区委候补委员。1926 年春,张佐臣在第三次全国劳动大会上被继续推选为中华全国总工会执行委员。6 月 18 日,当选为中共上海区委委员,负责区委工农部的群众工作。

1926 年 9 月,中共上海区委安排张佐臣去莫斯科学习,但他毅然放弃并主动要求到无锡开展革命工作。1927 年 2 月 16 日,中共上海区委召开会议,将无锡、江阴、常州、苏州等地的党组织合成无锡地方委员会,张佐臣任书记。在无锡,他深入群众,培养积极分子,重视党的建设,先后吸收了一大批积极分子入党。1927 年 1—3 月,张佐臣先后秘密组建了无锡县(今江苏省无锡市)总工会和无锡县农民协会,以及学生、妇女、店员等群众组织。

---

① 浙江省民政厅编《碧血丹心——浙江烈士英名录(嘉兴 绍兴卷)》(浙江人民出版社,2014 年,第 28 页)中为"1924 年加入中国共产党",中共嘉兴市委党史研究室、嘉兴市档案局编《南湖英烈》(中共党史出版社,2016 年,第 1 页)中为"1925 年加入中国共产党"。此处采用《南湖英烈》中的时间。

1927年2月16日中共上海区委会议关于无锡问题的记录

第一次国共合作形成后,张佐臣又帮助改组了国民党地方组织,建立了国民党无锡县党部,开展反对军阀的斗争,迎接北伐军的到来。

1927年4月"四一二"反革命政变爆发后,无锡县总工会委员长秦起被

中国共产党第五次全国代表大会会址

捕牺牲。在乌云压顶之际,张佐臣坚定地对同志们说:"我们要挺起胸来,做好迎接艰苦斗争的准备。"鉴于上海总工会委员长汪寿华已牺牲,张佐臣被调回上海协助赵世炎开展上海的工会工作。4 月底,张佐臣参加了中国共产党第五次全国代表大会,当选为中共中央监察委员。会后,他在极端险恶的环境里着手恢复和重建上海总工会,接任总工会委员长,继续领导上海的工人运动。在随后的第四次全国劳动大会上,张佐臣第三次当选中华全国总工会执行委员。6 月,中共江苏省委成立,张佐臣任省委委员。就在中共江苏省委成立后不久,设在上海的省委机关遭到破坏,省委书记陈延年被捕。6 月 29 日,正在上海总工会秘密会址开会的张佐臣和上海总工会副委员长杨培生被警探包围拘捕,随即被押送至狄思威尔路巡捕房。审讯期间,张佐臣机智应变,但终因叛徒指认而暴露身份。1927 年 7 月 1 日,张佐臣惨遭杀害,时年 21 岁。

土地革命战争时期

（1927 年 8 月—1937 年 7 月）

张堂坤(1903年—1927年10月)

出生于平湖县当湖镇(今平湖市当湖街道)一个书香世家。张堂坤4岁丧父,14岁丧母。其父亲去世后,一家就移居在四叔家里。他幼时就学于私塾,后转入平湖宏鲁小学。张堂坤少年时就胸怀大志,关心国家的前途和命运,对当时的政府腐败、军阀混战、列强侵略表示强烈的不满与愤慨。1918年,15岁的张堂坤进入省立嘉兴二中求学。他学习刻苦努力,成绩优秀,常受到学校老师的表扬;同时,积极投入新文化运动,如饥似渴地阅读《新青年》等革命书刊,探求革命真理。

张堂坤

1924年7月,张堂坤高中毕业,毅然放弃到大学深造的机会,和他的同学麻植、汤敏中、蒋友谅等一起,考入广州黄埔陆军军官学校二期工科。入军校报到时,他在自己的姓名后填上别名"觉真",表明他自觉追求真理、投身革命的决心。在黄埔军校,张堂坤系统地学习了"三民主义浅说""中国国民革命运动""帝国主义侵略史""社会主义原理""中国农民运动""中国职工运动""军队政治工作"等课程,还大量地阅读了马克思、恩格斯、列宁的著作,刻苦参加军事训练。同年,张堂坤光荣地加入中国共产党。

张堂坤生活清贫,只有一箱书。他乐于助人,与同志亲如兄弟,革命热情很高。1925年参加孙中山先生领导的东征,讨伐割据的军阀,巩固广东革命根据地。1926年被编入叶挺独立团,1927年年初任第一营四连连长。北伐战争胜利后,进驻武昌炮兵营。随着革命形势的迅猛发展,1927年4月,受党的派遣,又随贺龙、叶挺开赴江西。临走的前一天,张堂坤将他的书箱托通信员送到他的小舅父钱念伯处,在条子上写了"妥为保存,不要带回家去"之句。后来,钱念伯发现箱内所放的尽是马列著作和其他革命文件,可见张堂坤对马列主义的信仰和对革命事业的执着追求。

1927年8月1日,张堂坤参加了由周恩来、贺龙、叶挺、朱德、刘伯承等领导的南昌起义。攻占南昌后,根据中共前敌委员会的指示,南昌起义部队南下广东,向东江地区进发,9月下旬到达潮汕地区。10月1日,南昌起义部队在进军广东省大埔县三河坝时,遭到广东军阀钱大钧等反革命武装三个师的猛烈围攻。当时，扼守在三河坝的是朱德率领的第四军教育团一部和第十一军二十五师三个团（七十三、七十四、七十五团），师长周士弟，师党代表李硕勋。两军对峙两天两夜。第三天拂晓，大雾笼罩着河面、滩头、山林，能见度只有数十步远。敌人以浓雾为屏障，组织更多的兵力进行强渡。起义军被迫放弃滩头阵地，退守山地，打退敌人的多次进攻，一直相持到午后。下午3时许，敌人调集大量机枪，并在旧寨观音阁等处架设迫击炮，在强大火力的掩护下，再次进行猛攻。在昼夜苦战和弹药将尽的情况下，起义军第二十五师战士发扬"铁军"的战斗作风，士气高昂，与敌人顽强搏斗。张堂坤代理第七十五团团长，担任前沿阵地作战指挥，誓死杀敌。黄昏时分，再次击退敌人，夺回阵地。

中央人民政府向张堂坤家属颁发的光荣纪念证

由于敌众我寡，当晚，朱德军长与其他领导同志研究决定，师部主力连同伤员立即向外转移，命令第七十五团坚守阵地至次日清晨再撤离战场。这时，第七十五团已不足500人，弹药也所剩无几，但张堂坤和战士们都决心用鲜血和生命来坚守阵地，用刺刀来对付敌人。4日拂晓前，敌人又发起进攻，这时，师部主力已远离战场，张堂坤带领战士与敌人周旋1

个多小时以后,便采取次第掩护、逐步撤退的战术来摆脱敌人。张堂坤身先士卒,英勇作战,边打边撤,和团参谋廖运周坚持到清晨。他们在完成阻击任务后撤退转移到西南方向的河腰村山坳里时,又遇到敌人的部队,经过激烈战斗,廖运周突围,张堂坤被捕。次日,张堂坤被押解至大麻镇里窝塘,遭军阀钱大钧杀害。临刑前,他神态从容镇定,高呼革命口号,表现出共产党员视死如归的革命气概。张堂坤英勇就义,时年24 岁。

刘炳福(1910 年 2 月—1930 年)

平湖县乍浦镇(今平湖市乍浦镇)人。1924年经亲戚介绍到上海《商报》社当排字学徒工。1927 年入党,任该报社党小组组长。"四一二"反革命政变中,在中共上海报馆支部的领导下,他团结和组织工人响应上海总工会的罢工斗争。

北伐胜利后,《商报》改名为《中央日报》。1929 年 1 月,《中央日报》社由上海迁至南京,刘炳福等职工也都随之前往南京。到达南京后,刘炳福在尚未与南京党组织取得联系之时便奔波于

刘炳福

南京的《京报》《东南日报》《大刚报》等报社,号召工人团结起来,同官僚资本家展开坚决的斗争。在与南京党组织取得联系后,刘炳福按照南京党组织的指示,着手筹建"南京报界工会"。

南京报界工会成立后,刘炳福被推选为工会委员,并担任《中央日报》工人干事会干事长。为了提高《京报》《东南日报》工人的工资,改善工人的生活待遇,在党组织的领导下,南京报界工会展开大罢工斗争,刘炳福秘密联络各报社工人干事会,由于工人团结一致,坚持斗争,斗争取得了胜利。工人的胜利引起了《京报》社社长蔡某的强烈不满,蔡某勾结《中央日报》社内反动分子,向反动当局告发"南京报界工会是非法组织,有赤共分子在聚众肇事"。

1929 年 5 月 5 日,国民党南京警察厅包围了《中央日报》《京报》等报社以及南京报界工会,逮捕了刘炳福等一批工会委员。被捕后,刘炳福面对严刑和利诱,坚贞不屈,南京警察厅多次严刑拷问无果后,以"反动嫌

疑、非法组织工会、煽动罢工"等罪名将其判刑 3 年半,关押在南京陆军第一监狱。

在狱中,刘炳福与狱中党组织取得联系,并在党组织的指导和帮助下坚持斗争。在国民党反动派的残酷折磨下,刘炳福身患重病,然而,敌人变本加厉地对其进行摧残。1930 年,刘炳福牺牲于南京陆军第一监狱,时年 20 岁。

夏宜黄(1908 年—1931 年 4 月)

字芝臣,平湖县新仓镇(今平湖市新仓镇)人。父亲夏允言为清末秀才,终身从事教育事业。夏宜黄曾就读于芦川小学,因家境贫寒无力升学,小学毕业后即到杭州谋生。两年后回乡学医,后在新仓行医。夏允言与中共党员朱轶凡是世交,所以夏宜黄经常去朱轶凡家。

1927 年"四一二"反革命政变后,中共金山县(今上海市金山区)委党部共产党员李一谔在金山、平湖一带开展革命活动。经朱轶凡介绍,夏宜黄认识了李一谔。从此,夏宜黄就开始接受进步

夏宜黄

思想的熏陶。在李一谔的教育和培养下,夏宜黄的政治觉悟很快得到了提高。1927 年冬,浦南党组织批准夏宜黄加入中国共产主义青年团,随李一谔在金山、平湖一带活动。夏宜黄是平湖县第一位共青团员。1929 年 2 月,夏宜黄参加了威震淞沪的"新街暴动",暴动后,李一谔被捕牺牲,夏宜黄则根据党组织指示返乡行医,继续进行革命斗争。1929 年秋,化名朱振新的夏宜黄参加了当地一支农民武装,多次攻打反动军警,劫富济贫。武装部队严重威胁了国民党的统治,国民党当局派出军警对武装部队进行联合围剿。1931 年春,夏宜黄不幸被捕,4 月 10 日在松江被杀害,时年 23 岁。

邹志淑(1897 年—1931 年 4 月)

女,又名邹淑英,嘉兴县庄史镇(今嘉兴市南湖区凤桥镇)人。自幼家中贫困,姐妹五人,在重男轻女的社会风气下,邹家父母因膝下无子而被人看不起。母亲在受尽委屈之后将长女邹志淑女扮男装送进镇上的小学读书。邹志淑不负父母的期望,学习成绩一直名列前茅。这所学校是由镇上一个姓柏的地主开办的,某天该柏姓地主前往学校查看,发现成绩最好的小男孩眉清目秀,甚为喜欢。当从老师口中得知小男孩实为女孩后,遂向邹家提出供养邹志淑,但不是做童养媳,而是等她长大后再结婚。邹家迫于柏姓地主的势力,无奈答应了。

邹志淑

1912 年,邹志淑小学毕业,柏姓地主将自家经营的药铺交给邹志淑打理,并安排儿子与其成婚。然而这位"少爷"是位浪荡公子,又嗜赌成性,邹志淑与其感情并不好。当时柏家有位堂叔叫柏钟声,很早就参加了革命,邹志淑受其影响,对革命有了认识,对新社会有了期望。1924 年,邹志淑参加了革命社团——读书会,接受新民主主义和共产主义思想的熏陶。邹志淑有个名为邹志英的妹妹,常往来于柏家,后来与姐夫(邹志淑柏姓丈夫)产生感情,在邹、柏两家反对之下两人前往上海同居,其间邹志淑丈夫因败光积蓄而要求她前去送钱,受尽委屈的邹志淑一怒之下离开了柏家。1925 年,张发奎部队在嘉兴招军队女宣传员,邹志淑前去报名,正式加入部队,并于1926 年 5 月加入中国共产党。

1927 年,蒋介石发动"四一二"反革命政变后,邹志淑到上海爱文义路卡德路(今北京西路石门二路)张家宅 36 号党中央机关中央特科一科工作,该科由周恩来领导。其间,经二科负责人陈赓介绍,邹志淑与宋启荣结婚。宋启荣,又名宋再生,原是上海法租界巡捕房探目。宋启荣 1925 年在上海入党,1928 年受中央特科委派打入淞沪警备司令部任第四号政治密查员。之后,宋启荣不断把敌人的阴谋计划及抓捕共产党人的情报,通过邹志淑及时交给陈赓。1930 年 5 月,全国苏维埃区域代表大会在卡尔登大戏院(今长江剧场)后面的一排洋房内召开,邹志淑参加了大会,负责交通和掩护工作。①

1931年4月,中央特科负责人顾顺章投敌叛变,邹志淑不幸被捕牺牲,时年34岁。邹志淑牺牲时有一女儿,名宋保苏(取保卫苏维埃之意),年仅3岁。宋启荣怕敌人斩草除根,就在妻子牺牲后将小保苏送给了一户姓陈的人家,后陈家迁移,女儿从此下落不明。1964年,在周恩来总理的亲自关心下,有关部门终于在当时上海县(今上海市)梅陇公社华二大队十六生产队找到了宋保苏。

颜书绅(1892年—1933年5月)

平湖县全平镇转角湾(今平湖市独山港镇)人。幼年时曾读过几年私塾,后辍学务农。他生性耿直,富有正义感,又因颇有文采而被当地百姓称为"书相"。1928年由好友朱轶凡介绍,结识时任中共金山县委组织部部长李一谔,李一谔常与朱轶凡在颜书绅家里谈论国家形势及反动派态势,切磋革命道理,研究斗争策略,点燃了颜书绅心中的革命之火,使得迷惘中的他看到希望。在朱、李二人的影响下,颜书绅进步很快,在1928年经李一谔介绍入党。在转角湾一带,颜书绅积极物色有一定思想基础的农民,向他们宣传革命思

颜书绅

想,启发农民觉悟,揭露国民党的反动统治,号召农民团结起来接受共产党的领导。在颜书绅的配合下,李一谔及金山县委其他同志先后在平湖县发展了多名共产党员,颜书绅也成为转角湾地下党组织的负责人。

1929年2月,中共金山县委根据松浦特委"开展年关斗争"的指示,由李一谔直接指挥了威震淞沪的"新街暴动",而暴动的准备工作就是在颜书绅家里进行的。"新街暴动"后,李一谔被捕,颜书绅失去了和上级党组织的联系,转角湾地下党组织也遭到了严重破坏。颜书绅被迫离开转角湾,其后不久又秘密返回家乡与当地农民武装取得联系。他因曾先后参与农民武装攻打驻衙前、新仓反动军警的战斗而暴露,成为当局搜捕的重要目标。颜书

---

① 据邹志淑妹妹邹志慧1982年1月7日口述资料整理。

绅被迫转移到上海某鸡毛掸帚厂工作,隐避了两个月。随后又转移到上海莘庄费家宅基躲避,其间曾将妻儿接去居住。平湖反动军警多次搜捕无果后一把火烧了颜书绅的家。1933年春,以为缉捕风声已过的颜书绅潜回家乡,不料因人告密而被捕,并被押送至朱泾。1933年5月18日被杀害于上海朱泾刑场,时年41岁。

池耕襄(1905年—1928年1月)

又名池楷,字菊庄,化名史学章,崇德县石门镇(今桐乡市石门镇)人。出生于商人家庭,从石湾镇小学毕业后,先后在浙江省立第三中学和湖州海岛教会学堂学习,但因对落后的教育制度和教学方法不满,均中途辍学。闲时经常阅读《小说月报》和《新青年》,开始接受进步思想。1925年考入上海大厦大学,因受到北伐战争和工农运动的极大鼓舞而参加革命。1926年秋加入国民党(左派),同年冬加入中国共产党并返回家乡开展革命活动。回到家乡的池耕襄把组织关系也带到了中共嘉兴独立支部,在这里,他发展好友陈丹池

池耕襄

入党,还团结了身边一大批爱国青年。经过不断的考验,这批青年中很多人都加入了中国共产党。在中共嘉兴独立支部的指导下,以中共党员为主体的国民党(左派)崇德县第二区党部成立,池耕襄任常务委员,并以此为掩护,发展共产党员,先后建立了3个中共基层支部。1927年2月,军阀孙传芳退出浙江后,全省革命活动由地下转为公开,池耕襄领导的第二区党部在当地民众中声望很高。在当地商界同业公会的推举下,他担任了石湾镇商会会长。

随着国民党逐步右倾,当地政治形势日渐恶化,池耕襄遭到国民党浙江省党部的通缉,无法在当地继续开展工作。1927年"四一二"反革命政变爆发后,经中共嘉兴独立支部决定,池耕襄离开家乡去上海暂避,等待组织安排。6月,他与组织接上了关系,被派到上海"店员总工会"工作;8月,又被派到苏北做兵运工作;10月,被党组织派到杭州开展工作,任中共杭州县(今杭州市)委常委,主持日常工作。他积极整顿和恢复党组织,发展党员,在严重的白色恐怖下组织"飞行集会",在杭城张贴标语,散发革命传单,扩

池耕襄在石湾镇的秘密联络点——吴恒源棉花店

大政治影响,开展多种形式的地下斗争。此外,还在萧山西兴农村发动农民,准备举行武装暴动,以促成杭城四郊大起义。国民党深感震惊,遂加紧对共产党人的搜捕和镇压。12月10日,中共杭州县委决定当晚在西湖饭店开会。傍晚,池耕襄赶去赵衙弄11号(中共杭州县委的秘密联络机关所在地)通知其他同志参加会议时,被埋伏在那里的侦缉队抓住,侦缉队随即又到西湖饭店逮捕了正在等候开会的8名党员,将他们都关押在侦缉队,后押至柴木巷拘留所。12月下旬,侦缉队又将池耕襄等人押至浙江国民党陆军监狱。在狱中,池耕襄等人受尽了严刑拷打,但池耕襄始终表现出共产党员的坚强意志和革命斗志。他满腔热血地在墙上刻下一首诗:"碧血渲染处,红花照眼心。钱塘潮不尽,吾辈岂无人?"池耕襄还曾留下遗言:"我们虽不该崇拜死得伟大,但也不以死为悲哀,我愿有意识地死,不愿无意识地生。"这充分体现了一个共产党员视死如归的大无畏革命精神。1928年1月20日,池耕襄等人昂首挺胸地走上刑场,在一片"中国共产党万岁!"的高呼声中慷慨就义,时年23岁。

池耕襄牺牲后的第八天,其好友李恺良极为悲痛,写了一篇题为《白色恐怖下的牺牲者——池耕襄》的悼文,该文发表在当时瞿秋白主编的中共刊物《布尔什维克》上。

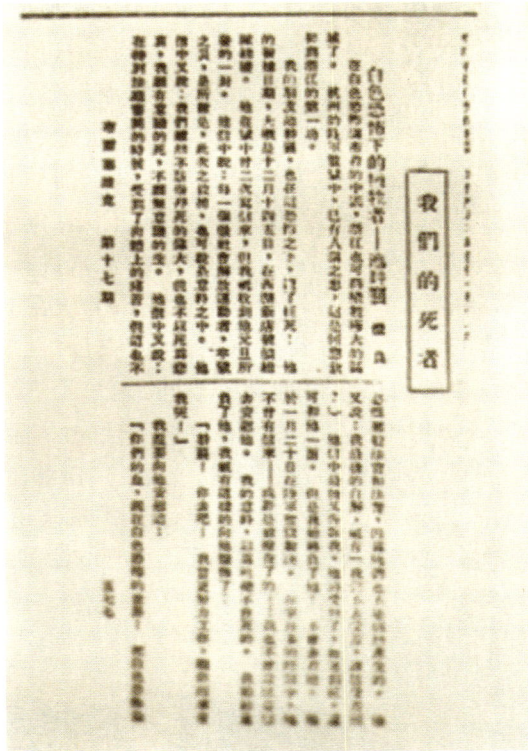

《布尔什维克》上发表的悼念池耕襄的文章

陈丹池(1904 年—1928 年 1 月)

    曾用名陈丹稚、程桐、郑桐、郑彤,崇德县石门镇(今桐乡市石门镇)人。出生于医道世家,曾就读于杭州第二师范学校,毕业后秉承父命弃教从医,父亲去世后正式行医。五四运动后,陈丹池常利用闲暇时间阅读《新青年》和《小说月报》等进步书刊,这些书刊中的新思想深深地影响了陈丹池,激发了他变革现实社会的壮志。与此同时,他结交了池耕襄、李恺良等一批进步青年,池耕襄等人的革命思想使陈丹池看到了中国未来的希望,更对共产主义充满了向往。1926 年年底,经池耕襄

陈丹池

介绍,陈丹池光荣地加入中国共产党。为了推动石湾地区国民革命运动的开展,陈丹池等人一边大力发展国民党(左派)党员,一边吸收工农骨干为中共党员,并成立了以中共党员为主体的国民党(左派)崇德县第二区党部,陈丹池任宣传部部长。军阀孙传芳退出浙江后,以陈丹池、池耕襄为核心的第二区党部开展了一系列革命斗争:为打破石湾地区沉闷的政治气氛,肩负宣传部部长重任的陈丹池从国家前途的角度分析,启发青年学生觉悟,带动他们起来变革现实;又通过对店员、工人与资本家的贫富进行比较,启发店员、工人觉悟;协同池耕襄积极筹建石湾镇"新工会";在开展工运活动的同时,他根据茶馆里农民多的特点,经常到茶馆里演讲,宣传"二五减租"等革命道理,以启发农民觉悟;根据农民觉悟程度的不同,先把骨干组织起来,使其形成核心力量,再用"滚雪球"的办法,发展农民协会会员。石湾农民协会建立后,陈丹池直接参与和领导农民协会开展打土豪、减田租的斗争,以提高农民协会的声誉,推动农民运动的深入开展。除此之外,他还协助池耕襄开展反封建迷信活动。所有这些斗争、运动形成了土地革命战争时期石湾地区

陈丹池石湾故居

革命斗争的高潮。

1927 年 10 月,中共杭州支部工作指导委员会书记宋侃夫被捕,陈丹池临危受命,加入新组建的中共杭州县委,担任县委常委。由于频繁的革命活动,陈丹池引起了敌人的注意。12 月 10 日,正在计划举行"西兴暴动"的陈丹池在赵衙弄 11 号被捕,在饱受了半个月的摧残后被转押到浙江国民党陆军监狱。狱中的陈丹池仍积极参加斗争,且以从容乐观的精神鼓舞身边的狱友。1928 年 1 月,陈丹池在大年三十的下午牺牲于浙江国民党陆军监狱。

詹梓祥(1908 年—1930 年 8 月)

曾用名詹醒民,崇德县屠甸镇(今桐乡市屠甸镇)人。父母以经营杂货店为生,父亲在詹梓祥很小的时候就去世了,詹梓祥和妹妹是由年迈的祖父和文弱的母亲带大的。1916 年,詹梓祥进入屠甸镇崇道小学接受启蒙教育。四年级时,迫于经济压力,詹梓祥不得不主动提出停学做工以贴补家用,无奈的祖父将其送至屠甸镇恰记烟行学习做生意。后来詹梓祥又随祖父到县城公泰丝行做帮工,祖父考虑到詹梓祥在丝行学不到技术,恐误了前程,便托人将其介绍到上海一家小酱酒店做

詹梓祥

学徒。1925 年,上海发生五卅惨案,詹梓祥参加了悼念顾正红大会,并亲身经历了五卅运动。他不仅自己积极参与斗争,还动员本店老板以及其他商店老板参与罢市运动。五卅反帝爱国运动使得詹梓祥在实践中得到锻炼,而且找到了工人阶级的先锋队——中国共产党。在党组织的培养下,詹梓祥觉悟提高很快,于 1925 年年底光荣地加入共产党,从此踏上革命道路。

1926 年年初,受命返回浙江的詹梓祥在中共杭州地方委员会的领导下参加国民党杭州县党部工作,从事发动工农、反对军阀、迎接北伐军等革命活动。5 月,詹梓祥以国民党桐乡县党部筹备委员的身份,回到家乡屠甸镇开展活动。当月他发展沈孝达、钱君匋、柏慎之等多名国民党(左派)党员,并以此为基础建立屠甸区分部,受嘉兴县党部领导。1927 年 2 月 19 日,北洋军一个排的溃兵窜入屠甸镇,詹梓祥机智地稳住败兵,并连夜迎请北伐军。在当地百姓的有力配合下,北伐军在屠甸寂照寺全歼北洋溃兵。屠

桐乡屠甸寂照寺遗址

甸寂照寺之战后，国民党屠甸区分部开始公开活动，短时间内吸收了 20 多名党员，此后，詹梓祥又以屠甸区党部为基础，组建国民党桐乡县（今桐乡市）临时县党部执委会。自此开始，詹梓祥带领群众开展一系列打土豪、捉恶霸运动，并组织宣传，启发民众深入参与革命运动，推动了桐乡县大革命运动高潮的到来。

1927 年，"四一二"反革命政变爆发，国民党右派突然逮捕詹梓祥。詹梓祥临危不惧，并在群众的帮助下获释出狱。出狱后的詹梓祥找到了中共党组织，开始往来于沪杭之间，从事革命工作。1928 年 8 月，詹梓祥受中共浙江省委委派，化名刘季云赴永康指导、督促暴动准备工作。10 月 11 日晚，"永康暴动"开始，打土豪、分财物、召开群众大会……"永康暴动"震惊了敌人，敌省防军和地主武装联手镇压，永康各级党组织损失惨重。敌方重点搜捕的刘季云（即詹梓祥）化装成山民避开了搜捕，并于同年冬天奉调中共海宁县（今海宁市）委书记。

1929 年 4 月，由于敌人活动十分猖獗，海宁的工作难以开展，詹梓祥随即离开海宁赴杭州找省委汇报和请示工作。到杭之后才得知：浙江省委已撤销，海宁县委归属杭州中心市委领导。4 月 30 日，他在秘密联络点找到杭州中心市委书记郑馨，并向其详细汇报海宁县委的工作情况。然而不久，詹梓祥行踪暴露，被国民党侦缉队逮捕押往浙江国民党陆军监狱。狱中的詹梓祥积极乐观，不仅自己充分利用时间看书，还鼓励身边难友一起学习。时隔不久，原"永康暴动"领导人之一邵惠君被捕后屈膝投降，出卖了詹梓祥。1930 年 8 月 27 日，詹梓祥被害于浙江国民党陆军监狱。临刑

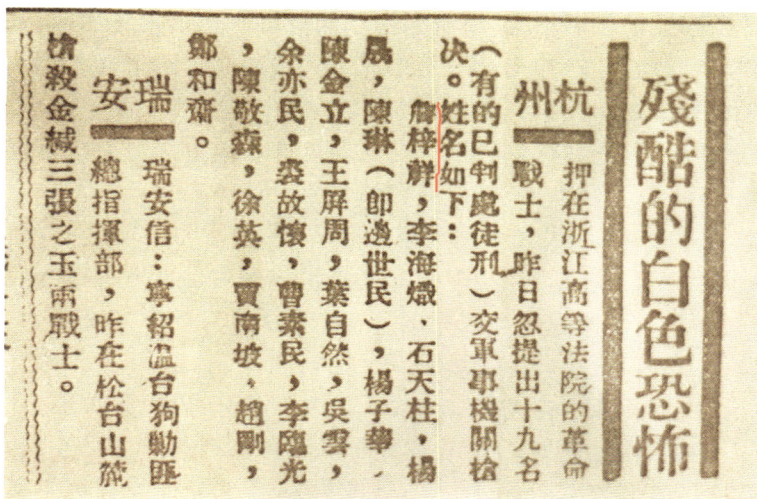

《申报》上有关詹梓祥牺牲的报道

前,他写下了豪壮的诗句:"吾死不足惜,恨未得解放。革命千秋业,壮志寄远人。"

沈泽民(1900 年 6 月—1933 年 11 月)

　　原名沈德济,笔名成则人、罗美,著名文学家沈雁冰(茅盾)的弟弟,吴兴县乌镇镇(今桐乡市乌镇镇)人。沈氏父亲为清末维新派中医,重视新学。沈母是浙北名医陈我如的女儿,也喜欢新学。

　　7 岁时,沈泽民进入立志小学学习,10 岁考入乌镇公立高等小学,沈泽民在此学习国文、英文及理工学科。12 岁时便考入省立第三中学(位于湖州),他恪守父训,苦读数理化,并广泛涉猎各类理科图书。1917 年秋,沈泽民考入南京河海工程专门学校,在这里他如鱼得水,不仅学习了西方先进的科学技术和知识,接触了欧美的政治和文化新

沈泽民

思想,还结交了很多志趣相投的朋友,张闻天就是其中之一。他们二人常在一起学习进步书刊,探讨救国救民之道。随着自身知识的慢慢丰富,沈泽民的思想也逐渐进步起来。1919 年五四运动爆发,沈泽民立即投入到反帝爱国斗争中来:上街游行,参加讲演团,创办《南京学生联合会日刊》,报道各地

学生反帝爱国运动发展情况,揭露北洋军阀及日本帝国主义罪行,宣传进步思想,等等。1919 年 8 月,沈泽民回到故乡乌镇,与其兄沈雁冰(茅盾)等乌镇十余名桐乡籍进步知识分子在乌镇植材小学成立桐乡青年社,商定其宗旨为"提倡新思想、新文化,反对旧文化、旧道德和地方恶势力",并创办不定期刊物《新乡人》,宣传新文学,倡导白话文。

1920 年 7 月,沈泽民和张闻天东渡日本,一边学习日文一边打短工,同时刻苦钻研马克思主义著作,马克思主义世界观在他们脑海里逐渐形成。次年回到上海后,沈泽民参加了中国第一个新文学社团——文学研究会,创作和翻译了 100 多篇小说、散文、诗歌、戏剧和评论,他的名字为文坛所瞩目,被载入《中国新文学大系第二十集:史料·索引卷》中为数不多的《作家小传》中。1921 年 4 月,沈泽民经茅盾介绍加入上海共产主义小组,成为中国共产党创建时期的早期党员之一。1922 年,当选为中国社会主义青年团中央委员会委员。1923 年,沈泽民到南京建邺大学任教,参与筹建中共南京地方党团组织。同年 11 月,任上海大学社会学教授,同时编辑《民国日报》的《觉悟》副刊。1924 年年初,当选为中共上海地方兼区执行委员会委员。国共合作时期,他参加了国民党上海执行部工作。

1926 年春,沈泽民受党组织的派遣与夫人张琴秋一同赴莫斯科中山大学学习。1928 年 6 月,出席中国共产党第六次全国代表大会,承担大会的翻译工作。1930 年 10 月,沈泽民夫妇先后回国。沈泽民化名李明扬,带着《共产国际执委给中共中央关于立三路线问题的信》,取道法国,乘邮船回

1931 年 11 月,沈泽民出席中华苏维埃第一次全国代表大会

国,到达上海后,几经曲折,才把共产国际的来信面交瞿秋白。1931 年年初,在中共六届四中全会上被补选为中央委员,并任中共中央宣传部部长。1931 年 5 月,受党组织的派遣,沈泽民和夫人张琴秋共赴鄂豫皖革命根据地,任中共中央鄂豫皖中央分局委员和鄂豫皖省委书记。11 月,当选为中华苏维埃共和国临时中央政府中央执行委员,被誉为"带着一肚子学问走进革命队伍的人"。他为鄂豫皖革命根据地的发展壮大做了大量有益的工作。其间,虽然犯有执行王明"左"倾路线的严重错误,但他不是王明式的野心家、阴谋家,他与人为善,对己能不断修正错误坚持真理,从失败中汲取教训,是正派的好党员。

中华苏维埃共和国第一次全国代表大会选举沈泽民为中央执行委员

1932 年 10 月,红四方面军的主力从鄂豫皖革命根据地撤离,沈泽民同留在根据地的省委成员一起,重新组建红二十五军,坚持大别山的革命斗争。1933 年,红二十五军在第五次反"围剿"中失利,恶劣的斗争环境使沈泽民心力交瘁,肺病复发,还染上了疟疾。10 月间,部队为了便于游击,只好将他留在湖北省黄安县(今湖北省黄冈市红安县)天台山养病。在这里沈泽民完成了《中共鄂豫皖省委向中央的报告》。在报告中,他沉痛地检讨了红二十五军从发动七里坪战役以来,省委在指导方针上的错误,并提出了以通过发展便衣队、加强群众工作和游击等方式来牵制敌人、消灭敌人为主要内容的对敌斗争方针。此后,沈泽民的病情进一步恶化,省委和红二十五军领导前来看望他时,他知道自己的时间不多了,就拉着战友们的手嘱咐:"一

董必武为沈泽民题写的墓碑

定要以万死的精神,实现党的斗争方针的转变,去争取革命胜利!"1933年
11月20日,沈泽民吐血不止,在湖北省黄安县天台山芦花冲逝世。次年4
月1日,苏维埃大学在江西瑞金沙洲坝成立。为纪念沈泽民的革命业绩,该
大学被命名为"国立沈泽民苏维埃大学"。1963年4月15日,红安人民举
行隆重的迁葬追悼仪式,将沈泽民的遗骨移葬于红安烈士陵园,董必武亲笔
为墓碑题字:沈泽民同志之墓。

吴志喜(1911年—1928年1月)

又名吴之轩,上海市青浦县(今上海市青浦
区)人。7岁进入颜安小学读书,成绩优秀,曾获
学校银质奖章。1924年小学毕业后考入侯绍裘
创办的松江初级中学。在侯绍裘的引导下阅读革
命书籍,开始接受革命思想。1925年,五卅运动
爆发,吴志喜积极参加声援活动,不幸被国民党反
动派用军车撞伤,轧伤了一条腿。但他不顾自己
的伤痛,继续宣传,还对同学们说:"只要坚持斗
争,胜利一定是我们的!"五卅运动后,吴志喜参加
了国共合作的国民党。9月加入中国共产主义青

吴志喜

年团,并担任松江初级中学学生会会长及松江县(今上海市松江区)学生联合会会长。同年秋,在侯绍裘等人的领导下,开办了平民学校,教农民识字,宣传五卅惨案真相。吴志喜还在《松江学习》上发表了《严重的五月——告青年学生》一文,宣传"五一""五四""五卅"等纪念日的来历,痛斥反动军阀的腐败和帝国主义侵略中国的罪行,激励同学参加学生运动。1926 年秋,吴志喜由金子文介绍加入中国共产党,不久,进入中央军事政治学校武汉分校学习。在校期间,吴志喜接受了严格的军事训练,还聆听过毛泽东、蔡和森等领导人的党课。1927 年"四一二"反革命政变爆发。5 月 17 日,武汉国民政府所辖独立十四师师长夏斗寅率部叛变,吴志喜参加了讨伐夏斗寅的战斗。

中共"八七"会议后,为了避免反动当局的注意,吴志喜接受党的指示,以武汉军校出身的国民党军官的身份返回上海青浦老家开展农民运动。到了家乡章练塘,他就开始把被迫停止活动的农会组织起来,吸收 10 多名农民骨干入党,建立了青浦西乡农村党支部。根据党中央"八七"会议的精神,江苏省委在 1927 年 9 月制订了《江苏农民运动工作计划》(第一次),派出许多干部分赴全省各地,发动秋收起义。老家在青浦的陈云同志被派往青浦,领导松金青三县党和农民运动,并与来到小蒸地区的吴志喜共同战斗。11月,中共青浦县委(也叫松金青县委,领导松江、金山、青浦 3 县)成立,陈云

吴志喜烈士雕塑

任县委书记,吴志喜任县委常委。在县委领导下,松江区农民革命军成立,吴志喜兼任农民革命军总指挥,在小蒸地区参与组织筹划农民暴动。秋收到来,立冬开始,农民们在青浦县委和陈云、吴志喜等直接领导下齐心抗租,没有人向地主交租,地主联合向反动当局控告吴志喜等农民运动领导人。章练塘地主袁伯祥率八九名警察,携带着武器,摇着枪船,到小蒸向农民逼租,枫泾地主也到小蒸收租,农民抗租斗争面临严峻的局面。1928年1月2日,接县委命令,吴志喜率农民军截击了为地主逼租抢米的水警枪船。1月5日又率部袭击小蒸,铲除了恶霸地主。"小蒸暴动"后,吴志喜又参与筹划"枫泾暴动",收缴了枫泾新浜地区6个团防局的60余支枪,处决恶霸土豪,收缴地主土豪的银圆、大米等,沉重打击了反动统治势力。

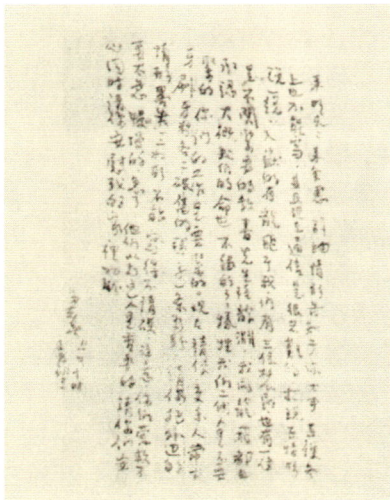

吴志喜在狱中写给党组织的信

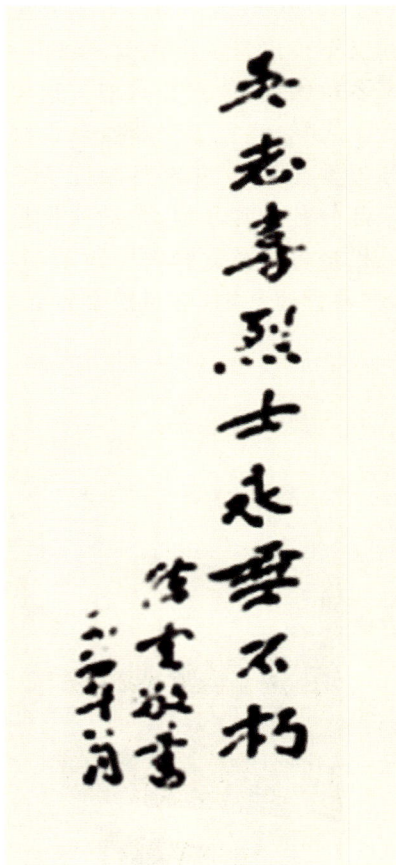

陈云题词

1月11日晚上,吴志喜、袁世钊、陆龙飞等率领30名农民军,处决了恶霸地主金海琴等7人,揭开了"枫泾暴动"的序幕。当时群众中流传着"共产党,扒平王,一夜杀掉7只狼,财主人家泪汪汪"的歌谣。震动江浙的"枫泾暴动"沉重打击了反动统治势力,有力地支持了群众抗租斗争。1月19日,正当农民军准备攻打枫泾镇时,数倍于我军的敌军趁着清晨大雾包围了农民军驻地,吴志喜与枫泾地区农民军指挥陆龙飞为掩护部队突围,开枪引敌,弹尽后被捕,押至松江。敌人施尽酷刑,将吴志喜的10个指甲都拔掉,但他坚贞不屈。1月20日,中共江苏省委派王若飞、陈云、夏采曦赴松江设法营救。吴志喜得知后,从狱中致书战友:"大概我们的命也不留的了,牺牲我们二人是不要紧的,你们的工作是要紧的……"1月26日,吴志喜在松江小校场被杀害。临刑前,他慷慨激昂地向周围群众发表演说:"共产党是工农贫民的党,我为党而死,为工农贫民而死,死也甘心!"

陈云同志在1984年8月回忆说"吴志喜、陆龙飞两人牺牲得很英勇",并亲笔敬题"吴志喜烈士永垂不朽"。

陆龙飞(1906年—1928年1月)

又名陆龙春,嘉善县枫泾南镇(今上海市金山区枫泾镇)人。父亲陆明溪,以务农为生,养育子女6人,陆龙飞排行老大。自幼懂事的陆龙飞主动帮助枫泾北镇(今上海市金山区枫泾镇)的父母照顾弟妹,且聪明好学,1922年毕业于枫泾第三高等小学后,以优异的成绩考入松江第三中学。当时的松江县(今上海市松江区)城里活动着一批早期共产党人,如侯绍裘、朱季恂等人。他们创办的"三五社"、《松江评论》以及恽代英创办的《中国青年》等都深深影响了松江地区各个中学的学子。沈雁冰、萧楚女、柳亚子、陈望道、于右任等人还来

陆龙飞

松江进行宣传演讲。在这些进步人士和新思想、新文化的熏陶下,陆龙飞很快转变成有思想和觉悟的进步学生。

1925年五卅惨案爆发后,陆龙飞更是积极加入到反帝爱国斗争中,成为激进的革命青年。同年,在侯绍裘的帮助下,他加入了中国共产党。1926

陆龙飞烈士墓

年陆龙飞中学毕业,党组织派遣他回家乡开展革命工作,在枫泾白牛塘村的土地堂小学当教师。陆龙飞积极参与了中共枫泾独立支部的建立,成为中共枫泾独立支部的4名党员之一,与支部书记袁世钊一起并肩战斗。从此,他投身革命事业,把自己的一生交给了党和人民。

"四一二"反革命政变后,陆龙飞、袁世钊等人领导的中共枫泾独立支部和农民协会已不能在枫泾镇上活动,便转移到陆龙飞老家屈家浜及附近的大方庵、土地堂一带农村,进行秘密活动。1927年9月,中共江苏省委派陈云负责松江区农民运动,陆龙飞根据党中央"八七"会议精神和陈云同志的指示,在枫泾地区建立农民革命军,开展武装斗争。11月,中共青浦县委成立,在其领导下,中共枫泾独立支部发展为中共枫泾区委,陆龙飞任中共枫泾区委委员、枫泾农民军指挥。1928年"枫泾暴动"之后,陆龙飞和吴志喜一起,不幸被国民党当局逮捕,殉难于枫泾文昌阁。陆龙飞临刑不惧,斗志昂然,高呼着"共产党万岁!""打倒国民党!"的口号慷慨就义。陈云同志在1984年8月为其亲笔敬题"陆龙飞烈士永垂不朽"。

袁世钊(1904 年—1931 年 2 月)

嘉善县枫泾南镇(今上海市金山区枫泾镇)人。父亲袁友鸿,在枫泾镇以开烟纸店为生。母亲早亡,家境贫寒。幼年时,袁世钊曾就读于枫泾镇养正小学,后转入枫泾北镇第三高等小学读书,修业期满后在当地小学任教。1923 年冬,松江中共党员侯绍裘、中共中央局秘书罗章龙、中国社会主义青年团中央执行委员会候补委员恽代英到松江、嘉兴一带宣传马列主义和共产党的主张。当时,中国社会主义青年团中央的萧楚女也曾多次到袁世钊任教的枫泾镇南栅励志学校开展秘密活动,传播马列主义思想。受其影响,袁世钊很快接受了马列主义,意识到共产党是真正为百姓谋出路的组织,对革命事业充满了信心。

袁世钊

1925 年,经侯绍裘介绍,袁世钊加入了中国共产党,成为嘉善县第一个中共党员。入党后,他又到上海参加党组织举办的学习班,通过 3 个月的革命理论学习,他更加坚定了革命意志,决心献身于救国救民的伟大事业。1925 年 5 月 30 日,五卅惨案爆发,消息传到嘉善,义愤填膺的嘉善人民举行了示威游行。袁世钊则在枫泾等地开展了募捐活动,在街头、茶馆进行宣传演讲,控诉日本侵略者的罪行,号召广大群众声援上海工人的反帝爱国斗争。1926 年 7 月,中共枫泾独立支部建立,受中共上海区委领导,袁世钊任支部书记。这一年,袁世钊和中共党员陆龙飞等人,在枫泾地区积极开展党的工作,成立了农民协会,提出"打倒帝国主义、打倒军阀、打倒土豪劣绅""耕者有其田,实行减租减息"等主张,得到了广大农民的积极拥护。

1927 年年初,为了配合北伐军向浙江挺进,袁世钊、陆龙飞等领导农民协会武装队伍,在沪杭铁路枫泾水旺村、宋浜一带进行破坏铁路、扰乱军阀交通运输的斗争。1927 年 2 月,北伐军进抵杭州,袁世钊受中共党组织指示回到家乡筹建国民党嘉善临时县党部。3 月,国民党嘉善临时县党部在嘉善珍珠桥女子高等小学正式成立,袁世钊被推选为临时县党部执行委员兼农工部长。此后,袁世钊开始带领广大民众积极开展工人、农民、学生等运动,宣传革命道理,启发人民的觉悟。与此同时,他还在革命活动中培养了一批工农骨干,自己更是与工农、学生建立了深厚的感情。在袁世钊的领导下,工人运动、农民运动、学生运动沉重地打击了封建地主阶级的势力,袁世钊本人也遭到代表封建地主阶级利益的国民党右派的仇视,国民党右派伙同地方上的土豪劣绅,煽动国民党县政府把袁世钊关进监狱,逼迫其承认自己是共产党员。这一反革命暴行激起了广大民众以及国民党左派的愤慨,他们掀起了声势浩大的罢工、罢课风潮,到国民党县府请愿,要求释放袁世钊。慑于民众威力,国民党县府被迫释放袁世钊。袁世钊出狱后,就在县府礼堂发表了慷慨激昂的演说,广大民众也都斗志昂扬。

1927年4月12日,蒋介石发动了"四一二"反革命政变,对共产党员及革命群众进行大肆屠杀。在嘉善无法开展工作,袁世钊被迫离开嘉善,秘密来到嘉兴,与嘉兴党组织负责人顾作之商议后,经水路到达上海,与上级党组织取得了联系。几天后,根据上级党组织指示,袁世钊返回枫泾农村继续开展革命斗争。他与陆龙飞等中共党员一起,首先恢复了农民协会,深入农村向广大贫苦农民宣传革命道理,并鼓励农民加入农民协会。在一片白色恐怖之下,袁世钊带领广大党员在党组织的领导下,积极开展各种斗争,还发展了一大批农民骨干入党,党组织的队伍日益壮大。1927年9月,陈云按江苏省委指示回到家乡领导松江、金山、青浦等各县的农民运动并在黄渡召开会议,袁世钊出席会议并听取了陈云在会上传达的"八七"会议精神。11月,中共青浦县委、枫泾区委相继建立,陈云任县委书记,袁世钊任县委委员兼枫泾区委书记。枫泾地区的革命活动在袁世钊、陆龙飞等人的领导下,进入了新阶段:建立了农民革命军武装队伍,并和青浦、小蒸一带的农民运动连成一片。声势浩大的农民运动吓坏了这一带的土豪劣绅,秋收之际,多数土豪劣绅都不敢来收租。

1928年1月,小蒸地主勾结水警前来逼租。袁世钊带领农民革命军武装队伍,配合吴志喜等率领的农民革命军武装队伍,在陈云的领导下,决定对水警队长袁伯祥采取行动,意欲缴获其武装。袁伯祥得知后,赶紧离开小蒸,袁世钊和吴志喜带领农民军追赶,苦于武器弹药供应不足而让袁伯祥得以逃脱。袁世钊带领农民军惩处了地主土豪,又收缴了枫泾、新浜地区六个团防局的枪支。"小蒸暴动"惊动了反动派,农民军很快遭到镇压。考虑到敌我力量悬殊,农民军退到枫泾一带,掀起了"枫泾暴动"。在陈云的领导下,袁世钊、吴志喜、顾桂龙、陆龙飞等人先是处决了恶霸金海琴、罪大恶极的地主土豪李新发等7人,又烧毁了田单契据,没收了枫泾镇上的地主丁育甫逼债收来的近十石大米,分给贫苦农民,接着又缴获了附近几个反动武装的枪支,有力地支援了群众的"抗租抗债"斗争。就在革命形势高涨、暴动队伍准备攻打枫泾镇之际,反动势力开始对枫泾地区党组织和农民军进行围剿。敌人选择在大雾弥漫的凌晨进行突袭,情况十分紧急,袁世钊、顾桂龙等率部分农民军突围,冲出了包围圈,转入青浦镇,脱离了险境。国民党悬赏捉拿袁世钊无果,便抓走了袁世钊的父亲和两个哥哥,逼他们说出袁世钊的行踪,但一无所获。转移到上海的袁世钊并没有停止斗争,而是秘密行动。1928年夏,袁世钊秘密返回枫泾,在农民中间宣传革命,很快恢复了党组织和农民协会,重建了中共枫泾区委和50多个党支部。1928年9月,袁世钊被派往镇江担任县委书记,年底又担任中共松江县委领导机构成员,回到松江后继续负责枫泾地区的工作。

1929年年初,枫泾地区农民运动又一次遭到镇压,党的领导机构遭到破坏,多名党员和农民协会骨干被捕杀。1929年上半年,在白色恐怖最严重时,袁世钊仍然冒着生命危险进行秘密工作。他选择反动统治较为薄弱的嘉善姚庄、里泽和枫南一带发展党组织,开展农民运动。袁世钊利用当地群众举行"佛会"的大好时机,在姚庄陈天浜"佛会"广场上进行宣传演讲,呼吁广大贫苦百姓团结起来,打倒土豪劣绅。1929年夏,袁世钊和中共枫泾区委委员盛阿贵秘密前往里泽乡鹤家娄,召开里泽农民骨干会议,宣传革命道理,研究如何把枫泾等地区的农民运动连成一片。不久,袁世钊又领导了"网埭暴动",将30多户地主交出的不义之财分给贫苦农民。之后国民党反动派动用武力镇压,袁世钊又一次被迫转移至上海。1929年9月,在袁世钊的直接领导下,中共枫泾区委第三次建立。

1930年年初,因叛徒出卖,袁世钊在上海被捕,先后被囚禁于上海龙华监狱、江苏省高等法院苏州第三监狱、镇江警察一中队牢房等处。在狱中,袁世钊参加了狱中地下党特别支部,被中共江苏省委任命为狱中特支书记,组织难友坚持斗争。得知一位难友即将刑满出狱时,袁世钊就写信告诉他,让他出狱后回到枫泾把党组织和农民武装恢复建立起来。这年秋冬间,袁世钊与一起被关押在苏州监狱的管文蔚等发动狱中难友开展绝食斗争,并准备组织暴动。后因计划暴露,暴动未能实现。国民党反动当局随即将参加狱中"闹事"的"政治犯"移押到镇江,分别关在4个地方。袁世钊等被囚禁于镇江警察一中队牢房。

自袁世钊被捕后,党组织积极设法营救,准备采取取保办法,但由于枫泾地区的土豪劣绅勾结起来联合告发他,袁世钊未能获得保释;之后,中共

镇江烈士陵园内袁世钊烈士墓碑

江苏省委准备花三千大洋买通国民党江苏省党部秘书长,将袁世钊等一批同志全部保下来,但这个秘书长贪得无厌,省委一时筹不到巨款,无法填满秘书长的欲壑,这次营救也没有成功。当江苏省委得知袁世钊将被以"宣传赤化、阴谋暴动、危害民国"的罪名判处死刑后,当即指示袁世钊等人在1931年2月17日子夜集体越狱。袁世钊与狱中党组织接到指示后,立即着手准备越狱。不料,国民党反动派对袁世钊等9位同志提前下了毒手。1931年2月13日,袁世钊等人被杀害于镇江北门外北固山桃花坞。袁世钊烈士现安葬在镇江烈士陵园。

盛阿贵(1909 年—1931 年 4 月)

嘉善县姚庄桥镇(今嘉善县姚庄镇)人。幼年丧父,家境贫寒,16 岁时就以做长工为生,其间结识了里泽乡鹤脚溇人黄福生。军阀连年混战,地主残酷剥削,使得原本是鱼米之乡的姚庄地区变得民不聊生,民怨沸腾。盛阿贵、黄福生对这样的社会深感不满,且受到"枫泾暴动"影响,于是到处宣传农民革命。1928 年夏天,经袁世钊介绍,盛阿贵加入了中国共产党,从此开始积极投身于农民革命和党员发展工作,并在陈天浜建立了农村党支部,任支部书记。

盛阿贵

　　1929 年年初,盛阿贵与袁世钊、张杏松等人在姚庄、里泽地区活动,组织农民骨干把这两个地区的贫苦农民发动起来,与枫泾的农民运动连成一片。当时,姚庄的洪福庵有举办"佛会"活动的习俗,盛阿贵他们便充分利用这一良机,在"佛会"广场上向广大群众宣传农民运动,号召广大农民团结起来,启发农民的阶级觉悟。"佛会"进行了 3 天,这 3 天里,上千农民在广场上听讲。盛阿贵等人便发动群众在洪福庵成立了以盛阿贵为首的塘北农民协会,当时有 300 多贫苦农民参加。此后,盛阿贵和黄福生又在里泽乡串联一些农民骨干成立了塘南农民协会,协会成员从 7 个村发展到 10 多个村,都是广大贫苦农民。就在两个农民协会成立后不久,盛阿贵等人就领导农民协会开展了声势浩大的"抗租抗债"斗争。这一年,农民运动不断推向深入,声势日益浩大,对土豪劣绅震慑不小,姚庄、里泽、枫南一带一度成为农民的天下,群众称这一年(1929 年)的斗争为"共产风潮"。在带领农民运动的同时,盛阿贵与袁世钊、张杏松等人还积极发展党员,扩建党组织,参加了重建中共枫泾区委的工作,盛阿贵任区委委员。

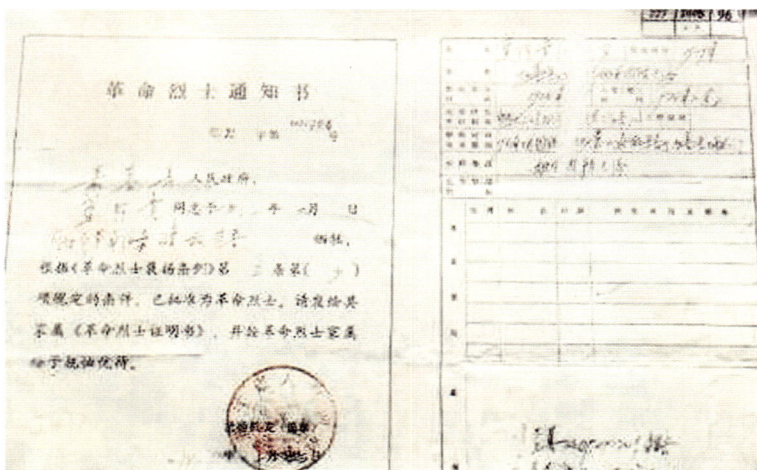

盛阿贵革命烈士通知书

　　姚庄、里泽的农民运动震动了嘉善的反动统治势力,反动当局曾多次到姚庄、里泽抓人。1929 年年底,由于叛徒出卖,盛阿贵等多个农民运动骨干在雪夜里被抓至枫泾,遭到严刑拷打。反动当局逼迫他们供出共产党的领导人,但多次拷问均无果,只好将盛阿贵等人送往嘉善监狱。在狱中,盛阿贵多次遭到迫害,但他都充满共产党员的信念,以顽强的毅力与敌人抗争到底。1931 年,盛阿贵组织难友,用母亲探监之际带来的锉刀锉开脚镣,正准备越狱时却被敌人发现。第二天,盛阿贵就被敌人枪杀于嘉善南门。临刑前,他神态自若,毫不畏惧,高呼:"共产党革命一定成功,共产党万岁!"

1989年10月26日,浙江省人民政府批准追认盛阿贵为革命烈士。

全民族抗日战争时期

（1937 年 7 月—1945 年 8 月）

方叔昆(1908 年—1938 年 4 月)

又名方曼之,学名方培玉,嘉兴县城北郊区朱官浜(今嘉兴市秀洲区嘉北街道)人。方叔昆的父亲早先在乡下以耕作为业,后在嘉兴县城警界当一名刑警,母亲初识文字,勤于理家,待人热情善良,方叔昆还有一个哥哥方培春。方叔昆的父母重视孩子的学业,家规严而不迁,平时宁可节衣缩食也要竭尽全力供兄弟俩在当地小学读书。1920年,方叔昆与哥哥就读于嘉兴秀州中学。不久,由于社会的腐败、警界的混浊,方父愤然弃警,因另谋生计无着落,家境日趋贫窘,方叔昆被迫中途辍

方叔昆

学,经人介绍进入新塍镇怡和祥布店当学徒。期满后,方叔昆继续留店当职员,生活的磨炼使得他比较早熟。

在五四爱国主义精神的感召下,方叔昆加入进步社团——新塍"读书会",在这期间,他怀着强烈的求知欲望,孜孜不倦地阅读中外进步书刊,懂得了许多革命的道理。1924 年,以国共两党合作为基础的革命统一战线建立,中共党员顾作之等人受党组织指派开展国民革命,建立民主联合的统一战线,创建中共嘉兴地方党组织。此后,嘉兴人民的革命活动从县城逐渐发展到新塍、新篁、濮院等地。1925 年,经中共党员朱仲虎介绍,方叔昆加入中国共产主义青年团,并于同年参加五卅运动,活跃在群众性的游行队伍中。1926 年,在声讨北洋军阀段祺瑞政府残杀北京请愿民众、制造震惊全国的"三一八"惨案的浪潮中,方叔昆为反对段氏卖国政策而呐喊。同年,他由青年团转入中国共产党。入党后不久,为加强在突发情况下对被捕革命同志的营救及其家属济困工作的领导力量,党组织决定派他参加济生会嘉兴分会工作。方叔昆遵照党组织的指示,来往于新塍、嘉兴县城等地,积极筹集济难抚困的资金。

1927 年年初,嘉兴光复在即。为迎接北伐军的到来,保证铁路运输的畅通,方叔昆立即着手在基层单位筹建工会组织,并做了大量准备工作。同时,为维持地方治安,党组织决定以海盐保卫队为基础,联络嘉兴、平湖两地的部分水警,联合筹建"嘉兴别动总队"。北伐军光复嘉兴县城后,方叔昆一度担任国民党县党部工人部的秘书。在北伐运动的推动下,嘉兴工农运动

也出现了新的高潮。为加强对工人运动的指导,方叔昆接受党的指派,以工运指导员的身份进入嘉禾布厂。他深入工人当中,了解工人们的疾苦,同时也团结了一批工人运动的积极分子,继而在厂内创办了"工人夜校"和"职工子弟学校",利用这一阵地向工人宣传革命道理,组织工人跟资方斗争。在斗争中陆续发展了一批工运积极分子加入共产党。"四一二"反革命政变后,方叔昆担任共青团嘉兴支部书记,他将县城蒲鞋弄朝北廊下 3 号作为党的联络点,继续与上级党组织保持秘密通信。1928 年,因形势所逼,方叔昆一度转移到上海,巧遇大革命时期的战友王贯三,经王贯三邀请,在"中华学园"内任教员。

1929 年至 1931 年,浙江省各地党组织屡遭破坏,党的活动处于极其艰难的环境中,方叔昆也经受了一次又一次的严峻考验。这期间,为了党的工作,他居无定所,食难安寝难寐,四处奔波,顾不上家,甚至在新婚之际和妻子临产之时,也无法安留片刻。1934 年冬,方叔昆在嘉兴县城杨柳弄一带进行革命活动时被捕,随即被押至浙江陆军监狱。次年春,国民党浙江省高等法院以"危害民国为目的而组织团体"之罪名,判处方叔昆三年有期刑期。嗣后,作为政治犯,方叔昆被移囚于浙江省反省院特别院。1937 年冬,方叔昆获释。他主动协助嘉兴地方抗日爱国志士筹建抗日武装,开展抗日救亡宣传工作。其抗日活动的足迹遍布于嘉兴、海盐、海宁等县交界的乡村、小镇。

1938 年 4 月 27 日,日寇疯狂扫荡新篁镇,整个新篁镇已处在日寇的包围之中。日寇一路用机枪扫射,用汽油焚烧房屋,大火一直烧到了傍晚。这时方叔昆首先想到的是群众的安危,他安排群众隐蔽,自己则上街察看,不料被日寇发现并抓捕。日寇以刺刀逼迫方叔昆透露当地抗日武装和抗日分子的下落,他誓不吐露。恼怒之下的日寇兽性大发,用刺刀在他身上乱戳,还将方叔昆拖进葛家南货店,用汽油焚烧南货店,方叔昆被活活烧死,场面十分惨烈。方叔昆遇害,时年 30 岁。

朱慕陶(1918 年—1940 年)

嘉兴县(今嘉兴市)人,家贫,幼年即当估衣店学徒。1934 年 11 月,去上海家庭工业社当练习生,后转为职员。1938 年春,参加"益友社",不久加入中国共产党。

1939 年 6 月,与褚学潜一起被调往苏州、常熟、太湖地区工作。当时,中共为了开辟苏南敌后抗日游击根据地,组成了一支江南抗日义勇军,简称"江抗"。同年 7 月间,"江抗"东进,路经江苏省太仓县(今江苏省苏州市太仓市),与江苏省保安第四团(简称"省保四团")联系并达成互助合作协议。朱慕陶任省保四团政训员,党内任支部书记。朱慕陶等来到省保四团后,向三营官兵宣传抗日救国的道理和团结一致抵抗日军侵略等我党主张,使三营副营长郭曦成(一说郭曦晨)对共产党有了更深的理解,认识到新四军才是真正的抗日部队,是人民的军队,从而积极配合我党工作。朱慕陶成功说服郭曦成参加起义,还介绍郭曦成加入中国共产党。1939 年 12 月中旬,省保四团遭日军多次袭击,损失惨重,士气低落,各连自动解散,已解散的士兵另组成新营。朱慕陶参加了这个新营,并挖出埋在地下的 200 多杆枪,武装了部队。原省保四团团长王士兰因惧敌而逃往上海,汉奸头目诱他投敌。朱慕陶受党组织派遣,冒险去沪,向王士兰晓以抗日大义,使王士兰重返太仓。

1940 年 7 月,党调朱慕陶去主力部队任指导员,随何克希、夏光所率部队西进。在抗击国民党忠义救国军第三、第四支队的战斗中,不幸中弹身亡,牺牲于江阴顾山地区,时年 22 岁。

周寿松(1915 年 8 月—1942 年 2 月)

嘉兴县(今嘉兴市)人。1939 年 8 月参加革命。1940 年入党,为沧县独立营一连副连长。1942 年 2 月 28 日牺牲于河北省沧县四区小王庄(今属河北省沧州市沧县)。

睦土生(1895 年—1944 年 5 月)

嘉兴县(今嘉兴市)人。1940 年参加革命,新四军四十八团被服厂负责人。1944 年 5 月 25 日牺牲于宜兴市官林区芷林乡(今江苏省宜兴市官林镇官林村)。

沈振黄(1912 年—1944 年 11 月)

沈振黄

　　曾用名沈耀中,乳名粹官,嘉兴县(今嘉兴市)人。其父沈卓升曾参加同盟会,清末赴日本留学。1905 年,清政府勾结日本帝国主义驱逐留日进步学生,沈卓升因思想激进而被迫辍学回国。回国后,沈卓升积极投身于辛亥革命,不趋炎附势,对子女教育甚严,要求孩子爱国爱民。从小受到父亲爱国主义情操熏陶的沈振黄大胆追求进步思想,广泛培养自己的兴趣爱好,除了大量阅读书刊外,他还喜欢绘画、木刻、篆刻。

　　1930 年,为了实现父亲"实业救国"的心愿,沈振黄中学尚未毕业就考入了上海中法国立工业专科学校(后改名为中法国立工学院)铁路工程系,攻读机械专业,想当一名工程师,希望中国通过改良政治、发展资本主义而走向富强。1931 年"九一八"事变爆发,日本帝国主义的武装侵略改变了中国的政治态势,抵抗日本的进攻成为全国人民紧急的任务和普遍的要求。在上海,劳动大众和知识分子自觉罢工、罢课、请愿,开始扛起抗日救国的大旗。当时年仅 19 岁、血气方刚的沈振黄毅然选择离开学校,放弃"实业救国"之路,投身于抗日救亡的革命洪流之中。此时,上海开明书店创办《中学生》杂志,夏丏尊、叶圣陶任主编。不久,《中学生》杂志征求封面画,沈振黄的应征作品获得了第一名,他也得到了一笔奖金。此后,他便经常进行绘画创作,向《中学生》杂志投稿,因此与该杂志的编辑宋云彬结下了友谊,也开始和出版界发生联系,并由宋云彬引荐到新中国书店工作。自此,沈振黄开始了书籍装帧和绘画创作的革命生涯。

　　在新中国书店里,沈振黄不仅从事书籍装帧,而且开始创作漫画、木刻作品。他虚心好学,常与同行进行切磋,得到了上海文化出版界的好评。实践让他感觉到搞艺术创作同样可以有所作为,同样可以报效祖国。1933 年,他离开新中国书店,到开明书店编辑部负责书刊插图和装帧设计工作。他所绘制的书刊插图简洁明快,具有漫画风格,很受读者欢迎。1934 年,鲁迅在上海倡导发起中国新兴木刻版画运动。沈振黄读到鲁迅以"铁木艺术社"名义出版的《木刻纪程》后,立刻与鲁迅通信,请求介绍一些木刻作者及艺术创作的方式。鲁迅以"铁木艺术社"的名义给他回信,并给予了鼓励和指导。鲁迅真挚的关怀给了沈振黄深深的鼓舞,同时鲁迅积极的战斗精神也给他留下了深刻的印象。1936年鲁迅逝世后,他赶到万国殡仪馆拍摄了许多鲁迅遗容和治丧、出殡的照片,发表在当时上海的进步报刊上。沈振黄还擅长漫画。1935年年底,他离开开明书店,到邹韬奋主编的《生活周刊》编辑部工作。沈振黄思想上受到了积极影响,每周在周刊上发表一幅揭露日本帝国主义的漫画,画风尖锐。在此期间又与著名国际问题专家金仲华合作,绘制了政治地图"国际政治形势图解",帮助读者了解过去和当前的形势,后来金仲华将这些地图集成《国际政治参考地图》,由生活书店出版。

沈振黄创作的漫画

　　1937年,抗战全面爆发后,经郭沫若、夏衍推荐,沈振黄参加了中共长江局组织的"战地服务队",任美术股股长。后来中共第八集团军特别支部成立,在郭沫若的推荐和帮助下,沈振黄参加了这支政治文化工作队伍。从此他抛弃了在上海的安逸生活,奔赴江、浙、赣、鄂、湘、粤、桂等地,以笔作刀枪,从事抗日救国的宣传活动。在这时期他创作了大量的抗日宣传画和木刻画,并书写了大批标语,激发了群众的抗日热情。其中《丧心病狂的汪精卫》《赶走日本强盗》等一系列漫画影响甚大。

　　1939年秋,经过一年多的战斗磨炼、考验,沈振黄在广东省曲江县(今广东省韶关市曲江区)光荣加入中国共产党,并成为中共南方局领导下的特别支部的一员。1939年年底,国民党反动派发动了抗日战争期间的第一次反共高潮,战地服务队被迫撤离前线,退到后方。1940年年初,沈振黄随军部队从广西武鸣、上林等地撤退到柳州,虽然失去了在前线战地挥笔作画的机会,但他抗日救国的热情仍旧高涨。1942年"战地服务队"成立四周年时,他绘制了一本纪念册,散发给各队员,还为当地学校、团体的音乐会、歌咏会、巡回演出队设计海报、广告、舞台布景。只要是有利于抗日的事情,他都乐意争着干。

1944年11月,日本侵占了桂林等地,国民党军队节节败退。沈振黄受中共南方局特别支部指派,负责柳黔公路一线的活动,护送文化界人士撤离。11月25日,日军逼近柳州,他奉命回重庆向党组织汇报工作,从六寨带着妻儿等最后一批撤离人员乘汽车去独山。途中遇难民搭车,他让出座位,自己坐在车顶上。当汽车驶至老甲河,两车相遇让道时,沈振黄和两位朋友不幸从车顶上摔下来。沈振黄背包中的漱口铁杯正好垫在后脑,顿时脑部迸裂,血流不止,车未到独山,他就因失血过多而牺牲,时年32岁。沈振黄的遗体被运到独山,埋于公路边。

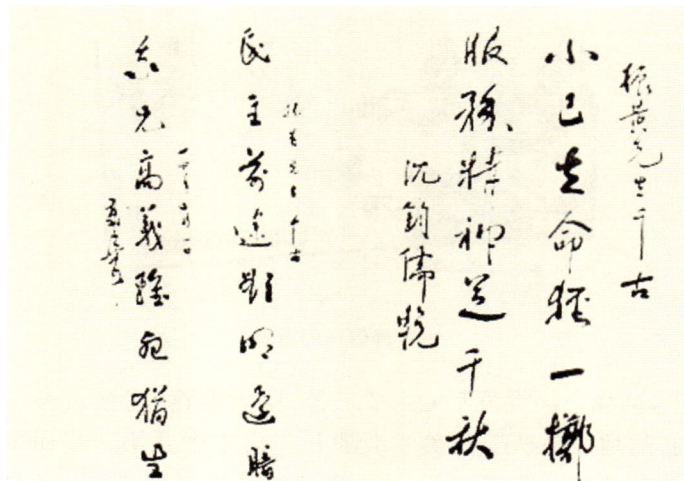

沈钧儒和郭沫若为沈振黄题写的挽联

沈振黄不幸遇难的消息传到重庆,文化出版界大为震惊和悲痛。1945年4月1日,在党的组织支持下,重庆文化界人士二百余人在夫子池为他举行了隆重的追悼会。追悼会上,党组织和文化界对沈振黄革命的一生做了高度评价,并对他为抗日而献身的精神给予了充分的肯定。1950年,中共中央华东局追认沈振黄为革命烈士,中华人民共和国民政部授予烈士证书。

诸文翰(1919年10月—1941年)

又名诸加生,嘉兴县新塍镇(今嘉兴市秀洲区新塍镇)人。中共党员,1939年在桐乡后子村参加地下党组织。1941年在日寇大扫荡中,因地下党暴露而牺牲于江苏省溧阳、宜兴一带。

虞仞千(1921年11月—1941年8月)

曾用名虞来凤,小名大官,嘉兴县新塍镇(今嘉兴市秀洲区新塍镇)人,出生于一个小知识分子家庭。虞仞千从小聪颖好学,品学兼优,16岁时因家境贫寒,初中尚未毕业就停学自谋生路,自学立信会计专科学校的相关教材。抗日战争全面爆发前夕,虞仞千曾在新塍农民银行办事处当练习生,经常和同事一起下乡进行发放农贷一类的工作,目睹过贫苦农民的生活,他内心充满了同情。1937年新塍沦陷,看到日寇对家乡的蹂躏后,虞仞千说服双亲,只身来到江苏省吴江县(今江苏省苏州市吴江区)严墓镇。虞仞千在吴江县税务所

虞仞千

任会计时,结识了八路军驻上海办事处的情报员、地下党员肖心正等人,并结为好友。1940年年初,肖心正以人手不足为由,调虞仞千到吴江县政府当助理会计,在那里虞仞千有更多的机会接触进步人士,阅读进步书刊,接受革命思想。1940年11月,地下党利用县政府组织的税收政务训练班培养抗日民运工作者。虞仞千参加了这一活动,表现得非常出色。1940年12月发生了盛泽锄奸事件,虞仞千和肖心正连夜印刷传单,为锄奸宣传做准备,有力地配合了盛泽锄奸事件。

虞仞千一心抗日,以国家利益为先,置个人之事于后,面对父母的多次催婚,他表示不到抗日胜利,决不结婚,并对老人好言劝慰,使他们理解自己的爱国理想。1940年,新塍镇流行疟疾,虞仞千不幸被传染。为了革命工作,身患重病的他从不顾及自己的身体,常常寒热刚过,又挣扎起来去严墓工作了。经过革命洪流的磨炼,虞仞千在思想政治上渐趋成熟,于1941年8月加入了共产党。皖南事变后,上海地下党组织接到情报后,立即安排肖

心正等迅速撤离吴江县,虞仞千等未暴露身份的同志,继续留在原岗位做情报工作。8月13日,肖心正因经手账目事务未了,自上海返回严墓,与虞仞千同住在瑾下浜农民家。肖心正向他们传达了上级对形势的分析,并相互交换了情况。20日,国民党"忠义救国军"发现肖心正的行踪,当夜敲开了虞仞千的房门,在大肆搜查一无所获后,威逼虞仞千交出肖心正,但他坚守秘密,只字未吐。"忠义救国军"特务就用小船将虞仞千运到南浔镇(今湖州市南浔区)马腰附近的一个桑园,残忍地将其活埋,当时的虞仞千还不满20周岁。

中华人民共和国成立后,在"镇压反革命运动"中,虞仞千遇害的情况被查明,但他的遗骸已无处寻觅,后被追认为革命烈士。

施阿钊(1910年—1943年5月)

嘉兴县塘南乡(今嘉兴市秀洲区洪合镇)人,祖籍绍兴,出生于雇农家庭。1940年年初,嘉(兴)崇(德)桐(乡)地区的抗日活动日益频繁,中共党员陈必达(即陈慕天)回到家乡开展革命工作,以"结拜兄弟"的方式发展共产党员,宣传党的主张,发动群众参与革命。在陈必达的启发下,施阿钊思想觉悟不断提高,成了一名抗日积极分子。1940年夏季,施阿钊参加了陈必达组织的铲除"尖刀三少爷"、汉奸高善富的行动。行动当晚,施阿钊和近十名党员、进步青年组成了武装小分队,在陈必达的带领下潜入高家,处决了高善富及其两个爪牙,这次行动激起了人民群众的抗日热情。

1940年10月,施阿钊经陈必达的介绍在塘南乡加入了中国共产党。此后,陈必达以施阿钊为骨干发展塘南支部的地下党员。在党的领导下,施阿钊积极主动配合陈必达开展工作,进行抗日救亡活动。当时的嘉崇桐地区一直盘踞着日伪军及国民党反动势力,因此在这里开展革命工作异常艰难。

1941年5月,陈必达在一次袭击行动中暴露了身份,不得不转移到外地,施阿钊等一些基层党员与党组织失去了联系。8月,经省委委员沈如淙的整顿,中共塘南支部恢复,施阿钊任支部委员。9月,中共濮院区委也恢复工作,施阿钊担任濮院区委委员,同时负责联系中共泰石支部。自此以后的3年里,施阿钊一直负责上级党组织与泰石地下党支部的联络工作,他不仅出色地完成了联络工作,还经常对贫苦农民进行教育和启发,积极发展了多名党员。1942 年,嘉兴地区发生水灾,加上日军的烧杀抢掠,农民无法交租,施阿钊便带领农民开展减租运动。在运动中,地主被告上了法庭,最后迫于民众压力不得不减了租。

陈必达在转移到外地前曾留给施阿钊和另一名党员许阿二一支步枪,并嘱咐他们一定要保管好。根据陈必达的指示,施、许二人将步枪拆分开藏在各自家里。由于日寇"扫荡"频繁,加上国民党特务、土匪四处活动,施阿钊趁夜将步枪转移到野外坟地,不巧被一放牛娃看到,不懂事的娃娃把这事告诉了东家。这东家就是被要求减租的地主,他早已对施阿钊怀恨在心,便告诉了土匪张椿林。国民党特务高步云得知消息后,连夜将施阿钊和他的弟弟及许阿二一同关押起来。敌人对施阿钊采取了麻秆灼烧、上老虎凳、吊打等酷刑,致使施阿钊的皮肤被烧得发黑,腿被打断不能行走,但他依旧紧咬牙关,始终没有吐露枪的来源,只说枪是东洋鬼子"扫荡"时留下的,他们在池塘中捞得。最后,穷凶极恶的敌人无计可施,于 1943 年 5 月将施阿钊等人杀害在嘉兴县真如塘南桥。

高颂章(1914 年—1939 年 10 月)

嘉兴县新塍区高照乡(今嘉兴市秀洲区高照街道)人。幼时读过书,少年时期曾在湖州大成纸号当过学徒和店员,后来又回到嘉兴当小学教师。20 世纪 30 年代初,高颂章就开始受到进步书刊的影响,同情劳苦大众,痛恨旧社会。

1931 年"九一八"事变后,高颂章就反对蒋介石的不抵抗主义和反共反人民的政策。从 1934 年起,他和同乡进步青年宋铭心等同志从事抗日救亡活动,并与上海救国会、上海中共地下党取得了联系。由于得到多方面的鼓励和支持,高颂章和几位进步同志自筹经费创办了《野烽》刊物,还组织了"中国诗歌会吴兴分会",写文章,作诗歌,积极进行抗日救亡的宣传工作。

1936 年西安事变后,抗日救亡运动进入高潮阶段。高颂章深入湖州郊区的筑路工人和农民中宣传抗日救亡运动的重大意义,引起了国民党顽固派的注意、仇视,遭到国民党湖州保安司令部逮捕,被先后关押在浙江省保安司令部看守所和陆军监狱,直到 1937 年卢沟桥事变后才被释放。出狱后,高颂章返回湖州,继续进行抗日救亡宣传活动。

1937 年秋,高颂章经李公朴介绍进入山西民族革命大学学习,但因临汾局势紧张,学校疏散,他便返回浙江从事抗日救亡工作。到浙江龙游时,他获悉粟裕率领的由红军游击队改编而成的新四军500余人在龙游停留,即将北上皖南。他立即找到部队,要求参军,获准后被编入随军服务团并担任了队长。

1938年7月,高颂章随新四军二支队由皖南挺进苏南,到达横山地区后,服务团成员被分散到各区做民运工作,高颂章与二支队司令部秘书长王绍杰一起被分配在小丹阳地区。8月,小丹阳各界民众抗日动员委员会成立,高颂章任副主任。9月,高颂章光荣加入中国共产党,不久接任动委会指导员和中共小丹阳中心支部书记。高颂章对革命满腔热情,工作积极,作风踏实正派,善于联系群众和发动群众,说话、写文章都很生动。遇事处处以身作则,不畏艰难险阻。10月,小丹阳、横溪桥、薛镇等横山地区的主要集镇被日军占领并建立据点以后,局势恶化。但高颂章经常带领游击小组,在博望至小丹阳附近打游击,破坏公路、桥梁、电线,捕捉敌探汉奸,夜袭敌人据点。他经常不知困倦地深入群众,倾心做细致的宣传工作,使新市、博望沿石臼湖一带和小丹阳周围地区陆续建立了游击小组,不少村庄还建立了党的组织。11月的一天夜晚,高颂章带领游击队破坏了距新市和小丹阳各五华里处的陈岗桥。

1939年5月,江当溧工委建立。7月,高颂章任中共江当溧工委委员。8月,江当溧县委成立,高颂章任县委副书记兼组织部部长。10月2日,高颂章带领通讯员丁振仁、业永龙、曲光(方)华、潘福生及其弟等6位同志,从新市去横山以东的桑园蒲、谢村一带与县委商讨工作,在过了陡门村途经当博公路东庄村西南山凹时,遇上一队日伪军十余人。敌中队长斋藤一发现他们,就命令军队用机枪扫射,高颂章和他的通讯员潘福生不幸当场牺牲。当夜,由新市出击的游击小组和当地群众备了棺材,将高颂章和潘福生的遗体就近埋葬在新市至于家甸中间的山地里。高颂章牺牲,时年25岁。高颂章生前在地方干部、群众中留有良好的印象,至今博望、小丹阳和沿石臼湖一带的人民还时常缅怀他、悼念他。

褚学潜(1919 年 8 月—1940 年 2 月)

海宁县斜桥镇(今海宁市斜桥镇)人。从小聪明好学,个性活泼,学习非常认真,课外又喜欢活动,唱歌和演戏是他的特长。褚学潜的青少年时代正是中华民族陷入水深火热、国难当头的时候。16 岁时,不得不辍学去上海一个家庭工业社做练习生。其间,他坚持利用业余时间学习英文,阅读各种政治书刊,尤爱读唯物论,受高尔基、鲁迅等革命思想的影响较深。1935 年的"一二·九"运动使褚学潜开始觉醒,他看到中国青年肩负着挽救中华民族的重任。1937 年 8 月,日本侵略上海,工业社停业,褚学潜回到故乡海宁斜桥镇,在那里组织宣传抗日思想,得到广大农民的热烈响应和拥护。海宁沦陷后,他又回到上海,放弃律师工作的优厚待遇,甘愿在上海补习教育协会担任书记一职。1938 年在上海参加党的外围组织"益友社",1939 年年初加入中国共产党。

褚学潜

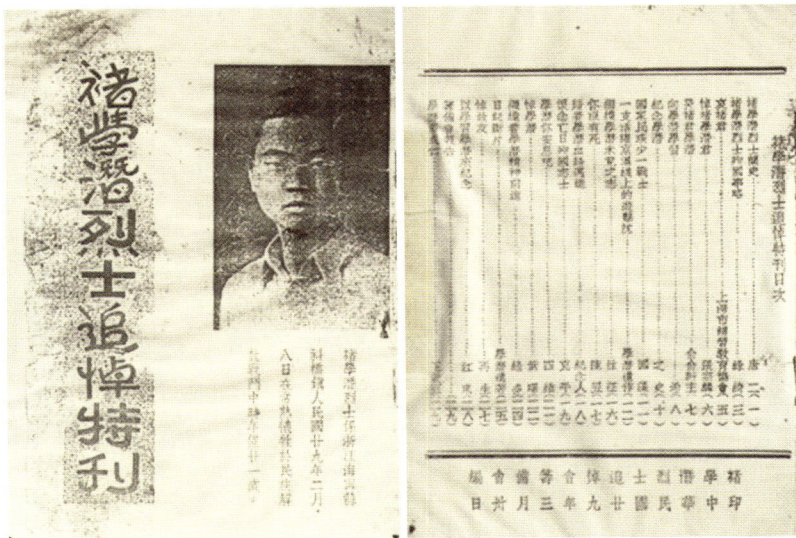

《褚学潜烈士追悼特刊》

在党的教育和影响下,褚学潜产生了投身抗战前线的想法。1939年春,上海地下党组织调褚学潜到苏南根据地工作。褚学潜到苏南后,先参加"战地服务团"随军东进,两个月后任江南抗日义勇军二支队文化教员。1939年11月,中共东路特委根据陈毅、叶飞同志关于"重新组织武装,坚持原地斗争"的指示,重建了"新江抗",褚学潜参加了"新江抗"所属的常熟人民抗日自卫队(简称"民抗"),任第一连指导员。

1940年2月8日,正值农历大年初一,日军突然侵袭"新江抗"司令部(阳澄湖边的洋沟溇),此时褚学潜正帮助战友搭戏台子,准备举行青年文艺会演。情势十分危急,褚学潜一发现险情,立即从戏台上跳下,同战士们一起朝敌人冲去,一阵枪林弹雨射来,他的左臂和颈部中弹,不幸壮烈牺牲,时年21岁。

褚学潜的一生,是用"倔强的生命去完成对祖国的忠贞的一生",他的英勇和忠贞永远激励着我们,正如他的朋友在悼念诗中所写:"把你英勇的战斗永远刻在我们心中!我们接上你的岗位继续你的行程……"

冯季伦(1912年10月—1941年7月)

又名黄之平,海宁县斜桥镇(今海宁市斜桥镇)人。1937年就读于上海市中等职业中学,同年10月参加革命并加入中国共产党。抗日战争全面爆发后,他怀着一腔爱国热情赶赴苏北参加新四军,1939年任常熟人民抗日自卫队组织科长兼支塘常备队指导员。1941年任新四军第六师十八旅五十四团一营教导员。

冯季伦机智善战,英勇非凡,经常率领部队与日军周旋,以小规模出击、偷袭的方式反"清乡",巩固抗日根据地,使敌人闻风丧胆。1941年7月,他率领部队在太仓、常熟一带反"清乡",不料遭遇大批日军,冯季伦沉着应战,一方面下令部队火速撤退,另一方面亲自带一个排阻击敌人,后被敌人围攻。敌众我寡,战斗异常激烈,冯季伦身负重伤,仍英勇战斗,当数名日本鬼子向他扑来时,他宁死不屈,毅然拉响手榴弹,与敌人同归于尽。

陈才庸(1913 年—1942 年)

又名陈财荣,海宁县硖石镇(今海宁市硖石街道)人。父亲陈子祥在硖石镇小街开设一家叫"文魁堂"的小书店。陈才庸从小便在这小书店里受到新文化的熏陶。他酷爱艺术,善书画、篆刻,会雕塑,小学毕业后去杭州印刷所学艺,在那里学会了刻制印刷用的宋体字。1934 年回到家乡,在一家印刷所负责木刻、绘画。

陈才庸

1937 年年初,陈才庸和从上海回乡的进步青年吴曼华、史惜华等人一起开展抗日救亡活动,还在当地一家商报上办了《女声》(后改名为《抗战》)副刊,宣传抗日,陈才庸设计刊头。11 月,日军轰炸硖石,陈才庸立即投入救护伤员和安置难民工作。11 月 24 日,硖石沦陷前夜,陈才庸与吴曼华等不愿做亡国奴的青年,一起流亡到杭州,在驻岳庙的省抗战后援会上,加入了省"战地服务团"。之后他随团辗转于金华、建德、富阳、桐庐一带,救护伤民、难民,开展抗日救亡宣传。1938 年 4 月,陈才庸由金华的地下党组织介绍去龙泉县(今丽水市龙泉市)参加县政工队。8 月,中共龙泉县政工队特别支部吸收他为中国共产党党员。1939 年,陈才庸调任龙泉县民众教育馆馆长,与郭世桢合作,在龙泉县政府的大操场墙上,创作了两幅巨大的彩色壁画,一幅是《好铁要打钉,好男要当兵》,另一幅是《中国不会亡》,这两幅画鼓励有志爱国同胞为挽救民族危亡、赶跑日本帝国主义及其走狗而奋斗。不久,陈才庸又到义乌参加"浙江省战时政治工作队第三大队"。在义乌,他经常白天背雨伞,穿草鞋,吃干粮,深入穷乡僻壤,发动民众参军,开展"二五减租",救济难民;同时写标语,作漫画,宣传抗日。晚上在油灯下认真学习毛泽东的《论持久战》《论新阶段》等,提高思想认识。在党的教育下,陈才庸深沉的爱国热情逐渐凝聚成坚强的革命意志。

1940 年年初,受中共浙西特委指派,陈才庸到崇德的《浙西导报》社工作。3 月,中共《浙西导报》支部成立,陈才庸任支部书记。支部先后发展了吴曼华及印刷工人刘方公、倪加民等人入党,从而使报社内党的力量得到了进一步的发展和加强。8 月,特委决定把《浙西导报》支部改为特支,由陈才庸任特支书记。特支的建立,使《浙西导报》被党组织直接掌握。报社工作

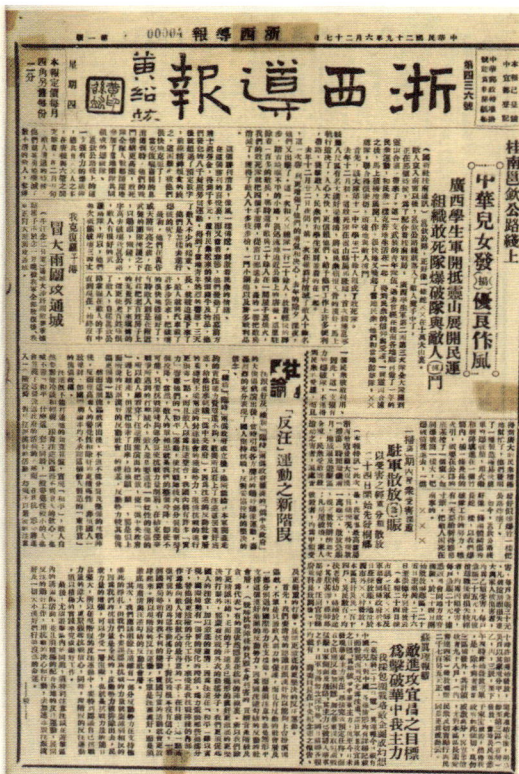

《浙西导报》

繁忙,人手又紧张,陈才庸经常身兼数职,埋头苦干,恪尽职守。报社在印刷上级党组织交办的党内文件、传单的同时,还帮助地方印刷农村教科书。在工余时间,陈才庸还经常教工友们射击术,培养他们与敌人作战的本领。《浙西导报》成了宣传团结抗日主张的舆论阵地,鼓舞了浙西人民坚持抗战的信心,推动了浙西抗日救亡运动的开展,更引起了国民党浙西行署的恐慌。

1940年11月,《浙西导报》被国民党政府查封。经特支书记陈才庸向上级党组织请示,报社大部分人于11月下旬至12月上旬撤到了天目山。中共浙西特委指示吴曼华、陈才庸、张纪斐组成中共特别支部,在天目山"长期埋伏、广交朋友、积蓄力量、等待时机"。国民党浙西行署有意对他们实行分散监视,还以突然袭击的方式搜查了陈才庸的宿舍。反动派的种种迫害行为,并没有使陈才庸屈服,他仍然积极工作着。是年冬,陈才庸被派任浙西民族剧团的副团长,继续进行抗日宣传。1941 年春,孤岛上海和敌占区杭州有一部分爱国青年想来内地参加抗日战争,苦于路途险恶,未能出来。当剧团知道这个情况后,在讨论谁去敌占区指引时,陈才庸不顾艰险,挺身而出,带着 6 位青年横跨京杭国道,冲过敌人的封锁线和碉堡,回到天目山。皖南事变后,国民党顽固派的气焰更加嚣张,1941 年 10 月,借"有中共嫌疑"的罪名逮捕了陈才庸。当时,陈才庸在天目山朱陀岭上演《日出》,扮演鲁贵这个角色。第二幕下场后,他便被便衣特务抓走,在国民党浙西行署调查室被秘密审讯了七八天,受尽严刑拷打,被折磨得遍体鳞伤,但他英勇不屈,始终没有暴露自己共产党员的身份和党组织的秘密。1942 年春,陈才庸被杀害于天目山羊角岭。

张隅江(1919 年—1943 年)

海宁县丁桥镇(今海宁市丁桥镇)人。1937 年 10 月参加革命,新四军第六师十八旅五十五团干部。1942 年在抗日战争中负重伤,因伤势过重于1943 年春牺牲。

钱汉祥(1917 年—1943 年)

海宁县丁桥镇(今海宁市丁桥镇)人。1938 年 10 月参加革命,新四军第六师十八旅五十二团干部。1942 年秋在抗日战争中负重伤,因伤势过重于 1943 年去世,现安葬于新仓镇立新村。

陶紫明(1914 年 1 月—1943 年 5 月)

又名陶大叶,海宁县盐官镇(今海宁市盐官镇)人。1935 年参加革命并加入中国共产党。抗日战争期间,奔赴江苏参加新四军第一师二旅六团,任连级外交参谋。1943 年 5 月,在江苏省兴化县(今江苏省兴化市)与敌人谈判中被谋害,遗体在兴化县中保庄。1953 年 6 月 10 日,中国人民解放军华东军区第三野战军追认陶紫明同志为革命烈士。

何孝章(1908年—1943年7月)

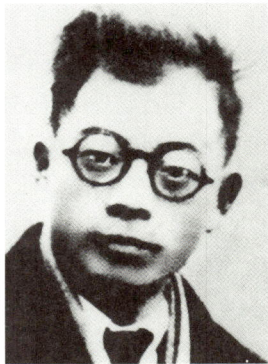

何孝章

又名何新余、何新斋,化名贺千秋,海宁县黄湾镇(今海宁市黄湾镇)人。他幼年勤奋好学,在家乡读高小时,善语文,并写得一手好字,后随兄何明斋(商务印书馆编辑)在上海惠灵中学读书。1924年进上海商务印书馆工作,同年加入中国社会主义青年团,曾任该馆团支部书记。1926年转为中国共产党党员。1927年3月21日,积极参加上海第三次工人武装起义,这次武装起义中,全上海总共分7个战区,其中闸北区是重点区,战斗激烈。何孝章等人在闸北区委负责人黄逸峰的带领下,组成工人纠察队,担任闸北区警卫工作。何孝章坚守岗位,不怕牺牲,勇于斗争,出色地完成了党交给他的光荣任务。

1927年4月12日,蒋介石在上海发动反革命政变,大批共产党员和工人群众惨遭杀害。当日,闸北区市民在党的领导下,为抗议纠察队被缴械,在青云路广场举行群众大会。次日,闸北区党组织继续组织6万多名工人,召开群众大会。5月4日,何孝章等人因积极参与发动和组织这次群众大会,不幸被捕。何孝章的哥哥何明斋得知后,通过关系,将其从狱中保释出来。此时何孝章在上海难以安身,遂受党组织派遣到浙江开展工作。到杭州后,何孝章立即活动于工人之中,组织反蒋斗争,同年秋遭到国民党反动派再次逮捕,后通过章乃器等人费尽周折,才保释出狱。1928年,党组织安排何孝章回家乡了解农运情况,他便在当地以教师的公开身份为掩护从事革命活动。

1929年下半年,何孝章重返上海,担任中共闸北区委组织部部长。在职期间,他坚决执行上级的指示,秘密发展党员,在斗争中扩大工会、济难会和反帝大同盟,参加彭湃领导的邮务工人大罢工和上海电力工人大罢工,建立了邮务工人俱乐部和电力工人俱乐部。是年11月,何孝章因上海党组织指示其在当地进行革命活动的信件被国民党浙江省政府检获而第三次被捕,被押往浙江陆军监狱。在狱中,何孝章与其他中共党员组成狱中支部,坚持斗争。1930年,何孝章被浙江高等法院判处3年有期徒刑,移至苏州模范监狱。1933年,国民党搞所谓"总理奉安大赦",对政治犯减刑1/3,何孝章被释放。出狱后,经章乃器之弟章秋阳介绍进入上海中国征信所任调查员、印刷车间主任。何孝章利用这个条件,积极从事革命活动,安插共产党员和进步青年,在印刷车间里印刷秘密文件,协助出版上海地下党办的《劳动》刊物。

1937 年"八一三"淞沪会战爆发前夕,组织上决定派何孝章回浙江工作。1938 年年初,何孝章到武汉向党组织请示工作,党派他到中共浙江省临时工作委员会工作。杭州沦陷后,金华成为全省政治文化活动中心和交通枢纽。党组织派遣大批党员到金华开展抗日救亡活动,何孝章到达金华后,于同年 5 月成立金华文化界抗敌后援会(简称"文抗会"),并成为负责人之一。在"文抗会"的基础上,何孝章等人筹建了浙江省文化界抗敌后援会,省"文抗会"采取举办读书会、出版《浙江潮》刊物等形式,开展抗日救亡活动。

1938 年 12 月,中共浙江省委决定调何孝章到浙西开展党的工作。他先后加入朱希和李泉生等领导的抗日部队,以团结抗日为目标,加强思想政治工作,整顿部队纪律,清除内奸,吸收进步青年参加政治工作,发展党的组织。1939 年 12 月,中共於(潜)孝(丰)昌(化)工委成立,何孝章任书记。他按照党中央的方针,深入农村,开办民众夜校,以组织青年读书会、妇女识字班等形式,宣传党的方针、政策,进行抗日救国的教育,并有组织、有计划地张贴标语,散发传单,一直贴到了国民党区、乡政府甚至浙西行署机关的门口,激发了广大群众抗日救国的热情。1940 年 4 月,中共浙西特委决定将中共於孝昌工委改为中共於潜中心县委,管辖於潜、昌化、孝丰、分水、桐庐、临安、新登、宁国(东部)等县(区)的党组织,何孝章任於潜中心县委书记。他在身患肺病、经费困难、环境恶劣的条件下,经常深入山区,与农民群众结交朋友,发展党员,建立党组织。在他的带领下,经过中心县委其他同志的共同努力,建立了 4 个区委、27 个党支部,共有党员 258 名。他领导这些地区的党员和人民群众进行减租减息等革命斗争。1941 年 1 月,何孝章根据中共浙西特委关于组织武装力量,在天目山与宁国东部地区开展游击活动的指示,在宁国虞家村召开了於潜中心县委委员会议,讨论后决定成立中心县委武装部。5 月,何孝章亲自带领武装部同志组织农民暴动,袭击了宁国县(今安徽省宣城市宁国市)肖天乡乡公所,缴获步枪 18 支,接着他便率员上山打游击。经他领导开展的革命活动,使敌人感到震惊和恐惧。

皖南事变后,国民党顽固派反共活动日益猖獗。1941 年 6 月,中共於潜中心县委组织部长赵澄被捕后,组织遭到破坏。8 月,何孝章奉命撤往苏南,任太滆地委秘书。10月,地委派他回浙西,在吴兴一带联络失散人员,重组武装,开展反"清乡"斗争的准备工作。1942年,地委调来新四军独立二团四连,打入"长超部队"旧部潘鸿孝部,成立第二中队,并派长兴县委书记刘旦和太滆地委交通员陆肃天等协助何孝章做好反"清乡"准备工作。1942年10月26日晚上,何孝章、刘旦、陆肃天3人在章家田村开会,由于敌特告密,3人一同被捕。在被押往广德途中,何孝章遭到敌人毒打。特别是在敌人知道他是党的领导干部时,对他进行了更为严厉的刑讯,但他坚贞不屈。1943年7月,何孝章被敌人杀害于安徽广德县东山寺的西山湾。

张锦荣(1925年—1945年)

又名张敬荣,海宁县黄湾镇(今海宁市黄湾镇)人。1941年参加革命。1945年牺牲于江苏省松江县(今属上海市松江区)监狱。

张维英(1920年—?)

海宁县盐官镇(今海宁市盐官镇)人。1938年1月参加革命,在抗日战争中献出了宝贵的生命,这正应了他生前的一言:"我堂堂正正男儿身,要为国家而捐躯!"铮铮誓言,英雄行为,惊寰宇,震河山!

陈祖辰(1915年—1939年12月)

原名陈敬箇,笔名金戈,平湖县乍浦镇(今平湖市乍浦镇)人。父亲陈厚斋为小学教员,其人忠厚正直,一生从事教育工作。7岁时,陈敬箇被父亲送至乍浦镇公立第一高等小学校接受启蒙教育。小学毕业后,因家中贫困无力升学,父亲只得将他送到丁氏私塾学习古文。1929年,陈敬箇到上海美丰针织厂当练习生,其间经常到上海市商会办的夜校学习,慢慢接触到了革命思想。1932年"一·二八"事变爆发,陈敬箇和一些有志青年一起参加了上海各界联合组织的抗日救国会。

陈祖辰

1935年,中国共产党发表《中国苏维埃政府、中国共产党中央为抗日救国告全体同胞书》,号召全国人民团结起来一致抗日。陈敬箇和几位志同道合的同乡青年秘密组织了读书会,并在地下党员陈明的指导帮助下,慢慢壮大读书会。1936 年春,"东流互助合作社"正式成立,并出版秘密刊物《东流》。《东流》宣传抗日救国思想,揭露国民党反动派屈膝投降的行径,这引起了国民党特务的注意,国民党威逼利诱不成,遂逮捕了"东流"的一名负责人。无奈之下,陈敬箇选择离开上海,奔赴山西抗日前线。1936 年 9 月 18 日,"山西牺牲救国同盟会"(简称"牺盟会")成立。1937 年 7 月,改名为陈祖辰的陈敬箇到达山西,参加了山西牺盟会主办的军政训练班。受训结束后,陈祖辰被分配到大宁县任县牺盟会秘书兼自卫总队政治部指导员,他广泛宣传党的抗日主张,并建立和发展了农、青、妇救会。在大宁县,陈祖辰紧密联系群众,依靠农、青、妇救会打击日寇、地痞流氓、散匪游勇,不断壮大自卫队力量,促进了大宁县抗日工作的顺利进行。1939 年 1 月,陈祖辰光荣地加入了中国共产党,并于 2 月担任大宁县牺盟会特派员。山西临汾失守后,阎锡山的晋绥军溃不成军,导致山西大部分沦陷。为了抗击日寇,青年抗敌决死队、工人自卫旅等组成了一支新军,由牺盟会领导,积极开展游击战争,有力地阻击了日军的进攻。

随着抗日力量的壮大,牺盟会和新军深得人心,逐渐成为阎锡山的心腹大患。1939 年 3 月,在国民党五届五中全会召开后,阎锡山在陕西省宜川县秋林镇召开的军、政、民高干会议上,公开宣布取消新军番号,撤销新军中的政治委员,同时还对各地民众的抗日运动加以限制,公开走上了消极抗日、积极反共的道路。1939 年 10 月,阎锡山下令调走大宁县县长高云生,改由反共分子、阎部六十一军军法处处长陶伯符担任。陈祖辰极力反对陶伯符上任,牺盟会出面召开"留高拒陶"群众大会,还组织群众示威游行。迫于群众压力,陶伯符不敢贸然接任,对陈祖辰恨之入骨。后来,日寇再次进犯大宁县城,县委、县牺盟会等撤到农村,县政府随即被陶伯符接管。1939 年,蒋介石集团公然发动第一次反共高潮。12 月 3 日,阎锡山首先向永和县牺盟会发起进攻,揭开了"十二月事变"的序幕。而此时的陈祖辰按照党组织的安排调任临汾县(今山西省临汾市)牺盟会特派员。12 月 4 日,在临汾县枕头垣的撤退途中,陈祖辰被阎锡山六十一军抓捕并杀害,时年 24 岁。

曹 捷(1914 年—1941 年 2 月)

原名曹逸秋,平湖县乍浦镇(今平湖市乍浦镇)人。1927 年小学毕业后因家境贫寒无力升学而被父亲送至私塾学习古文。曹捷在校学习十分用功,成绩优良。各科中尤其喜欢历史和古文,特别喜欢阅读那些表现爱国精神和反封建思想的古书,其中对岳飞和文天祥最为崇敬。1929 年,15 岁的曹捷经叔父介绍到上海民众纸店当学徒。在上海,曹捷目睹了国民党的捕杀行为,内心的革命思想慢慢孕育。1932 年,由于日本侵略军进攻上海闸北,十九路军奋起抵抗,"一·二八"事变爆发,上海抗日救亡运动风起云涌。不久,

曹 捷

民众纸店停业,曹捷几经辗转,来到上海柏林纸店工作。1935 年,日本侵华步伐大大加快,在中国共产党的领导下,上海各界人士纷纷投入到抗日救国的斗争中来,曹捷也成了斗争队伍中的一员。他和几个志同道合的有志青年一起组成了秘密读书会,学习马列主义,讨论当前局势,不断的学习使他的政治觉悟提高很快,心中的革命信念也更加坚定了。

1936 年春,曹捷和秘密读书会的几个青年商定扩大读书会组织,成立了"东流互助合作社",主要组织旅沪同乡读书,还秘密出版刊物《东流》,宣传抗日救国思想,揭露国民党反动派屈膝投降的行径,号召国人团结起来抗日。《东流》的发行引起了国民党特务的注意,随即读书会成员金戈(即陈祖辰)便被"谈话",国民党特务对其威逼利诱,还逮捕了"东流"的一名负责人。面对国民党特务的恐吓,曹捷并没有偃旗息鼓,而是更加斗志昂扬,誓死为国捐躯。1937 年,"八一三"事变在上海爆发,曹捷回到家乡乍浦。9 月初,母亲带着曹捷和弟弟妹妹到嘉兴避难,其间,曹捷积极参加当地青年组织的歌咏队。1938 年春,逃难中的曹捷和弟弟妹妹在危难之际还遭到溃兵洗劫,身无分文的他们全靠淳安老乡接济,苦难中,他仍不忘给弟弟妹妹灌输抗日爱国思想。在将弟弟妹妹稍加安顿后,曹捷毅然走上了革命的道路,参加了中国共产党领导的"政宣二队"。同年 8 月,曹捷加入了中国共产党,并随队入闽,开始了在福建的地下工作。1939 年 6 月,日军飞机轰炸福州,日本军舰突破闽江封锁线,占领川石岛,从海上袭击福州港,形势危急。新四

军驻福州办事处根据中共福建省委指示,从福州撤到南平,并改名为"新四军驻南平留守处",曹捷奉命调任至此,任留守处副官,后任代理主任。1940年 11 月,中共福建省委根据党中央指示,开始在城市撤退骨干,曹捷到省委马列主义研究班学习。

曹捷(右)与好友的合影

1940 年,国民党顽固派掀起第二次反共高潮。皖南事变后,国民党"闽浙赣边区剿匪指挥部"袭击了隐藏在大山里的省委马列主义研究班,大部分同志被捕,曹捷有幸脱险。突围后,曹捷和战友们在闽中特委书记李刚的带领下,翻山越岭寻找省委组织。辗转中,他们来到了崇安和钻山交界处的七星山。在饥寒交迫中,曹捷仍鼓舞战友们牢记党的教育。他们虽然迷了路,却没有人放弃,终于在辗转了 17 天后成功走出了大山。然而,身体虚脱的曹捷却没能再次站起来,他光荣地牺牲于福建省崇安县(今福建省武夷山市)七星山上,时年 27 岁。

韩秉鹏（1921 年—1941 年 3 月）

又名韩福生，平湖县乍浦镇（今平湖市乍浦镇）人。16 岁时到南京下关笋干行当学徒。1937 年年底，日本侵略者在南京大肆屠杀军民 30 多万人，不久，笋干行倒闭，韩秉鹏返回家乡，此时的平湖已经沦陷。1938 年年初，韩秉鹏经人介绍到乍浦郊外亭子桥小学当教师，在这里，他一边教学一边自学，还广泛接触社会，懂得了很多道理，并立志为解放劳苦大众而努力。1938 年，在中国共产党抗日民族统一战线方针的倡导下，国民党省、县战时政治工作队相继成立，韩秉鹏毅然参加了县政工队。1940 年 2 月，省政工队第三大队第五中队（简称"三五队"）来到平湖，其中就有党的秘密组织。在队员马雨亭等同志的宣传帮助下，韩秉鹏认识到中国共产党走的是正确的道路，是年 5 月，他光荣地加入了共产党。入党后的韩秉鹏被党组织分配在亭子桥、南墩乡一带，以政工队员的身份组织发动群众，开展抗日宣传活动。他以夜校、妇女识字班为阵地，宣传党的抗日救国主张，揭露国民党顽固派破坏抗日的勾当；与其他同志编印了一首"日本强盗太凶猛，离开东洋来打仗，在我大地烧、杀、抢，中国百姓都遭殃"的顺口溜，教给当地民众；在妇女中教唱《阿奴曲》。在发动民众奋起抗日的同时，他还组织农民进行抗租抗债斗争。

韩秉鹏工作积极，联系群众，吃苦耐劳，获得了党组织的信任和群众的拥护。1940 年 10 月，他被推选为中共海北工委克城区委青年委员，兼任中共乍浦支部书记。上任之后，他带领群众更加深入地开展抗日救亡活动，在克城区组织了有 200 多人参加的 17 个青年破路突击队，开展了两次较大规模的破路活动。根据中共海北工委的指示，韩秉鹏组织青年骨干散发和张贴《告海北青年书》《抗日大计十端》《毛泽东演说词》等传单和标语，扩大了党的政治影响。

在中共海北工委的领导下，平湖县的抗日救亡运动搞得轰轰烈烈，国民党浙西行署深感不安。1940 年 11 月，省政工队队长于以定根据中共浙西特委指示前往莫干山，途中不幸被捕，秘藏于伞柄之内的重要机密文件被搜去，暴露了海北地区党组织机构及其领导人和骨干。顽固派得此消息，妄图

韩秉鹏

把海北党组织一网打尽。浙西特委接到密报后,即刻指示已暴露的同志在48 小时内紧急撤离。韩秉鹏等人从平湖出发经上海到江苏省如东县(今江苏省南通市如皋市)找到了新四军,安然脱险。韩秉鹏被分配到新四军江苏省如皋县警卫团某连任指导员。1941 年,他所在的连队驻守在如皋县马塘镇以南的村子里,当敌人进攻时,连队内出现叛乱分子,绑架了韩秉鹏,投靠了日军。敌人在对他进行残酷的迫害后一无所获,终下毒手,1941 年 3 月,韩秉鹏被叛军枪杀于江苏省南通县金沙镇(今江苏省南通市通州区金沙街道)。

姚莲娟(1920 年—1941 年 7 月)

女,又名白荻、叶玲,平湖县(今平湖市)人。曾就读于上海务本女中。学生时代的姚莲娟学习勤奋,成绩突出,思想上积极奋进,斗志昂扬。她不满当时社会上的不平等现象,更恨歧视妇女的行为。1935 年,受"一二·九"运动影响,姚莲娟和同学一起外出宣传抗日,教唱救亡歌曲,参加上海学生团,加入"大公电影戏剧读者会",排练进步话剧。1937 年,上海《大公报》在南市蓬莱大戏院主办了一场以抗日为主题的规模盛大的全市业余话剧联合公演。姚莲娟用白荻的名字,参加了《别的苦女人》《东北之家》等戏的演出,获得好评。

姚莲娟

1938 年,上海沦为"孤岛"。姚莲娟考入暨南大学商学院工商管理专业,并在党组织的引荐下参加了"蚁蜂剧社",成为当时上海进步戏剧运动的积极分子。1940 年,姚莲娟加入中国共产党,并于年底服从党组织决定,离校去苏北盐城鲁迅艺术学院华中分院戏剧系学习,化名叶玲。

盐城是新四军在长江以北新开辟的根据地。在皖南事变后险恶的环境里,鲁迅艺术学院华中分院的党组织是不公开的。在盐城"鲁艺",姚莲娟受组织安排担任戏剧系女生班班长,处处吃苦在前,发奋学习,并努力团结同学,生活上关心、爱护、帮助同学。

1941 年 7 月,日伪军纠集 2 万余人从东台、兴化、陈家洋、西射阳等地分几路向盐城合击,发动了对盐阜地区的第一次"大扫荡"。按照军部指示,"鲁艺"分院全部师生分为两队:一队由院部、文学系、美术系组成,随军部转移;二队由姚莲娟所在的戏剧系、音乐系和普通班组成,由周占熊等同志组成一个战斗班,保证二队安全转移。7月23日傍晚,二队从军部驻地以东的陶家舍出发,欲前往盐城西南的楼王庄。为了躲避驻守在湖垛镇的日军,队伍选择了群众基础较好的原盐城县五区作为行军路线。夜色漆黑,天气闷热,道路坑坑洼洼,队员乏力,行进速度很慢。姚莲娟不顾自身疲劳饥渴,以高昂的斗志一路鼓励同志们。7月24日天刚亮,队伍行至江苏省建湖县北秦庄时,突然遭到一批日伪军的包围袭击。在敌我力量悬殊的情况下,二队师生奋力拼杀突围。100多个日伪军像虎狼般扑了过来,顿时弹雨急骤,大片稻禾化作焦土。姚莲娟就在这场血与火的搏斗中不幸中弹,壮烈牺牲,时年21岁。

施　奇(1919年[①]—1942年5月)

女,原姓陈,在狱中化名周琳,平湖县城关镇(今平湖市当湖街道)人。由于家境贫寒,曾当过童养媳。1936年,性格倔强的她离开家乡进入上海一家缫丝厂做工,本以为从此可以获得自由,然而却受尽压迫和剥削,且仍无法果腹。"是命该如此吗?还是……"年少的她常常思索这个问题,却始终得不到答案。后来,施奇勇敢地加入了罢工的行列。在共产党的教育以及工友的关怀和帮助下,她进入夜校学习,逐渐认识到了劳动人民受压迫、受剥削的根源,懂得了只有推翻反动统治,劳动人民才能获得解放的道理。

施　奇

1937年卢沟桥事变爆发,工厂倒闭,施奇无处可去,只得进入难民收容所,在那里,她学唱抗日救亡歌曲,从此开始参加抗日救亡运动。经工友介绍,施奇参加了上海十九救护医院医疗小组,这个医疗小组是为八路军敌后战场服务的,她在小组里担任事务员。1938年1月,施奇随医疗小组由上海抵达宁波,与宁波的红十字会汇合,并入该会交通股,先后驻在宁波龙华

---

① 浙江省民政厅编《碧血丹心——浙江烈士英名录(嘉兴　绍兴卷)》(浙江人民出版社,2014年,第29页)中为"1922年",嘉兴革命历史陈列馆及平湖退役军人事务局提供的资料为"1919年"。此处采用"1919年"。

寺和翰香小学。后来,交通股又与上海煤业救护队(共产党外围组织)合并。7月,煤业救护队到皖南古关,施奇也一同前往。她在那里学习了很多进步书籍,思想上有了很大进步。

1938年8月,施奇离开煤业救护队,来到皖南泾县中村,参加了新四军,被编入教导队第八队九班,任班长。虽然她文化程度低,可她的学习成绩却很好,政治、军事、文化门门功课都名列前茅。上课时,她聚精会神地听讲,认真做笔记;讨论会上,她理论联系实际,积极发言;军事训练时,她严格遵守纪律,研究技术;行军时,她从不落后,还主动帮助别的同志背背包、扛枪;生活上,她吃苦在前,勤俭朴素。不久,施奇便被党组织接纳成为一名中国共产党党员。1939年年初,在教导队毕业后,施奇被分配到军部速记班工作,半年后又被调往军部机要科任报务员。她处处严格要求自己,起到模范作用,因而威信很高,同志们对她的共同评价是"坚毅纯朴、正派大方、热情诚恳、奋发有为",她因此被称为新四军机要战线上的"丹娘"。

1938年,中国红十字会上海煤业救护队员在宁波合影(前排右一为施奇)

1940年秋,国民党发起第二次反共高潮,新四军按照中共中央指示北撤。组织上照顾女同志,要求她们化装后经上海转往苏北,施奇却主动要求跟部队一起走,从而负责译电工作。1941年1月,皖南事变爆发,战斗中施奇镇定地译发电报,保持与党中央的联系。当敌人包围圈越来越小时,她按照上级命令忍痛毁掉电台,烧掉密码,但突围时不幸被俘,随后被敌人押送至三战区政工队。在那里,她饱受折磨,身患重疾,但面对淫威,仍坚贞不屈,坚持宣传革命道理,讲新四军的抗日活动,讲皖南事变的真相。由于施奇病情日益严重,周围进步青年强烈要求给施奇进行治疗,敌人不得不将她送到医院。在医院里,施奇仍然坚持斗争,她的宣传起了很大作用,敌特为之惊恐,认定其为共产党员,将其投入江西省上饶市广丰县(今江西省上饶市广丰区)监狱。在监狱里,国民党反动派把她当作重要政治犯进行审查,并诱骗她自首:"只要承认参加共产党是走错了路,保证以后不再给共产党做事,就可以送你去治疗。"施奇对狡黠的敌人丝毫不加理睬。敌人达不到目的,只得将她从广丰县监狱押送到上饶集中营。在集中营里,饱受折磨的施奇仍然保持着一颗坚定的共产党员的心,靠着坚定的意志感染着身边的难友。狱中难友也在党组织的领导下为施奇抗议,要求敌人给施奇治疗。敌人为了掩盖罪行,对外声称施奇患有膀胱结石症,每天给她几片消炎药,并允许每星期派一名女同志代表去探望施奇,这使得施奇的病室成了狱中联络站,有力地配合了集中营内的对敌斗争。1941年年底,一批同志准备越狱,并把计划告诉了施奇,她是多么渴望回到革命队伍,渴望看到革命的胜利,但身体却一天天虚弱。

1942年5月28日,国民党特工对上饶集中营的新四军战士再次进行屠杀,施奇被抬到茅家岭葛仙庙附近,奄奄一息的施奇看出了敌人的意图,她用尽全身力气,挣扎着站起来,大喊道:"你们要干什么?你们这些强盗,卑鄙!无耻!今天,你们能杀死我一个,明天,你们,和你们的整个阶级,通通都要被我们埋葬!"敌人被吓得连连倒退,慌忙将大团棉花塞进施奇的嘴,把她推进了事先挖好的土坑里,年仅23岁的施奇就这样被活埋了。如今,在江西上饶茅家岭仍矗立着施奇的雕像。

吴清化(1918年5月—1943年10月)

女,又名吴庆华,原籍平湖县(今平湖市)人,中国共产党党员。1918年5月5日出生于北平(今北京)一个高级知识分子家庭。父亲吴鼎铭,毕业于北平译学馆英文系,与沈钧儒、黄炎培等人是同学,其为人正直,对国民党政府的腐败极为不满,对帝国主义深恶痛绝,对共产党颇有好感,对于子女参加革命活动并不阻挠反对,还常参加为困难工友募捐等进步活动。母亲徐德秀于北平女师大毕业后在北平任教,早年曾为共产党做过不少工作。吴清化兄弟姐妹8人,大哥吴志恒、小妹

吴清化

吴庆康都为共产党做过贡献。吴清化自幼活泼聪颖,勤奋好学,能歌舞,善绘画,喜书法,学习成绩优秀。12岁随父母迁到南京,后考入南京栖霞山师

范学校读书,毕业后考入南京金陵大学。

当时日本帝国主义得寸进尺,吞灭中华的狼子野心昭然若揭,半壁河山危在旦夕。腐败无能的国民党反动政府弃人民于水深火热于不顾,提出了"攘外必先安内"的反动主张。在此中华民族生死存亡的紧急关头,四方爱国勇士纷纷缨冠而起,抗日浪潮席卷大江南北。吴清化自幼生长于北平,爱好侠武,在强烈的爱国热情冲击下,由大哥吴志恒(中共党员)介绍,参加了抗日救亡组织,奔跑于上海、南京之间,与史良、李公朴有过接触。革命青年的爱国行动大大触怒了反动当局,南京警备司令谷正伦出动警察大打出手,大批青年学生被投进铁牢。1937年春的一天,19岁的吴清化正在操场打球,突遭警方抓捕,以"危害民国罪"被判处6年有期徒刑,并被关进南京模范监狱。母亲徐德秀带着自己亲手做的鱼去看望她,并提醒她:"小心有刺!"聪明的吴清化立即会意,在鱼肚里找到了一张写有"党组织批准你入党"的纸条,这更加坚定了吴清化的革命斗志。在狱中,吴清化表现得十分勇敢坚强,还按照党组织的指示重温或新学了四门外语。

七七事变后,国民党勉强接受了中国共产党的谈判条件,释放了部分在押的政治犯,吴清化重新获得自由。出狱后的吴清化受党组织安排先后到了延安、临汾,并在临汾参加了八路军驻晋办事处临汾"学兵队"。1938年1月,日寇逼近临汾,"学兵队"结束了为期3个月的训练,吴清化等30名学员被分配到晋西北,队伍即刻从临汾出发向晋西北转移。沿途溃兵难民比比皆是,日寇逼近的消息不断传来。为了鼓舞士气,吴清化一路指挥大家唱抗日歌曲、喊口号、写标语,十分活跃。20多天后,队伍终于在岢岚县找到了晋西北战地动员总会,后来吴清化又被分配到动员总会兴县分会。吴清化在兴县主要负责下基层搞宣传、成立抗日组织,3个月后又调到一所抗日中学任校长。

1939年,阎锡山发动"十二月事变"。突围中,吴清化被兴县县长高芸生扶上马背,两人双双突出重围,来到太岳革命根据地党政军领导机关所在地沁源县。后来吴清化和高芸生结了婚。

1940年春,抗日战争进入最艰苦的阶段。刚刚诞生的太岳革命根据地在经济上遇到了极大的困难。年仅22岁的吴清化毅然挑起了组织生产、培养干部的重担,还受组织委派在沁县城内创建太岳职工学校。建校不久,日寇占领白晋铁路,职工学校被迫迁往沁源县,暂住在一个大庙里。考虑到庙中不宜常驻,吴清化带领全校师生在沁源县二郎沟打造了6个窑洞作为校址。此外,她还组织大家边学习边生产,经常给大家宣传革命道理,使得职工学校不断壮大。她性格泼辣刚毅,又十分平易近人,干工作雷厉风行,说到做到。当时她和另一位名为石磊的同志被并称为太岳区文武双全的两员女将。吴清化平时很注意向工农出身的同志学习,注重自己的思想改造,坚持写学习心得、工作杂感和日记,内容绚丽多彩、新颖活泼、积极向上,是吴清化同志思想、学习、工作、生活的真实写照。

1941—1942年,由于日寇连续的残酷"扫荡"和经济封锁,根据地军民生活十分困难。为响应党中央开展抗战生产自救的号召,职工学校改称为"工学团",吴清化任团长。除坚持文化教育、思想教育外,还从事简单的轻工业生产,如织袜等。1942年6月,工学团决定开辟沟通洪、赵(即从沁源至洪洞、赵城)的运输路线,有计划地组织根据地人民用农副土特产品从敌占区换回盐、粮、棉、布,解决人民生活问题。当时吴清化已怀孕7个月,为了打通第一条路线,她不顾同志们的再三劝阻,于7月28日,亲自带领高子清、高润枝等4个队员赶着4头毛驴,从沁源向洪、赵方向出发。

太岳区的7月,正是大雨滂沱的雨季。为了躲避敌人,她们跋山涉水,走人烟稀少的崎岖小路。吴清化脚上的血泡磨破了,经过几次渡河,溃烂得又红又肿,痛得直钻心,但她一声不吭,依然情绪饱满,精神抖擞。经过半个月的艰苦跋涉,她们终于顺利完成了任务。这次行动打开了洪、赵运输线,但因艰苦辛劳,吴清化返回沁源的当天晚上,一个男婴就过早地降生了。可怜这个无辜的小生命刚呱呱落地,就离开了人世。吴清化用白布把婴儿包好,对照顾她的梁钰说:"残酷的战争不让他生存,可怜他来得不是时候!"说到这里,吴清化哽咽着再也说不下去了。作为一个母亲,她心里痛苦万分。产后仅仅休息了1个月,她把失去儿子的隐痛深埋心底,又精神焕发地返回工作岗位。

1942年10月20日,日寇第六次"扫荡"沁源,妄图以沁源为"山岳剿共实验区",长期固守驻扎。太岳区党政军机关不得不撤出驻地阎寨,向冀氏转移。工学团也撤离沁源,到士敏一带活动。经过几次和敌人遭遇,工学团同志有的牺牲,有的被俘,有的转业,工学团奉命与爱国商业者的联合组织"工合成"合并成合作工联队,简称"合工队",吴清化任队长。1943年4月3日,日寇突然袭击端氏,合工队和许多难民被敌人包围,结果不少同志被俘,副队长杨启与队员武建英勇牺牲。1943年8月,由于敌人活动猖獗,合工队难以开展工作,奉命返回老根据地沁源,开展推广陕甘宁边区经验工作。吴清化带领大家在岳北一个叫定湖的小山村搞试点,组建农民自己的合作社,获得了群众和党组织的充分肯定。

到了 1943 年秋,日寇败局已定,到了狗急跳墙的境地。日寇调集了同蒲、白晋沿线平遥、介休、灵石、沁县一带的兵力 3 万余人,采取"铁滚战术",向抗日根据地的腹心沁源再次进行残酷"扫荡"。

1943 年 10 月 7 日,定湖村大部分老弱妇幼都撤出去了,合工队带领留下的部分青壮年,在民兵的掩护下做"空室清野"扫尾工作。上午,吴清化把民兵安排在村后山头的定湖寺中,又派两个自卫队员在村东西的两个山岗上放哨。因怕疏忽,她亲自坐在村口场边的石碌碡上,一边帮老乡缝衣服,一边留神山头的消息树。下午 2 点多了,敌人仍无动静。按以往的经验,鬼子因怕遇上民兵游击队,一般是上午出犯下午收兵。村里人收拾好东西后,看看山头消息树安然挺立,以为鬼子不会来了,就生火做饭,准备吃了就走。放哨的民兵也因连日疲劳而迷迷糊糊地入睡了。

谁也没有料到,此时一群被困红眼的日寇为了构筑由沁县漫水到沁源鱼儿泉的第二道封锁线,正偷偷向韩洪一带急扑过来。在程壁岔道口,远远望见定湖村里升起的袅袅炊烟,一小队日本鬼子立即向定湖村包抄过来,一场大祸临头了。

定湖合作社院里,一锅汤面刚刚做好,一个老乡正准备去找碗,一出大门,迎面就碰上几个端枪的鬼子,他喊了声"鬼子……","叭"的一枪,老乡便扑倒在地。随之枪声四起,这突然的变化使大家措手不及,全村群众惊慌失

吴清化烈士纪念碑

措,乱成一团。吴清化刚进屋,听见枪响,连忙跑出大门,看见群众四散乱逃,已有 3 人中弹而亡,这样下去不知有多少人会送命。在这千钧一发之际,吴清化从腰间拔出手枪朝日军打了两枪。她一边朝村东河滩猛跑,一边高喊:"乡亲们快跑,快跑!"鬼子听见枪响,又看见一个八路军往村外冲,"哇啦哇啦"地吼叫着,立即追了过去。慌乱中,吴清化的眼镜跑丢了,四周立刻模糊起来,但她脑子里有一个清晰的概念,就是把敌人全引到自己身边,掩护老乡转移。吴清化又胡乱打了几枪,子弹打完了,30 多个鬼子在村外像饿狼扑食似的把她包围,寒光闪闪的刺刀一阵乱捅,殷红的鲜血喷涌而出。定湖村的 80 多个父老乡亲安全逃出虎口,而吴清化身受 17 处重伤,壮烈牺牲在定湖河滩,时年 25 岁。

吴清化牺牲后,定湖村群众在合作社其他同志的带领下开展复建工作,将合作社命名为"清化合作社",并号召大家向吴清化同志学习。吴清化烈士现安葬在山西省沁源县韩洪乡定湖村。

黄佩英(1919 年 7 月—1939 年 7 月)

女,原名黄景壮,桐乡县梧桐镇(今桐乡市梧桐镇)人。家境殷实,儿童时代曾就读于镇上的培德女校(后并入崇实小学,即今北港小学)。1931年,"九一八"事变以后,她见到了学校礼堂上悬挂的大幅油画——《铁蹄下的东北》,接受了爱国教师宣讲东北沦陷、人民痛苦的史实教育,与同学们一起高唱抗日歌曲,上街宣传抗日,和学友们一起去大街上查禁日货,还把家中的日货寻出来当街烧毁,爱国主义思想在她的青少年时代就扎下了深根。从嘉兴秀州中学毕业后,她在亲戚介绍下报考进入上海宝龙医院,学习医护专业,一心想当一名救死扶伤的医生。

黄佩英

1937 年初春,黄景壮从朋友中获悉,中国共产党领导的工农红军胜利地完成了二万五千里长征到达延安,建立了抗日根据地。她热血沸腾、心潮澎湃,从内心涌出了前往延安、向往革命的念头。黄景壮在 19 岁那年的初夏,积极投身到上海学生反军阀、反内战的游行活动,引起了反动警察的注意。一天上午,她参加了一个示威游行后准备返回医院,发现身后跟着两名鬼鬼祟祟的便衣,为了摆脱这两人的跟踪,她闪身躲入了路边的一家大饼店,大大方方地拿起两条面筋,捏在一起炸起了油条。大饼店中常有顾客自己动手把油条炸得老一点、焦一点,因此黄景壮没有引起店内人的注意。两个便衣突然发现跟踪的人不见了,只好往前去寻找,黄景壮趁机摆脱了便衣的跟踪。事后,她的表现得到了上海地下党负责人的表扬,负责人夸她面对敌人时机智勇敢,也加强了对这名爱国青年的培养。1937 年 8 月 13 日,日本侵略者攻打上海。11 月 23 日,她从由乡下逃难至上海的亲友口中获知,日寇飞机在其家乡梧桐镇上空扔炸弹,武庙街被炸成一片火海,昔日豪华的钱家厅堂被炸成了一片瓦砾,变成了"钱家白场"。黄景壮义愤填膺,更加深了对日寇侵略者的刻骨仇恨,到处打听奔赴延安抗日的途径。这时候,她结识了长她 4 岁的中共地下党员左英,从左英口中获悉,在江南活跃着一支英勇抗日的革命队伍,名字叫"新四军"。

1938 年春,黄景壮在左英的带领下,秘密潜往浙江省长兴县,找到了由叶挺任军长、项英任政委的江南新四军。由于部队急需医护人员,而黄景壮在上海宝龙医院实习过,于是组织上立即安排她进入新四军教导总队的医护所,任随军护士,而医护所的所长正是介绍她加入革命队伍的左英同志。此后,黄景壮更名为黄佩英,意为"敬佩抗日英雄"。渐渐地,她的原名只有左英等熟识的人才知晓了。

1938—1939 年是抗日战争时期非常艰苦的岁月,日本鬼子疯狂地开展了大扫荡,到处实行烧光、抢光、杀光的"三光"政策。新四军部队转战江南,从长兴北上,插入苏南山区,又西进皖南,在安徽省泾县建立抗日根据地。黄佩英在艰苦的环境中迅速地成长。她经历过正规医院的医务培训和实践,加上她聪明伶俐、为人随和温柔的性格,医护工作又百般细致、周到,因此伤员们都很喜欢她。

1939 年 7 月 31 日下午,新四军教导总队在安徽省泾县西部的云岭镇召开大会,纪念八一南昌起义胜利 12 周年。不料,这个信息被暗藏的特务报告给了日寇泾县司令部。大会刚开始不久,两架日军轰炸机飞抵会场上空,部队首长立即命令解散隐蔽,但是日机已经开始俯冲投弹,一时间火光冲天,来不及躲避的战士和群众伤亡惨重。黄佩英本来完全可以躲进附近山坡下的树林中,但她听到了一片惨厉的呼救和哭喊声,于是拔腿向受伤的战士和民众奔去。这时候,左英看到一颗炸弹在黄佩英身边爆炸,黄佩英被弹片击中头部,身子一晃,倒在了血泊之中。战友们冲上去把她抱到树林中,只见她满身鲜血,已经永远地闭上了美丽的双眼。黄佩英为革命事业奋勇献身,成了广大战友与群众敬佩的英雄和学习的榜样。

黄佩英生前在新四军从未讲过自己是浙江桐乡人,只有亲密的上级和战友左英同志才知道她参军前的名字叫黄景壮。大家把她掩埋在云岭附近的墓地中,并由左英所长把她作为孤儿向当地政府进行上报。1990年,仍健在的离休干部左英获悉浙江桐乡寻找新四军战士黄景壮的信息,急忙到桐乡核实,并立即写证明上报民政部门。同年,浙江省人民政府发出公函,批准追认黄佩英(黄景壮)为革命烈士。

章　立(1920年—1940年1月)

桐乡县乌镇镇(今桐乡市乌镇镇)人,父亲是一个乡村教师。他7岁进乌镇植材小学读书,勤奋好学,聪明善思,尤其在美术、音乐方面显示出过人的才华。1932年春,章立在植材小学毕业后,随大哥去北平上中学。1937年七七事变后,北平、天津相继沦陷。个性刚强的章立不愿做亡国奴,随华北学生流亡团体辗转到了上海。他白天在世界语学校补习,晚上积极参加"雪影社"的活动。"雪影社"对外称"雪影剧社",是由中共上海地下党领导的一个抗日救亡青年群众团体,设在英租界内。其主要活动方式是:举办读书会,出版油印刊物,创办工人夜校,上街张贴抗日标语,等等。章立入社后,深知自己政治水平低,遂发奋自学《大众哲学》《资本论》《论持久战》等理论书刊,还广泛涉猎《铁流》《钢铁是怎样炼成的》等革命文学书刊。1939年年初,章立担任"雪影社"理事后,主持开展了歌咏、乒乓球、康乐球、棋类等文体活动,还组织了木刻、绘画、戏剧等兴趣小组。他要求上进,向党组织提出了入党申请。他不顾敌伪的严密控制,想方设法带领戏剧组人员,深入到各工厂内进行活动,为工人演唱革命歌曲,表演话剧,从而点燃了广大工人心中的抗日之火。中共上海地下党组织根据其表现,将章立列为党员发展对象。

1939年5月,新四军第一支队六团团长叶飞按照支队司令员陈毅的命令,带领部队冲破日伪军的封锁和国民党军队的限制,以江南抗日义勇军(简称"江抗")的名义,从苏南茅山抗日根据地出发东进。7月,新四军领导下的"江抗"副总指挥何克希、独立第一支队参谋长周达明率领400余人,从

常熟东进抵达昆山。9月中旬,中共上海地下党组织为配合"江抗"东进,决定输送章立等爱国进步青年去"江抗"工作。

章立辗转来到"江抗"游击区吴县太平桥,苏州县工委书记宫岳根据章立的爱好及专长,将他分配到距太平桥一里的江南出版社,任美术编辑。章立从小喜爱画画,在北平时,他大哥熟悉印刷制板技术后,自己开了一家印刷制版作坊,章立只要一有空闲时间,就在大哥的作坊里学习技术,因此在制版技术上有一定的基础。到出版社工作后,章立以笔为武器,为书刊画插图,并在报上发表了不少漫画作品。不久,因工作需要,章立又调"江抗"随军服务团工作。服务团工作繁忙,平时既是文工团,又是工作团,作战时又是救护团,加上当地生活条件十分艰苦,粮食紧张,每餐不是萝卜干就是野菜汤,有时甚至一整天都吃不上一顿饭。日伪军还经常下乡"扫荡",晚上服务团为防止敌人偷袭,常常行军到深夜,有时几天都睡不上一个安稳觉。章立终于病倒了,全身发冷、发抖,继而发高烧,汗水湿透了衣服,四肢无力,寸步难行。随军医生诊治后,确认章立得了疟疾,但部队缺医少药,无法治疗。而此时部队机动作战,战斗频繁,伤病员又不能随军行动。新四军东进也引起了国民党顽固派的怨恨,国民党第三战区不断向新四军施压,频频挑起冲突。为顾全大局,根据上级指示,新四军东进部队于1939年秋西撤,向苏北行进。撤退前,部队在阳澄湖畔的常熟县东唐市镇(今江苏省常熟市沙家浜镇)组建了后方医院,留下了 36 名伤病员,他们中有"江抗"参谋长夏光,新四军政治部主任刘飞,新四军第一支队六团政治处总支书记黄烽、二连连长吴立夏,以及章立等,其中还有一名特殊的伤病员——日本俘虏高桥新一。高桥是日本移民,1939 年,在苏常太地区的一次战斗中受伤,被新四军俘获。当初高桥很害怕,但被送到后方医院后,得到了医院的精心治疗和照顾。章立协助医院做高桥的思想工作,闲时和高桥下棋或闲聊,相互学习,一同娱乐,给他讲日军侵华的暴行等,使高桥的心灵受到了极大的震动。后来高桥加入了新四军,成为在华日本人反战同盟的一员。

1939 年 10 月,新四军第一支队六团团长叶飞派杨浩庐返回常熟,传达了以伤病员为主体重建部队、坚持原地斗争的命令。11 月 6 日,以新四军伤病员为骨干的江南抗日义勇军东路司令部在常熟东唐市附近一个村庄成立,夏光任司令,杨浩庐任副司令兼政治处主任,黄烽任政治处副主任,在苏州、常熟、太仓一带坚持抗战,东路地区的抗日斗争再次发展壮大起来。

1939 年 12 月 27 日,因汉奸告密,昆山巴城据点日伪军数十人突袭常熟县横泾附近的后方医院。日伪军以机枪封锁全村,然后挨户搜查。高桥被查出后，日军要他指认新四军，他想方设法帮助掩护，但章立等人因身穿军服而无法逃脱，最终共有伤病员及医务人员、民运工作人员 22 人被押解到昆山日军警备司令部。面对日军的威逼利诱和刑罚，章立视死如归，横眉冷对，没吐一个字。章立等人被捕后，高桥凭着自己的特殊身份，及时向外传递有关信息。当地党组织积极营救，通过红十字会，将 14 名医务人员和民运工作人员安全营救了出来。章立等人因身份暴露，无法保释。

1940 年 1 月初，日军把章立、许桂生等 8 人杀害于昆山马鞍山麓。章立临刑前奋力高呼："共产党万岁！""新四军万岁！""打倒日本帝国主义！""胜利属于中华民族！"章立牺牲后，战友们为了纪念他，在《大众报》登载了悼念文章，江南出版社编辑部主任吴宝康（湖州南浔人）还作了一首名为《虞山脚下》的歌曲，抒发了对烈士的无尽哀思。

钟　克(1919 年 8 月—1941 年 1 月)

原名钟兆钰，桐乡县濮院镇（今桐乡市濮院镇）人。1919 年 8 月生于濮院镇蜡烛街 4 号一个商人家庭，家中兄妹 5 人，钟克排行第二。7 岁时进濮院镇仲家小学，10 岁时升入本镇敬业完全小学校。在学校，他不仅肯钻研，善思考，而且兴趣很广泛。他还非常喜爱音乐，自学了许多歌曲。钟克临近小学毕业时，开始关心国家大事，参与社会活动。"九一八"事变发生后，日本帝国主义的武装侵略和蒋介石的不抵抗主义，激起了全国人民的无比愤慨。钟克怀着一颗悲愤的心，走出校门，来到街头，向市民群众进行抗日宣传，他用高

钟　克

昂的声调，控诉日寇侵占东三省、屠杀东北人民的暴行，揭露日本侵华的阴谋，号召大家行动起来抗日救国。在街头宣传之际，钟克和小伙伴们还进店堂，规劝商店老板拒售日货；走街坊，对民众进行不用日货的宣传。钟克的行动博得了老师、同学、市民的赞许，大家都称他是"出色的宣传员"。

1934 年，钟克经人介绍别母离家，到上海三友实业社做练习生。钟克在这里每天要工作 11 个小时：6 小时干接线活，5 小时做事务工作。劳累了一天，每天的酬劳仅 1 角钱。资本家像吸血鬼一样，榨取着练习生的血汗。为了追求知识，钟克一分一分地省下钱来订《中学生杂志》，每晚下班后借着

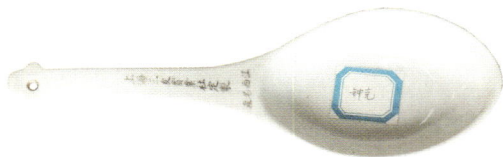

钟克使用过的汤匙

昏暗的烛光,刻苦学习。他越学越觉得自己知识不足,因此又参加了义社寒假补习夜校。为了冲破环境的压迫,争回自己应得的利益,钟克和一些志同道合的伙伴,以组织业余学习小组的形式,在三友实业社工人中宣传革命思想,发动大家起来反抗资本家的剥削。

1937年"八一三"事变爆发后,他在日记里写下了"只有大众的力量,才可以应付非常艰难的时期"这句话,既表明了他全民抗战的进步观点,又表明了他将更积极地从事救亡活动的决心。"八一三"炮声中,三友实业社暂时停业了,但钟克却更忙了。他加入了战时通讯班、救护班,奔赴前线,冒着炮火抢修电话线,救护伤病员,表现出勇敢顽强和舍己为人的崇高品质。他没有做过线务员,没有当过护士,但他常说:"世上无难事,只怕有心人。"他刻苦学习,在同志们的帮助下,很快掌握了线务和护理的一般知识,成为淞沪战场上一个活跃的义务兵。大场镇失守后,钟克闻知闸北四行(金城银行、中南银行、大陆银行及盐业银行)八百孤军仍在奋战,就绕道前去慰问。战斗中,他给战士们送粮运弹;战斗间隙,他给勇士们唱了一首又一首雄伟、悲壮的抗日战歌。1938年2月6日,突然有一位抗日志士躲进钟克工作之处,钟克看他处境危险,就将他化装成工友,帮助他逃过了追捕。在这位抗日志士要离开时,钟克倾其所有,拿出积攒的4元钱给他做活动经费。

为了动员更多的人加入抗日民族统一战线里,钟克开始着手组建抗日团体,创办抗日刊物。1938年3月5日,经钟克发动的抗日进步团体"熹微社"在三友实业社秘密建立,社员13人,宗旨是宣传抗日。为了扩大抗日宣传面,钟克创立了《熹微半月刊》。1938年3月15日夜,钟克被吸收为中共外围组织——"益友社"社员,化名田云,积极参加社内各项活动。

1939年1月,经王任叔介绍,钟克和好友雨田等20多人,离开孤岛上海辗转来到皖南泾县云岭新四军军部。钟克被分配在新四军教导总队第七队。新四军教导总队是军部直属机构中人员最多的单位,是涌向云岭的知识分子和青年学生的集中地。这里学习内容丰富多彩,既能听老师讲解毛

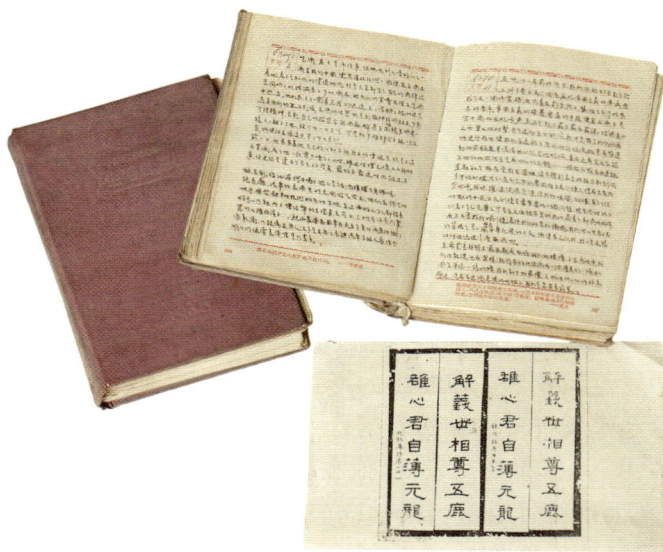

钟克的日记本及书法手迹

泽东《论持久战》等文章,又能亲自聆听项英、张云逸等领导的报告,还能参加军事训练,钟克十分珍惜这一学习机会,他学习成绩很好,门门功课名列前茅。从教导队毕业后,钟克来到连队从事基层政治工作。在连队,战时,他是一个勇敢的战士;平时,他既是文化教员,又是音乐教师,还是政治宣传员。他多才多艺、待人热情、坦率、诚恳,拥有一丝不苟、积极努力的工作态度,以及勇往直前、大无畏的革命精神,在战友们的心中留下了深刻而美好的印象。

1940 年秋,蒋介石掀起了第二次反共高潮,10 月 19 日强令黄河以南的新四军、八路军限期撤至黄河以北。党中央顾全大局,同意将驻皖南的新四军部队转移到长江以北。1941 年 1 月 6 日,钟克与战友们奉命转移,当他们行至皖南泾县茂林地区时,突然遭到国民党顽固派顾祝同、上官云相所部 8 万余人的围攻,国民党顽固派制造了震惊中外的皖南事变。在激烈的战斗中,钟克和战友们一起冒着生命危险,为保卫军部,英勇地向敌人反击。顽军的包围圈越缩越小,钟克他们弹尽粮绝,开始突围。在突围中,部队冲散了,钟克受伤被俘,顽军将其押送至江西上饶集中营。在集中营里,钟克把敌人的魔窟当成战场,向难友们宣讲抗日道理,揭露皖南事变真相,教大家唱革命歌曲,宣传革命道理。国民党想拉拢钟克,使其脱离共产党。有一天,钟克被带到一间装修讲究的屋子里,桌子上已经摆好了酒菜,一个国民党军官见钟克进来,便笑脸相迎,热情地请钟克坐下,端起酒杯说:"钟克先生,请喝酒!"钟克站在桌前,没有坐下,也没有去接酒杯,而是严肃地问:"你们把我带到这里来干什么?"那军官说:"钟克先生,你在上海时的所作所为,我们都已经掌握,你是个热血青年,爱国抗日,好样的。本来我们是要请你加入国军,去请你时,你已经离开上海,听说去了延安,我们派人去追赶,没想到你去了皖南……我们晚了一步。钟克先生,你误入歧途,让我们痛心疾首。现在终于找到你了,欢迎你加入国军阵营。你这么年轻,又这么优秀,今后高官厚禄、荣华富贵任你……"钟克打断对方的话,义正词严地说:"住口!在日寇侵略祖国、同胞惨遭杀戮的时刻,联合抗日的'友军'居然制造了皖南事变,我们多少新四军战士没有倒在抗日战场上,却遭到了你们的黑手,惨死在你们的屠刀下。这种亲者痛、仇者快的肮脏勾当,只有你们做得出来,简直无耻之极!你们是历史的千古罪人!"那军官急了,把酒杯往桌上一扔说:"钟克,你别敬酒不吃吃罚酒!"钟克凛然回敬:"我钟克一门心思抗击日寇,还我河山,救我同胞于水深火热之中,何罪之有?而你们屠杀抗日军人,终将遗臭万年!送我回牢房。"

在随后而来的严刑拷打中,钟克始终坚贞不屈,他对行刑审讯的国民党军人说:"你们可以摧毁我的肉体,但永远摧毁不了我的意志,我与你们反动派坚决斗争到底。"面对坚强的新四军战士钟克,国民党反动派最终无计可施,只能从肉体上毁灭了他。时年 22 岁的钟克,就这样献出了宝贵的生命。

钟袁平(1915 年—1942 年 5 月)

原名钟斌权,曾用名钟明远,乳名海官,桐乡县濮院镇(今桐乡市濮院镇)人。1921 年进入本镇敬业完全小学校学习。1927 年小学毕业后,钟袁平经亲友介绍到上海一家烟店当学徒,在店里受尽了老板娘的虐待,他不甘受辱,毅然离开上海,回到了家里。翌年,报考嘉兴秀州中学,虽名列前茅,但因父亲突患痢疾不能如期报到而被注销。钟袁平发奋努力,于同年考入桐乡师范讲习所,在这里接受系统教育,在这期间他爱上了唱歌。从师范讲习所毕业后,钟袁平

钟袁平

经人介绍在屠甸镇育英小学和镇郊树蓬里小学教书。1931年"九一八"事变后,钟袁平在家乡积极参加抵制日货活动,他用毛笔书写了很多警告信,趁夜深人静时和妹妹们把警告信塞进销售日货的商店的门缝里,吓得那些商店老板再也不敢销售日货了。1934年,钟袁平考入浙江省立民众教育实验学校师范科,他学习勤奋,音乐课成绩更是名列前茅。除了学好学校的功课外,他还经常到图书馆阅读课外书刊,钻研作曲知识,改进唱腔唱法。1935年12月,"一二·九"爱国运动在北平爆发后,迅即席卷全国。作为民教实验学校的代表,钟袁平参与组织和领导了杭州市的示威游行。1936年春,钟袁平还带头掀起了"打倒查溯生"的学潮,以反对执掌校政的查溯生的独断专行。学潮后,钟袁平被开除学籍,但他得到了锻炼,更加懂得了革命。

1937年,钟袁平在延安参加革命,为陕北公学一期六班学员,同年加入中国共产党。1938年,他由陕北到达皖南泾县云岭新四军军部,任皖南泾县小河口新四军后方留守处政治处副指导员,在政治处主任姬鹏飞领导下从事政治宣教工作。1939年秋调至浙江金华,在《浙江潮》旬刊任编辑。除积极组稿、改稿外,还多次冒着生命危险,到前线去采访。他撰写的反映八路军、民兵在抗日前线英勇战斗的战地通讯《反扫荡中的晋东南》在《浙江潮》第80期刊登后,引起了巨大反响,使浙江人民了解了战况,给人以鼓舞和信心。1940年上半年,国民党加紧推行"防共、限共、溶共、反共"的政策,浙江局势开始恶化。5月,中共金衢特委机关遭到破坏,后钟袁平又辗转来到皖南屯溪(今属安徽省黄山市),在党组织的安排下,担任了皖南政工队副队长和《皖南人》刊物的编辑,他带领政工队员以歌咏、话剧、政治学习等形式开展抗日宣传。

1940年10月,国民党特务以其在《中华民族解放先锋队章程》上签名为罪名逮捕他。但禁闭室禁不住钟袁平的歌声,他不仅自己经常引吭高歌,还教同室难友唱《红缨枪》《打倒汪精卫》等抗日歌曲。皖南事变后,钟袁平被送到临溪,与100多位被俘的新四军战士关押在一起。1941年5月又被转押至上饶集中营,一路上他和20位新四军战士毫无惧色,正气凛然,高唱"东进、东进,我们是铁的新四军"的战歌。歌声不仅感动了沿途群众,而且使押运的国民党军警大为惊叹。钟袁平进入集中营后,被编入"特别训练班"第三区队。在狱中,他不仅乐观开朗,而且是一位会作曲、会指挥、擅长独唱的"狱中歌手"。钟袁平以歌声为武器,鼓励难友斗志,打击了特务的气焰。被歌声吓坏了的特务把钟袁平视为眼中钉、肉中刺,害怕他扩大影响,不久便以声音怪异、图谋不轨为名,把他五花大绑押往茅家岭。可钟袁平像一颗燃烧的种子,撒到哪里,就燃烧到哪里。他把中国近百年史表画在茅家岭狱墙上,史表从鸦片战争起,一直到红军北上抗日,最后以百团大战结束,成为讨论中国革命发展史的教材;他还在墙上画了中国地图及世界地图,并且关注时事发展;他组织英文和日文学习,带领大家齐声高唱《国际歌》《黎明歌》等歌曲。学习、唱歌使茅家岭禁闭室变成了"茅家岭大学"。国民党特务们看硬的不行,又来软的,三个月后把钟袁平押回了"特别训练班"。钟袁平利用稍稍改善的境遇写信给妹妹,要她寄来口琴,于是特训班上又响起了清脆、激昂的口琴声,口琴伴奏,激发了狱友们唱歌的热情。1942 年 5 月 25 日,在狱中党组织的领导下,钟袁平和狱友们成功地发动了著名的"茅家岭暴动",冲出监狱,但钟袁平在奔跑的途中不幸负伤,倒在水田里。难友们要搀扶他一起走,他见自己伤重,不肯拖累战友,执意要他们先走,大家只得先走。半夜,敌人调集部队进行搜捕,他再度被捕,在遭受到一顿毒打后,他被吊在茅家岭监狱的铁刺笼里,国民党特务几天几夜不给他吃的,但他仍然高昂地唱着革命歌曲,抒发对党、对革命事业的忠诚。敌人无法从他口中获得暴动的任何秘密,便于 5 月 28 日深夜将其残忍地活埋于茅家岭雷公山麓。

陈必达(1923 年 1 月—1943 年 2 月)

化名陈木天、陈慕天,小名陈小观,桐乡县濮院镇(今桐乡市濮院镇)人。曾就读于濮院镇敬业完全小学校。1931 年"九一八"事变后,抗日浪潮也席卷了濮院,在老师的鼓励下,陈必达和同学们上街高唱抗日歌曲,宣传抗日思想,并倡导国货、抵制日货。1936 年,陈必达离开濮院,到吴兴县善琏镇福昌达绸布庄当学徒,饱受老板的奴役。

1937 年"八一三"事变后,抗日的怒火燃烧了整个浙西大地。1938 年秋,陈必达毅然离开绸布庄,到抗日游击队朱希、汪鹤松部队参与政治部工作。在该部的工作使陈必达懂得了很多革命道

陈必达

理,也掌握了不少游击战术知识,很快他由一个小学徒成长为一个活跃的政工人员。每天他不是书写、张贴标语,上街演讲,下乡演出,就是到民校、识

字班积极宣传抗日道理,大造抗日舆论。11月9日,近万名日伪军配以汽艇、飞机,多路围攻朱汪部队。10日,陈必达随部队由乌镇撤至练市镇附近的钟家墩。翌日上午,部队被敌人以优势兵力四面包围。由于钟家墩南、西、北三面环水,仅有两条路与外相通,不利突围,除陈必达等部分武装随副司令汪鹤松突出重围、朱希用菱桶泅水幸免于难外,余皆壮烈牺牲。钟家墩血战后,陈必达随朱、汪突围部队撤到临安整编、训练。刚从新四军军部派来的周达明给大家讲游击战术课,短期整训提高了陈必达的军政素质,使他懂得了更多的革命道理,进一步掌握了游击战术知识。

1939年春,朱、汪部队重返浙西沦陷区,活动在桐乡乌镇至吴江严墓一带。陈必达在政训处中共党员的影响下,夜以继日地奔波驻地,开展地方民运工作,发动群众,先后建立了"妇救会""儿童团""救国会"等群众组织。频繁的战斗生活,使陈必达迅速成长为一个智勇双全的游击队员。5月,中共浙西特委为了更好地争取朱、汪部队,决定将朱汪部队中共支部改建为特支。特支的建立加强了党的领导,加快了党的发展工作。9月,陈必达在中共党员的帮助和教育下,光荣地加入了中国共产党。

入党后的陈必达更加意识到自己身为党员,肩负着抗日救国的重任。1939年年底,朱汪部队被国民党苏南行署改编,共产党人在该部队已无法立足。经中共浙西特委安排,陈必达于1940年1月奉命返回家乡濮院开展抗日救亡活动。2月下旬,中共浙西特委决定建立中共嘉(兴)崇(德)桐(乡)工委。3月,中共嘉崇桐工委组织委员刘明来濮院,与陈必达接上了组织关系,并确立了"以结拜兄弟的方式,团结抗日骨干,培养、发展党员,壮大我党力量"的工作方法。5月底,陈必达在发展韩起祥、朱树声、潘金海等人为"抗日反汪大同盟"成员后,成立了"抗日反汪大同盟"濮院支部。9月,经过培养考察后,陈必达吸收了很多共产党员,经过中共嘉崇桐工委批准成立了中共濮院支部,陈必达任书记。建立党组织后,陈必达继续努力边进行党的发展、组建工作,边开展抗日救亡运动。他依靠党员秘密串联发动,广泛结拜兄弟,在壮大抗日力量的同时,还利用平时闲谈、学校演讲等多种形式,积极宣传抗日救国道理,揭露敌伪罪行,启发民众觉悟,从而点燃了濮院地区的抗日之火。当时,镇郊南石桥一个绰号叫"尖刀三少爷"的汉奸高善富成为当地抗日救亡运动的主要障碍。1940年初夏,陈必达请示中共嘉崇桐工委同意后,率领一支由近十名党员和进步青年组成的武装小分队,以急行军的速度向高善富的老巢南石桥进军,途中抓住了高的亲信,证实了高在家,而且戒备松懈,遂前往高家一举将其抓获并处决。之后,为消除隐患,陈必达又击毙了蔡安浜的日伪情报员祝阿妹。这一系列的镇压汉奸行动,打击了濮院地区敌伪的气焰,激发了人民群众的抗日热情,使濮院地区抗日之火越烧越旺。

1940年年底,濮院党组织成员增至35人,支部下属党小组除原有濮院镇、米安桥外,还新建了国界乡小组。鉴于濮院地区党员数量的增加,为了更好地加强党对这一地区的领导,1941年1月,中共嘉崇桐工委报中共浙西特委同意,决定成立中共濮院区委,陈必达任区委书记。2月,陈必达又在嘉兴泰石乡(今属洪合镇)发展了5名党员,建立了中共泰石乡支部。濮院地区的抗日工作鼓舞了广大人民,也震惊了敌人。抗日救亡的局面打开之后,陈必达又将眼光投向了新的目标——搞武装。5月,因为国界乡(今洪合镇所在地)副乡长兼自卫队副队长夏福庆,陈必达暴露了身份,只得紧急撤离嘉崇桐地区,来到苏南抗日根据地,经过学习后任新四军第六师第十六旅政治指导员。在连队里,他积极做好干部、战士的思想工作,经常找干部、战士谈心,是干部、战士的贴心人。战斗前,他积极做好宣传工作;战斗中,他又总是身先士卒、冲锋陷阵,是连队里的顶梁柱。

1943年2月,陈必达所在连队在向大茅山竹篑桥进军时与大批日伪军遭遇,陈必达为掩护部队撤离,殿后狙击,战斗中不幸身中数弹而壮烈牺牲,时年20岁。

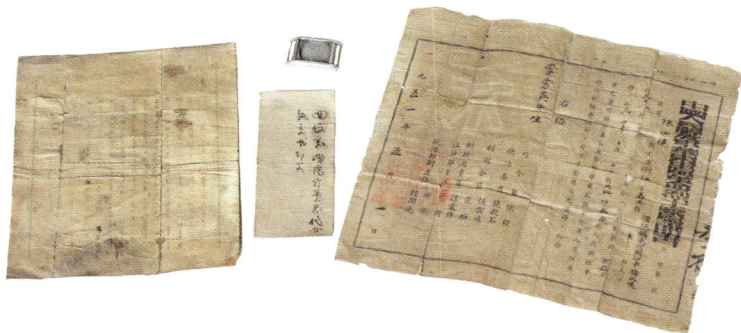

陈必达的信件、表壳及烈士家属证明书

黄振汉(1921年3月—1944年1月)

又名陈家贤,桐乡县梧桐镇(今桐乡市梧桐街道)人。少年时读过几年书,成绩优良,语文功底较强。1937年在上海霞飞路(今上海淮海中路)绸布庄当学徒时,结识了金子明等许多志同道合的朋友。当时的金子明已是一名共产党员,在他的影响和帮助下,黄振汉开始接触马克思主义,探求救国救民的真理。抗日战争全面爆发后,黄振汉毅然离开绸布庄,积极投身于抗日救亡运动。1939年年初,黄振汉在上海加入了中国共产党,不久即被派往青浦县工作,常活动于上海、海门以及启东一带,还曾奉命打入伪军袁英杰部。

黄振汉

1941年,时任中共浦东工委书记的金子明调黄振汉为驻上海联络员。此时的中共浦东工委对汪伪第十三师二十五旅五十团已经有了良好的策反工作基础,在该团二营四连还建有我党支部。1942年夏,为了加强该团中党的力量,党组织决定将四连党支部扩展为五十团支部,黄振汉奉命担任支部书记,化名陈家贤打入该团二营,任营部见习官。12月,汪伪第十三师师长丁锡山突然决定转投国民政府,并即将向天台出发。当时的党支部获悉此事时距离出发时间只有两个多小时,已经来不及请示上级党组织。黄振汉当即秘密召集支委会研究对策。当时有的同志主张拉出数百人投奔四明山,黄振汉则主张坚持长期埋伏政策,一面派人向上级汇报,一面随师行动。1943年1月,中共浙东区党委派吴建功抵达天台,向五十团我党支部说明了区党委的主张,要求该部仍坚持"长期埋伏"的方针,并明确该部以后由区党委敌工委领导。同时,吴建功又为埋伏在该部的同志疏通了上层关系,黄振汉被任命为五十团六连中尉副连长,开始掌握了一定的指挥实权。1943年2月,二十五旅在丽水整编,黄振汉改任三连一排中尉排长,在党内任整编后的二十二团支部书记。1943年夏,黄振汉等3名同志受命参加西南干训班轮训,受训两月有余。临近结束时,国民党采取突袭的办法,强迫学员加入国民党。无奈之下,黄振汉以支部书记名义批准另外两名同志填写了表格,自己则潜回四明山向上级请示。中共浙东区党工委依然按照"长期埋伏"的方针,批准二十二团党员必要时可以参加国民党,甚至参加中统、军统。此事之后不久,黄振汉暴露,只得撤往四明山。到四明山后,先承担浙东区党工委工作,后任余上县敌工站负责人。

1944 年 1 月,黄振汉在余姚北天华附近执行任务,途中与伪余姚县(今宁波市余姚市)保安团遭遇,不幸负伤被俘。当时,敌伪正欲联合进攻四明山,妄图一举消灭新四军浙东游击纵队。伪余姚县县长劳乃心对黄振汉亲自审讯,软硬兼施,但黄振汉毫不动摇。恼羞成怒的劳乃心终下杀手,枪杀了黄振汉。黄振汉时年 23 岁。

张仁沂(1918 年—1944 年)

江苏省江都县武坚乡(今江苏省扬州市江都区武坚镇)人。1943 年参加革命工作,江都县武坚乡民兵中队副中队长。1944 年在江都县关堡战斗中牺牲(外地转入,由桐乡市填发革命烈士证书)。

张仁沂

沈宝瑜(1923 年—1944 年)

又名楚南,化名叶平,桐乡县濮院镇(今桐乡市濮院镇)人。少年时的沈宝瑜目睹了政府腐败,人民生活痛苦不堪,便产生了对反动统治阶级和黑暗社会的不满。1937 年"八一三"淞沪会战爆发后,中国的东大门——上海岌岌可危,浙江嘉兴等地很快就有沦陷的可能。为了不做太阳旗下的亡国奴,年仅 14 岁的沈宝瑜跟随叔父等 5 人离家出走,经广州抵达香港。找到亲戚后,经其介绍进入中华书局有限公司香港分厂当学徒。由于香港分厂资本家对工人进行残酷的剥削和压迫,中共党组织在香港分厂发动厂内群众展开了一系列罢

沈宝瑜

工斗争,沈宝瑜积极参与其中,并成为队伍中的骨干,斗争中的他也得到了锻炼,不久便加入了中国共产党。

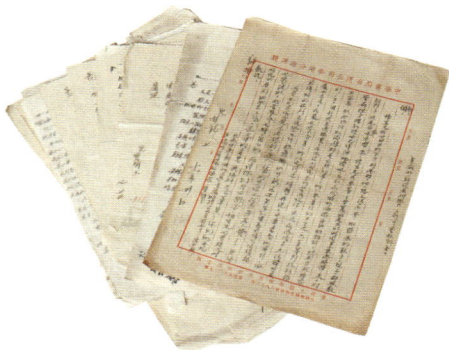

沈宝瑜的信件

沈宝瑜用过的脸盆

1939年夏秋之际,工厂关闭。沈宝瑜失业滞留在港,生活非常艰难,每天只有两餐"大锅饭"(救济失业工人用大锅煮的粗米饭),但这丝毫没有影响他革命的志向,仍积极参加"时事座谈会""作者座谈会""读书班(研究社会科学)"等进步活动,探求救国救民之路。同时,他撰写进步文章,向工人阶级自己的刊物——《中华旬刊》投稿,启发工人的政治觉悟。1940年春,沈宝瑜主动向党组织提出申请,坚决要求到抗日前线参加战斗。5月,根据香港地下党的安排,沈宝瑜经上海到达江苏省常熟县(今江苏省苏州市常熟市),以楚南之名,先担任中共江城区委委员,不久调中共里睦区委任青年委员,同时负责杨塘乡(今属董浜镇)、周泾乡(今属碧溪新区)的民运工作(支部工作)。其间,他吃住在"堡垒户"家里,在党员骨干的帮助下,工作颇有起色。1940年冬,中共东路特委警卫二团成立,沈宝瑜调该团一连任文化教员。他工作积极,作战勇敢。在一次战斗中,他奋不顾身地冲向敌人,头部负伤,险些牺牲。1941年7月,日伪军在常熟地区进行残酷的"清乡"行动,部队化整为零,沈宝瑜等组成游击小组,坚持在江城区开展抗日斗争。在一次抗击日伪军"扫荡"的斗争中,因叛徒出卖,沈宝瑜被捕,关入苏州"感化院"。在这座专门关押共产党人和抗日爱国志士的监狱里,敌人用尽各种卑劣手段,软硬兼施,要沈宝瑜"自首",加入"大东亚共荣圈",充当汉奸卖国贼,但他始终坚贞不屈。敌人无计可施,只得将他押往南京"感化院",尽管南京"感化院"的级别更高、花样更多、手段更残酷,但对宁死不屈的沈宝瑜来说是徒劳的,他没有透露党的任何机密。敌人不得不将沈宝瑜和其他一些所谓的"顽固分子"押送到浦口火车站,残忍地强迫其进行劳役,他们一不小心就要吃鞭子、挨刀子。地下党及时在难友中进行宣传活动,提出"死在这里不如冲出牢笼以求生路"的越狱号召。经过沈宝瑜等人的秘密串联,一场越狱大暴动终于在 1942 年夏的一个深夜爆发了。难友们不顾生死,前仆后继,冲出牢笼,越过电网,终于越狱成功。

　　一连串的折磨和挫折,没有使沈宝瑜消沉,反而锻炼了他的意志。故乡被日寇铁蹄践踏,他不得不在家里躲藏着,但他抗日爱国的心却藏不住。他常常秘密地向进步青年讲日寇的暴行和新四军抗日斗争的故事,宣传抗日救国的革命道理,教唱革命歌曲,在家乡暗暗地播撒革命的火种。1943 年年初,沈宝瑜的身体开始好转。到了夏季,身体基本恢复的沈宝瑜再也待不住了。8 月,他毅然告别父母,离开家乡,只身来到上海,历经千辛万苦,终于和党组织接上了关系。在党组织的安排下,沈宝瑜化名叶平,重返抗日前线。他渡过长江,到达江苏省海门县(今江苏省南通市海门市),在通海行署汇通区政府工作。1944 年冬的一天,组织上决定在路南(通海公路)的天补乡(今天补镇)开展工作。沈宝瑜奉命带领一支由 3 人组成的小分队,去争取一名日伪占领区的伪保长。在完成任务返回游击区的途中,小分队遭遇了日军,沈宝瑜沉着应战,镇静而果断地指挥小分队的另两位战士立即分散隐蔽,并告诉他们待鬼子退去后在某地集合,自己则殿后掩护。在战斗中,沈宝瑜为了掩护战友撤离而献出了宝贵的生命,时年 21 岁。

彭庆元(1930 年—1945 年 6 月)

　　崇德县洲泉镇(今桐乡市洲泉镇)人。他出生在德清县洛舍乡(今洛舍镇)张家湾村,后随家人一起迁居到崇德县洲泉镇。彭庆元是家里的长子,从小就很懂事,"穷人的孩子早当家",14 岁那年,他前往洛舍乡一家做香的作坊里做学徒工。1945 年 2 月,新四军十六旅三支队进占洛舍,解放德清,同时建立地方政权,扩军招兵。有一天,彭庆元找到新四军战士周文池、周文贵兄弟俩,要求与他们一起参加新四军。周氏兄弟向上级首长汇报后,首长同意彭庆元入伍。少年彭庆元身材

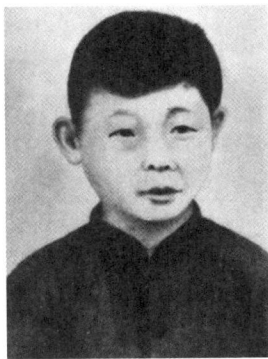

彭庆元

矮小,性格活泼,大家都亲切地叫他"小鬼"。他在部队里不怕苦不怕累,刻苦训练。一个月后,周文池、彭庆元被分配到武康县莫干区(今属德清县莫

干山镇)工作,彭庆元为区大队宣传战士。

随着形势的发展,武康县委决定成立英红区。时年5月,中共苏浙区党委组织部任命高民担任英红区区长。5月20日,从苏中南下的高民参加了武康县委扩大会议,同时筹备区政府的组建工作,如人员、武器等配备。县委为他配备了民政股长付光泽、区分队长潘方喜、两位战士以及一位炊事员。临行前,县委书记何坚白、县长把15岁的彭庆元安排为高民的通讯员。

区长高民带了一行人前往三民乡,开展英红区的工作。然而,武康县的敌伪据点就在英红区,敌情严重。当地的乡村政权都是旧有势力掌握,情况复杂。高民带领的区政府力量十分有限,基层党组织与群众基础又相当薄弱。面对严峻的形势,他们不畏艰险,顽强工作,开辟红色新政权。小战士彭庆元作为区政府的通讯员,机智勇敢,一次又一次完成了送信任务,上情下达,下情上传,保障了区政府的通讯工作,深受领导赞赏。谁料区分队长潘方喜、战士蒋洪是隐藏在队伍中的内奸,他们向敌伪军报告了区政府人员的行踪。1945年6月16日,英红区政府人员宿营在三民乡车岑坞,伪保安大队突袭区政府。下午4时左右,天下大雨,区政府其他人员都外出工作了,只有高民与彭庆元在屋里。突然,高民听到屋外响起一片杂乱的脚步声,急忙到门口一看,发现有5个人头戴毡帽,身穿蓑衣,手持短枪,飞奔而来。他立即转身,对彭庆元说:"敌人来了,快走!"彭庆元立即与高民向后门撤退,这时敌军已冲到门口,向屋里开枪,彭庆元中了3枪,高民一把扶住他的身体,并迅速取下他背着的文件袋,敌人的枪声又响了,彭庆元中弹倒地,光荣牺牲,时年15岁。高民随即冲出后门,由于大雨路滑,摔下山坡,昏迷过去,随后被俘。

1945年8月底,经营救出狱后的高民回到中共浙西地委,接受组织审查。9月,县委书记何坚白来地委开会,高民得知莫干区委副书记张伏年接替他的工作,内奸潘方喜、蒋洪已被铲除,彭庆元牺牲后被安葬在三民乡东岑坞。高民向何书记提出,要求县委寻找彭庆元烈士的家属,以烈属待遇加以抚恤。

1974年10月9日,高民仍然念念不忘自己的通讯员。他说:"彭庆元同志光荣牺牲已有29年多了,他为革命事业献出了自己的生命。我是他的战友,又是当时的英红区区长,所以我有责任向桐乡县领导同志汇报彭庆元同志牺牲的情况,并要求领导追认彭庆元同志为革命烈士。"

祝思恭(1902 年—1938 年)

海盐县六里乡人。1938 年 1 月在湖州参加地下党工作,同年加入中国共产党,生前为吴兴县抗日自卫游击队文书。1938 年夏,在长兴县和吴兴县交界处的纽扣桥被日寇杀害,时年 36 岁。1979 年 12 月 30 日,经海盐县民政局报告浙江省民政厅同意,省民政厅于 1980 年 6 月 25 日批复追认祝思恭同志为革命烈士。

冯　玲(1919 年 8 月—1939 年 7 月)

女,原名冯玲宝,海盐县澉浦镇人。父亲为了养活一家人背井离乡来到上海一家洋布店做帮工,不久,母亲和姐姐也到上海,留下冯玲和祖母做伴。6 岁时,冯玲到上海读书,生活上虽贫困,但一家人在一起却也幸福快乐。

1933 年,14 岁的冯玲由于家境困难不得不停止学业,和姐姐一起到大东烟厂当童工,受尽打骂。在烟厂,冯玲两姐妹结识了顾静华、范志英两位大姐,1934 年,经由这两位大姐介绍进入上海女青年会夜校肇丰路分校参加学习和活动,顾静华原先就是这所学校的老师。在夜校,除了上语

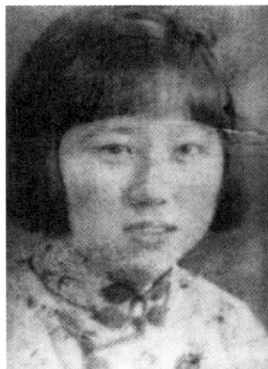

冯　玲

文、数学外,老师们还给大家讲时事政治,讲革命道理。经过一段时间的学习,冯玲的思想觉悟有了很大提高。1935 年,顾静华介绍冯玲姐妹加入了中国共产主义青年团,从此,冯玲在心中有了一个目标和理想,那就是为实现共产主义而奋斗,她也更积极地投身于激烈的斗争之中。她参加各种进步活动,并结交了许多女工友,还发展了好几个女工友加入共青团。1935 年秋,大东烟厂老板为了谋取更多利益,把包装活拿出去让小厂代为加工,并以各种借口无故开除工人,引起了工人的强烈不满。顾静华抓住了这一机会,把冯玲等人叫去开会,并决定在全厂举行大罢工,冯玲负责宣传工作。在此之前,冯玲曾参加过声援申新纱厂大罢工的宣传和募捐工作,有一些经验,所以这次的宣传任务她愉快地接受了。然而,这是一项艰巨的任务,冯玲靠着耐心对工人一一进行劝说,在她的宣传和开导下,厂里绝大多数人参

加了罢工斗争。在地下党组织的领导下,工人们团结一致,坚持了好几天,最终迫使老板答应了工人代表提出的条件。为此,老板对顾静华、冯玲怀恨在心,就在复工后不久,便以"捣乱"的罪名开除了她们,冯玲被迫离开了大东烟厂。

失业后的冯玲并没有失去爱国热情和革命斗志,而是更自觉地、更广泛地投入抗日爱国运动。1936年,在团组织的领导下,冯玲加入了上海工人救国会,几乎参加了这个时期上海的所有抗日爱国活动,比如"反对日本帝国主义侵略我国东三省"的几次大集会、"要求释放上海救国会领导沈钧儒等七君子"的集会、鲁迅先生的出殡游行等。1936年7月17日,冯玲参加了在上海举行的"纪念聂耳遇难一周年"专场歌咏大会,其间也被特务盯上过,但都被她机智地躲开了。1937年"八一三"事变后,日本侵略军大批进驻虹口区,外白渡桥被封锁,冯玲随父母和姐弟离家逃难,冯玲及姐姐在逃难过程中和家人走散,女青年会将冯玲姐妹介绍到法租界国际难民收容所工作。在收容所,冯玲在忍受亲人离散、无家可归之痛的同时,还要照顾那些失去亲人的孩子。冯玲由于工作劳累、生活艰苦而病倒了,稍好后听从大夫建议回到海盐老家养病,未料从此竟与姐姐永别。

1938年秋,冯玲随上海红十字会煤业救护队到达皖南,进入泾县云岭新四军教导总队第八队(女生队)学习。在这里,冯玲刻苦磨炼自己,她穿上草鞋,打起绑腿,经历了滚、打、摸、爬、出操、放哨等训练,终于使自己成了一名出色的抗日战士。当时,由于抗战形势发展迅速,医务工作人员紧缺,组织上便将冯玲分配到教导总队医务所工作。1939年春,冯玲成了一名卫生员。医务所工作繁忙,但冯玲一直热情周到,在做好本职工作之余还常常到连队宣传卫生常识,为战士们治病。据战友们回忆,冯玲常常讲,她虽然没能上前线去杀敌人,但她为战士们治好病,也同样为抗日杀敌尽了自己的一份力。因此,她对自己的工作格外认真负责,一听说谁家有病人,就会主动上门。

1939年7月1日,冯玲起床给病人打针、喂药,把内务整理好。一群小孩子跑来送给冯玲一枝石榴花,冯玲便给孩子们唱起了歌谣。孩子们正听得入神,传来阵阵轰鸣声,日寇敌机轰炸医务所,冯玲进紧抱起孩子们送进掩体,把最后一个孩子藏好后,冯玲想起还有一位病员在医务所楼上,便冲向了病房。此时万恶的敌机直向医务所俯冲下来,投下罪恶的炸弹,冯玲被炸弹击中,不幸牺牲。同志们在一片瓦砾中找到她的遗体时,冯玲正用手护着病员,牙齿紧紧咬着自己一绺带血的头发,拳头里还揑着那枝火红的石榴花。

战士们唱起雄壮的《国际歌》,周围几个村子里的老老少少都赶来为英雄送葬。她的追悼会隆重、庄严。教导总队政治处主任余立金、医务所所长戴济民、八队队长于晶等先后为冯玲的牺牲发表了慷慨悲愤的演讲,号召大家化悲痛为力量,向日寇讨还血债。教导总队的刊物《学习》上报道了冯玲烈士牺牲的情景,以激励全体将士。在冯玲的墓旁,孩子们满眼热泪,战友们为她栽上了一排常青松柏,还特意移来了两株开满了火红色花朵的石榴树。

周涵康(1920 年 9 月—1940 年 6 月)

原籍海盐县澉浦镇人。早在学生时代,周涵康就曾与哥哥周豫康等一起利用学校放假的机会到农村进行抗日宣传活动,教唱《义勇军进行曲》等革命歌曲,组织群众阅读进步书刊。海盐沦陷后,周涵康目睹了日军在家乡烧杀抢掠的暴行,这更激起了他心中的怒火。

1939 年下半年,在中共上海地下党组织的领导下,群众性的抗日活动蓬勃发展,周涵康受到了极大的鼓舞,他决心到敌后抗日游击区去,投入到抗日武装斗争的队伍中去。1939 年 10 月,经华东人民武装抗日会介绍,即将毕业的周涵康放弃

周涵康

了父亲为自己找到的工作,毅然走上革命道路,参加了昆山县(今江苏省苏州市昆山市)二、三区联合抗日大队。参加革命后的周涵康,好学上进、吃苦耐劳,抗日热情高,处处以身作则,严格要求自己,经过艰苦的战争环境的锻炼和考验,很快成为队伍的骨干,并于 1940 年光荣地加入了中国共产党,不久又被提升为江南抗日义勇军第三支队一中队班长。

1940 年 6 月 17 日晚,江南抗日第三支队的一、二中队准备从昆东返回常熟县唐市镇,途中在昆山县石牌镇大凤湾村(今江苏省苏州市昆山市石牌镇凤凰村)宿营。第二天凌晨与一百余名日军遭遇,战斗十分激烈。周涵康带领全班战士迅速进入阵地,伏在水田里,利用田埂作掩护阻击敌人,敌人冲上来,就用手榴弹把他们打下去。周涵康负伤后坚持不下火线,正当战友为他包扎时,不幸又被敌人的枪弹击中,壮烈牺牲,时年 20 岁。

李国强（1923 年 3 月—1943 月）

曾用名李金元，海盐县澉浦镇人。1941 年在上海参加新四军，1941 年 5 月加入中国共产党，生前为新四军第一师兼苏中军区江（都）高（邮）宝（应）军分区警卫团副连长。1943 年在苏中军区一分区江高宝地区对日寇作战中光荣牺牲，时年 20 岁。

李国强

顾水章（1920 年 1 月—1943 年）

海盐县澉浦镇人。1938 年参加革命，1943 年在石门屠甸一战役中光荣牺牲，时年 23 岁。

郁阿三（1922 年 5 月—1944 年）

海盐县澉浦镇人。幼年时因家境贫困，经他娘舅介绍到上海一家棉布店做学徒。两年后，由于老板的残酷剥削，生活无法过下去，他只好又回家种田。在地下党组织的积极引导下，郁阿三提高了政治觉悟，要求参加人民的军队，立志为受苦的人民大众翻身得解放的事业牺牲自己的一切。后来，经地下党组织介绍，郁阿三参加了海北秘密办事处，不久编入正式部队，在浙东三五支队一大队一连当战士。参加马驹一仗时，他表现得积极勇敢，不怕流血牺牲，打得非常出色，受到了部队首长的好评。1944 年参加新四军，同年在余姚县梁弄军事演习中光荣牺牲，时为新四军浙东游击纵队战士。

郁阿三

吴富泉(1919 年—1944 年 8 月)

海盐县六里乡人。1943 年 4 月[①]在六里参加浙东游击纵队,任三五支队侦察员,1944 年加入中国共产党。1944 年,驻澉浦城中的日寇和国民党伪军日夜骚扰六里、黄湾等地,当地老百姓对日本鬼子和国民党伪军恨之入骨,日夜盼望新四军的到来。吴富泉当时是地下党组织一员,于是前往四明山与新四军取得联系,并带了一批新四军前来黄沙坞。

1944 年 4 月,吴富泉也参加了新四军,6 月担任了新四军第五支队第一大队一支队的侦察员。在白色恐怖的日子里,在斗争复杂的环境里,吴富泉为了人民的解放,不顾个人的安危,机智勇敢,深入敌穴,与敌人做斗争。有一次澉浦城里增调来一批日本鬼子,部队领导急需弄清敌情,以便全歼,吴富泉主动向领导要求承担这艰巨而光荣的任务,并出色地完成了。1944 年 8 月,吴富泉在六里乡惹山执行侦察任务时不幸光荣牺牲,时年 25 岁。

陈运连(1928 年—1944 年 9 月)

海盐县六里乡人。父亲陈凤林来自浙南,母亲周氏是六里乡平丰村人,一家三口在六里集镇以开小饭店为生。陈运连约 10 岁时,父母相继病故,小运连成了孤儿,几年来不得不以贩卖包子、油条及出卖苦力度日。1944 年 6 月,新四军浙东游击纵队某部 200 余人组成海北支队,在队长张季伦、政委曾平、政治处主任金子明的率领下,来到澉浦、六里一带,准备开辟海北抗日游击区。陈运连听说新四军是共产党领导的穷人自己的队伍,就主动报名要求参军。他自知年纪小,身体单薄,就托新四军海北办事处里的熟人说情,终于在当年 7 月成为海北支队里的一名小战士。

新四军在海北的军事行动,极大地打击了海北地区的日本侵略者和国民党顽军,他们视海北支队为眼中钉、肉中刺,必欲除之而后快。1944 年 8 月,敌人集中 10 倍于海北支队的兵力,疯狂向六里、澉浦一带进逼,妄图一举消灭海北支队。为了保存有生力量,更好地开展抗日游击战争,海北支队

---

① 浙江省民政厅编《碧血丹心——浙江烈士英名录(嘉兴 绍兴卷)》(浙江人民出版社,2014 年,第 50 页)中为"1944 年",海盐县党史办提供的资料为"1943 年"。此处采用"1943 年"。

奉命转移,于8月26日主动撤回浙东根据地。

当时海北支队的一个小分队正在海宁夹山一带与敌人周旋。由于军情紧迫,主力部队南撤时该小分队未能及时赶上。主力部队一到浙东,张季伦队长就命令三中队王指导员带几名战士重返海北接应小分队。但这些士兵都是外地人,对海北一带的地形还不熟悉。谁能带路去寻找小分队呢?正当部队领导为难之际,陈运连自告奋勇前往带路。张季伦队长见是刚入伍才1个多月的小战士,就有些不放心。陈运连说自己人小不容易引起敌

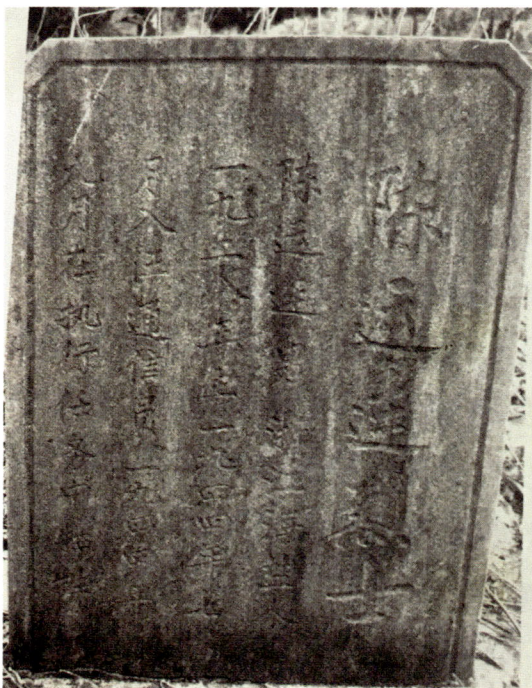
陈运连烈士墓碑

人的注意,加上自己是六里人,熟悉地形。部队领导见陈运连态度坚决,就同意了他的要求。

陈运连和几名战士化装成商人,在王指导员的带领下从浙东余姚乘船横渡杭州湾,在澉浦黄沙坞海滩靠岸。陈运连一人首先跳下海滩,爬上海岸侦察敌情,不料被国民党顽军隐蔽步哨抓获。敌人盘问他是干什么的,陈运连按预先商量过的对策,回答是刚从南边做生意回来的。敌人信以为真,搜查了他的全身,却一无所获,便一齐向小船涌去,以为能抢到什么财物。王指导员等敌人逼近了就一声令下,战士们的一连串手榴弹便在敌群中开了花,当场炸死、炸伤十余个敌人。此时,黄沙坞一带已尽是顽军,他们不敢下海,只向小船疯狂射击。王指导员等在船上边打边退,安全返回浙东,但陈运连却因来不及撤回小船而被敌人抓走了。

陈运连被捕后,敌人首先用欺骗引诱的方法让他说出新四军的去向和伤病员的隐藏地,陈运连不为所动;敌人又对他严刑拷打,陈运连明知尚未南撤的小分队的隐蔽地,但他宁死不屈,拒绝招供。小分队终于躲开敌人的

围剿,在海宁尖山、黄湾一带安全隐蔽下来,并在当地群众的掩护、帮助下,在黄湾附近找到船只,顺利返回浙东根据地。

这次顽军出动重兵撒开包围网,本想将海北支队一网打尽,不料却"竹篮打水一场空"。现在从陈运连身上又捞不到半点便宜,就恼羞成怒,于9月31日将陈运连押往六里堰西南的桑园地里,用大刀活活砍死。陈运连牺牲了,时年16岁。

中华人民共和国成立后,人民政府追认陈运连为革命烈士,并将他的遗骨安葬在离他牺牲地不远的平丰山下的烈士墓里。每年清明节前后,一队又一队的少先队员来这里行礼致哀,祭奠长眠于地下的革命英烈。

顾洪庆(1896 年 10 月—1945 年 5 月)

海盐县六里乡人。1944 年参加新四军浙东游击纵队海北办事处,任军事情报员。1945 年 5 月 29 日在执行任务中,顾洪庆身份暴露,遭敌人捕杀于嘉兴新篁镇。1988 年 3 月 16 日,浙江省人民政府追认顾洪庆为革命烈士。

邹满根(1919 年—1944 年)

江苏省无锡县(今江苏省无锡市)人。毕业后到上海霞飞路(今淮海中路)洗染店当学徒。1943 年回无锡避难,1944 年参加新四军苏南地方部队,入伍后不久牺牲于无锡东张泾村战斗中,时年 25 岁(外地转入,由嘉善县签发证书)。

全国解放战争时期

（1945 年 8 月—1949 年 9 月）

郑金宝（1925 年—1946 年 6 月）

嘉兴县（今嘉兴市）人。1944 年 8 月参加革命，1946 年入党。日本投降后，郑金宝所在部队改编为新四军一纵三旅。当时，一纵三旅司令部驻在山东省泰安火车站南一个叫王庄的地方。泰安城内驻有泰安周围七八个县的伪军，这些伪军常肆意破坏国共双方签订的"双十协定"，袭扰解放区军民。1946 年 6 月 7 日至 10 日，新四军一纵三旅在一旅部队的配合下，打掉了驻守在泰安的伪军，泰安解放。之后，三旅司令部由王庄搬到泰安火车站附近的宾馆。

1946 年 6 月 14 日下午 4 点半左右，国民党的几架战斗机从济南方向飞来，对准三旅司令部阵地狂轰滥炸，因司令部毫无准备，伙房和卫生所被炸，当场就有十余人受伤，十多名管理人员牺牲，郑金宝烈士就是在轰炸中中弹牺牲的。事件发生后，新四军一纵三旅司令部与当地政府掩埋了烈士遗体，并立了烈士纪念碑。纪念碑现仍矗立于泰安金山革命烈士陵园中。

沈善宽（1926 年—1947 年 5 月）

嘉兴县（今嘉兴市）人。1942 年 1 月参加革命，曾任华东野战军第六纵队十八师五十二团副团长，1947 年 5 月牺牲于山东孟良崮战役中。

陈　鲁（? —1948 年 7 月）

嘉兴县（今嘉兴市）人。1941 年参加革命，同年入党，1948 年 7 月牺牲于豫东地区，牺牲时所在单位为华东野战军一纵三师八团，职务为营长。

沈耀华(1917 年—1948 年 12 月)

又名沈浩,嘉兴县(今嘉兴市)人,沈振黄的四弟。1937 年参加革命,原系新四军第六支队参谋。1938 年春从桂林奔赴革命圣地延安,同年加入中国共产党。翌年毕业于抗日军政大学参谋训练队,后随军转战苏、皖、豫、赣各战区,直至抗日战争胜利。1948 年 12 月因积劳成疾,病逝于山东省诸城县(今山东省诸城市)胶东军区医院,时任中国人民解放军某部参谋科长,时年 31 岁。

沈耀华

徐角方(1927 年—1949 年 3 月)

女,原名徐菊英,嘉兴县(今嘉兴市)人。幼年丧母,家境贫寒。14 岁那年,她进入上海大来棉织厂当穿棕女工。1947 年冬,徐菊英在上海震旦大学地下学联开办的震旦义务夜校接受了革命教育。1948 年 2 月,她积极支持爱人王诚投入上海申新九厂反饥饿求生存的罢工斗争,夫妻俩均遭厂方开除,但仍继续坚持斗争。后徐菊英改名徐角方,意谓争取解放。1948 年 12 月,他们离开上海,到浙东四明山寻找党组织,参加革命后任鄞慈县(今宁波市鄞州区)二区政府民运人员。1949年初春,蒋介石"引退"后躲在奉化溪口老家,先后

徐角方

调集第八十七军、交警第十二总队、青年救国团等部队,封锁了四明山,徐角方时任鄞慈县工委二区联络站站长,及时解决了群众的吃饭大事。2 月 26 上午,徐角方和战友们在鄞慈庄夹岙的"桃湾公馆"讨论对敌策略时,突遭国民党浙江保安队二团包围。在分头突围中,徐角方不幸被捕,被关押在鄞西石岭村。

在被捕的 14 天时间里,徐角方虽身陷囹圄,却视死如归。她顶住敌人

94

扁担、皮鞭和麻电等酷刑的摧残,拒绝了敌人高官厚禄的诱惑,反而不失时机地向敌军宣传我党的政策,坚持进行狱中斗争。她和难友朱敏、萧章、陈辉两次从狱中给党组织写信,汇报所了解的国民党浙江保安队二团的装备情况,向党表明革命必胜的信念和自己就义的决心。他们在信中表示:"一定要做到骨头硬,志气高,绝不屈服软弱;我们宁愿牺牲,绝不吐露、连累;我们决心保持革命队伍的清白纯洁和共产党的伟大光荣,绝不玷污形象。因此请相信我们!"1949 年 3 月 11 日,丧心病狂的敌人竟将徐角方、陈辉、朱敏、萧章 4 位烈士活埋在余姚县中村独山里,徐角方时年 22 岁。

杨杏观(1919 年—1949 年 5 月)

嘉兴市新嘉区(今嘉兴市南湖区新嘉街道)人。1949 年 4 月参加革命,吴嘉湖独立团第一营战士。1949 年 5 月嘉兴解放,在缴械时,杨杏观不幸牺牲于马河乡①。1985 年 8 月 6 日被浙江省人民政府追认为烈士,现安葬在嘉兴革命烈士陵园内。

吴海生(1929 年—1949 年 5 月)

嘉兴县新南乡(今嘉兴市秀洲区新塍镇)人。1949 年 5 月参加革命,吴嘉湖独立团第二连战士,1949 年 5 月在执行侦察任务时牺牲于嘉兴县新南乡②(今属秀洲区新塍镇)。

孟荣生(1925 年—1949 年 6 月)

又名孟二观,嘉兴县田乐乡市泾村(今嘉兴市秀洲区王江泾镇市泾村)

---

① 根据嘉兴市志编纂委员会编《嘉兴市志(下)》(中国书籍出版社,1997 年,第 2261 页)记载,此处为"穆河乡"。根据嘉兴市民政志编审委员会编《嘉兴市民政志》(1998 年,第 82 页)记载,1949 年 5 月嘉兴解放后,嘉兴划分为 3 个区,其中有个新嘉区,下辖太平乡、马河乡,故推测此处应为"马河乡",而非"穆河乡"。

② 嘉兴市民政志编审委员会编《嘉兴市民政志》(1998 年,第 82 页)载为"新农乡"。根据嘉兴市行政区划历史记载,1949 年 5 月嘉兴县解放设嘉兴市、嘉兴县,当时在新塍区设"新南乡",至 1984 年最终改为"新农乡",故此处为"新南乡"。

人。1949年4月参加革命,任嘉兴县独立营二连通讯员,6月在廉让乡①(今嘉兴市秀洲区王江泾镇)执行剿匪任务时牺牲。

仲福观(1922年—1949年6月)

江苏省吴江县(今江苏省苏州市吴江区)人。1949年4月参加革命,嘉兴县独立营二连战士,1949年6月在廉让乡(今嘉兴市秀洲区王江泾镇)执行剿匪任务时,遭匪袭击而牺牲。

盛君超(1926年—1949年8月)②

嘉兴市新兴区(今嘉兴市南湖区新兴街道)人。其父以送报、卖报维持生计。因家庭贫困,盛君超不得不在未读完小学时就进入袜厂当学徒。3年的学徒生涯期间,他饱受压迫,深切感受到旧社会的黑暗。后来,经舅舅周仁观介绍,盛君超与沈如淙结识,1942年4月参加革命。第二年经沈如淙介绍,盛君超加入中国共产党。在党组织的启发和帮助下,他进步很快。在家里,他总是不断鼓励和教育弟弟妹妹,要他们不怕一切苦难,好好学习,曙光就在前面。在厂里,他常常和同事谈心,向他们灌输革命道理,培养发展积极分子。他在一本日记本扉页上画了一双拳头,一根锁链锁在双手上,并写上"挣断枷锁"四个刚劲有力的大字,表达了他坚决跟党走的决心。抗战胜利后,袜厂迁往上海,他也随厂赴上海。

嘉兴解放前夕,为了革命需要,盛君超辞去袜厂的工作,偕爱人、妹妹回到嘉兴。为了党的事业,他不顾生活上的艰难困苦,投入到革命工作中去,毅然加入吴嘉湖独立团。嘉兴解放后,独立团编为独立营,盛君超任独立营

---

① 根据浙江省民政厅编《碧血丹心——浙江烈士英名录(嘉兴 绍兴卷)》(浙江人民出版社,2014年,第12页)记载,此处为"谦让乡"。根据嘉兴市民政志编审委员会编《嘉兴市民政志》(1998年,第82页)记载,1949年5月嘉兴县解放后设嘉兴市、嘉兴县,当时在嘉兴县所属的王江泾镇设廉让乡,今属嘉兴市秀洲区王江泾镇。下文"仲福观"烈士情况同本注释。

② 嘉兴市志编纂委员会编《嘉兴市志(上)》(中国书籍出版社,1997年12月,第435页)载"双桥反叛"时间为1949年8月5日。嘉兴市志编纂委员会编《嘉兴市志(下)》(中国书籍出版社,1997年12月,第2261页)载盛君超牺牲时间为7月。此处盛君超牺牲时间采用"1949年8月"说。

三连指导员①。在维护社会治安、保护粮库、清剿土匪、恢复发展生产等斗争中,他兢兢业业、不怕苦、不怕累、不怕危险,出色地完成了上级交给的各项任务。

1949 年 7 月,嘉兴县发生了严重的洪涝灾害,县委命独立营参加抗洪,三连被安排去新塍区八字乡(今属新塍镇)帮助农民抗涝排水。盛君超接到命令后,立即背起背包率领三连战士奔赴抗洪第一线。在抗洪斗争中,他身先士卒,和战士们一起开沟排水。抗洪结束后,盛君超率部在双桥待命,就在这时,不幸发生了——混入革命队伍的兵痞孔龙生、杨兆珍等人发动了叛乱,盛君超同志被叛匪杀害,时年 23 岁。现安葬在嘉兴革命烈士陵园内。

沈鹤龄(1931 年 8 月—1949 年 8 月)②

曾用名沈鹤林,嘉兴县新塍区新塍镇(今嘉兴市秀洲区新塍镇)人。7 岁上学,遇到日寇侵略,一度停学,随父逃难到盛泽继续读书。17 岁出校后因家庭困难无力继续求学,十分痛恨万恶的反动统治和吃人的旧社会。1949 年,沈鹤龄在新塍参加革命,为嘉兴独立营文书,曾多次积极参与剿匪的行动。

1949 年 7 月,嘉兴县发生了严重的洪涝灾害,县委命独立营参加抗洪,三连被安排去新塍区八字乡(今属新塍镇)帮助农民抗涝排水。沈鹤龄接到命令后,在指导员盛君超同志的带领下立即背起背包奔赴抗洪第一线。抗洪结束后,沈鹤龄等在双桥待命,就在这时,混入革命队伍的兵痞孔龙生、杨兆珍等人发动了叛乱,沈鹤龄同志被叛匪杀害。现安葬在嘉兴革命烈士陵园内。

---

① 中共嘉兴市委党史办公室、中共嘉兴市城区区委办公室《嘉兴的剿匪斗争》(《嘉兴党史通讯》,1989 年第 4 期,第 2 页)载盛君超为"3 连副指导员";中共嘉兴市委党史研究室《嘉兴剿匪斗争》(《嘉兴党史》,1996 年第 6 期,第 7 页)载盛君超为"3 连指导员";浙江省民政厅编《碧血丹心——浙江烈士英名录(嘉兴　绍兴卷)》(浙江人民出版社,2014 年,第 7 页)载盛君超为"三连指导员"。此处采用"三连指导员"。

② 嘉兴市志编纂委员会编《嘉兴市志(上)》(中国书籍出版社,1997 年 12 月,第 439 页)载"双桥反叛"时间为 1949 年 8 月 5 日。因此,沈鹤龄牺牲于 1949 年 8 月。

俞忠秀[①](1919 年—1949 年 8 月)

嘉兴县(今嘉兴市)人。1949 年 6 月加入中国人民解放军,嘉兴县独立营二连战士。1949 年 8 月 5 日,三连部队人员叛变时牺牲于嘉兴县双桥(今嘉兴市秀洲区双桥村)。

周其观[②](1911 年 8 月—1949 年 8 月)

嘉兴县新塍区新南乡(今嘉兴市秀洲区高照街道)人,1949 年 3 月在家乡参加革命,在嘉兴独立营工作。1949 年 8 月 5 日在嘉兴县双桥(今嘉兴市秀洲区双桥村)剿匪行动中牺牲。

王阿三(1921 年—1949 年 8 月)

女,江苏省盐城县(今江苏省盐城市)人。嘉兴解放后积极参加农会活动,任嘉兴县王店区问寰乡(今秀洲区建设乡)农会妇女主任。1949 年 8 月的一个晚上,土匪沈杏观带领十几名匪兵,趁解放军剿匪部队离开驻地,将王阿三杀害于朱娘桥庙前,残忍地在她身上连戳 17 刀。为纪念王阿三烈士,1964 年在原朱娘桥庙基上修筑了烈士墓。

王龙宝(1915 年 7 月—1949 年 8 月)

嘉兴县王店区问寰乡(今嘉兴市秀洲区建设乡)人。1949 年 7 月参加革命,任王店区问寰乡张保村(今秀洲区建设乡张保村)民兵队长。同年 8 月牺牲于嘉兴县。

---

① 嘉兴市志编纂委员会编《嘉兴市志(上)》(中国书籍出版社,1997 年,第 435 页)载为"于忠秀";浙江省民政厅编《碧血丹心——浙江烈士英名录(嘉兴 绍兴卷)》(浙江人民出版社,2014 年,第 13 页)载为"俞忠秀"。此处采用后一种说法。

② 嘉兴市志编纂委员会编《嘉兴市志(上)》(中国书籍出版社,1997 年,第 435 页)中为"周其官"。浙江省民政厅编《碧血丹心——浙江烈士英名录(嘉兴 绍兴卷)》(浙江人民出版社,2014 年,第 13 页)载为"周其观"。此处采用后一种说法。

王洪合(1919 年—1949 年 9 月)

　　山东省日照县(今山东省日照市)汾水镇泉子庙村人。家中排行老三,上有一个哥哥和一个姐姐,家境贫寒。从他记事起,一家五口便住在泥垒墙的破草屋里,全靠父亲给人扛活挣的几个血汗钱维持生活。1937年年底,日本鬼子到王洪合的家乡烧杀抢掠,无恶不作,王洪合的母亲、堂叔、表婶等许许多多的父老乡亲都死在鬼子的铁蹄之下。王洪合后来成了一名年轻的抗日游击队员。在共产党的领导下,王洪合在山东抗日根据地参加抗日游击,经过无数次战斗的洗礼,王洪合由一名游击队员成长为区武工队队员,以他的机智勇敢、屡建奇功而威慑敌伪军。1943 年加入中国共产党,很快成长为山东抗日根据地滨海区的一名年轻干部,任岚山头镇工会会长,执行党的抗日民族统一战线政策,他大胆泼辣的工作作风闻名整个滨海区。

　　1945 年,抗日战争胜利,王洪合原本打算与相恋一年的未婚妻成婚,但

王洪合与李乐楼烈士墓

解放战争爆发后,王洪合又拿起了枪杆,投入了新的战斗。经过两年多的殊死决战,山东终于回到了人民的手中。在战争中不断成长的王洪合已在日照的一个镇上担任副镇长,夜以继日地带领乡亲们一面支援前线,一面大力发展生产,重建家园。1949年,上级一纸调令,命他加入南下干部的队伍,赴即将解放的新区工作。王洪合二话没说,马上扛起背包,告别了亲人及未婚妻,只留下一纸便条,就匆匆出发了。

1949年4月21日,中国人民解放军挥师南下,王洪合随部队南下后,才知道自己要去的地方是嘉兴县。5月16日王洪合到达嘉兴,受命担任中共嘉兴县委王店区首任区委书记。嘉兴解放初期,全区经济凋敝,物价承解放前走势继续猛涨,市面上物资奇缺,许多村都出现了断粮户。王洪合带领同志们发动群众,开展社会互济、生产自救。他们成立了3个生产自救组,一个组帮工种田,一个组下河捕鱼,一个组到小河里摸螺蛳、捉河蚌,使得断粮户的锅里都有米可下锅。这不仅解决了群众吃饭问题,还节省了政府的救济粮,区内各方面的工作都有很大的进展。但是,当时在王店一带仍有一些顽固不化的土匪,继续和国民党残余势力相勾结,打出"反共救国军"等旗号,妄图推翻人民政府。

1949年9月7日,一股土匪窜到人和乡,趁王洪合病重之机,杀害了他和区武装干事李乐楼。1950年6月,为了以特殊的方式纪念王洪合烈士,王洪合牺牲的地方王店区人和乡改名为洪合乡。

李乐楼(1923年—1949年9月)

山东省日照县(今山东省日照市)人。1945年参加革命,同年8月加入中国共产党。1949年随解放大军南下,任中共嘉兴县王店区武装干事。9月7日,一股土匪乘中共王店区委书记王洪合生病卧床休息之机,进行突袭。李乐楼从泰石桥撮药回来,听见枪声,随即端起冲锋枪横扫土匪,遭到混入区中队的匪徒暗算,身负重伤,光荣牺牲。

贝宗诚(1921 年—1945 年 10 月)

又名贝剑萍,海宁县盐官镇(今海宁市盐官镇)人。少年时在上海麦根路(今上海淮安路一段)中央机器制造厂当艺徒。1938 年与该厂绘图生潘某共同赴苏中参加新四军,先后随军在东台小海、宝庄林溪、溧阳前马、新洲黑桥、浙江孝丰一带战斗。

1945 年 10 月 1 日,即澉浦战斗前 8 天,贝宗诚身穿凡立丁长衫,手提一只皮箱,从钱塘江萧山义蓬一带出发,乘船在海宁盐官南门海塘边上岸,准备去看望他住在庙宫前的外婆,被原汪伪军戴渭生(当时已收编为国民党海宁县自卫大队)截留

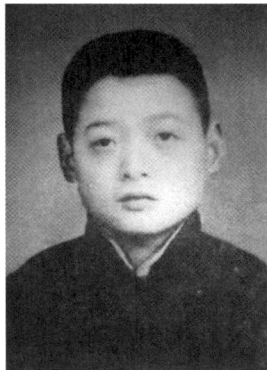

贝宗诚

检查。在搜身时,戴渭生从贝宗诚腋下查获一张共产党党证,为了邀功表忠,直接将贝宗诚押到海宁县警察局干河街拘留所,并马上向海宁县党政军联席汇报室(当时该机构受国民党军统直接控制)秘书梅迎春报告。10 月 9 日,戴渭生欺骗贝宗诚等 6 人说是准备押送到杭州,但事实是由梅迎春、肖可带着一个伪警班,将贝宗诚等 6 位同志秘密枪杀在硖石东山下。

徐 明(1920 年—1946 年 4 月)

原名徐增祥,又名徐岩石,海宁县盐官镇(今海宁市盐官镇)人。徐明家境清贫,为生活所迫,16 岁就到上海法大马路和天主堂街交界处附近的一家运输报关行当学徒。当时正是日本帝国主义对我国发动全面侵略之际,上海各界都动员起来,许多抗日救亡团体纷纷成立,一些进步知识分子还通过开办夜校,加强抗日宣传,扩大抗日影响。那时,徐明白天工作,夜晚到量才夜校学习。这所学校的校长是著名抗日救亡运动领导人、"七君子"之一的李公朴先生,学生大都是青年店员和徒工,校内又有中共地下党组织。徐明经过夜校

徐 明

徐明使用过的怀表

的学习,思想受到启发,不久便参加了共产党领导的抗日团体"救国会"和"华联同乐会",并积极投身于抗日救亡活动。在抗日救亡活动中,他还认真学习了《共产党宣言》等革命书刊,使自己的革命觉悟不断得到提高。1938年5月,徐明光荣地加入中国共产党。

1939年1月,无锡县委派徐明到东亭地区开展党的地下工作。7月任常熟县董浜区委委员。1940年2月担任消陆、陆巷地区区委书记。经过革命斗争实践的锻炼,徐明具备了优秀的政治素质,显露出出色的组织才能,1940年7月,他年仅20岁,便被任命为苏州县委书记,在张家浜战斗中,击毙击伤敌人40余人。1941年5月,徐明任太湖县委书记,兼任新四军太湖游击支队政委。

1942年5月,徐明任路西北特委组织部部长,是年冬调任丹阳县委书记。8月调任句容县委副书记兼组织部部长。1943年年初又调任句容县委书记。1943年11月,徐明调任溧阳县(今江苏省常州市溧阳市)委书记。他发动军民开展大生产运动,开荒种粮,办起纺织合作社,纺织产品除供给本地外,还支援天目山的军民。1945年10月,溧阳成立警卫团,徐明受粟裕司令员的指示,建立茅山工委(全称为中共苏浙特委一分区工作委员会),徐明任工委书记,坚持在茅山地区领导和保护所属地方党组织、游击小组及英烈家属,并牵制敌人,以对付国民党反动派撕毁和谈协定、发动全面内战的阴谋。11月中旬,国民党整编七十四师侵占茅山一带,实行封锁,眼看粮食就要吃完了,徐明把自己米袋里省下来的米统统倒出来,和着野菜水煮,让大家充饥。12月上旬,他采取回马枪战术,率领部队击溃敌人的一个排。年底他又亲自带领工委武工队,端掉了句容二区敌特工总部情报站。1946

徐明烈士墓

年,他带领武工队消灭了盗用新四军名义,冒充武工队敲诈勒索群众的土匪,镇压了为非作歹的反动镇长刘亚霖。1 月 8 日晚,他率领武工队,机智偷袭敌船,缴获收发报机 1 台、汤姆式卡宾枪 6 支、子弹数百发。

1946 年春,国共合作破裂。武工队根据华中分局的指示向敌后转移,被一地主婆发觉告密,遭到敌整编第七十四师一七一团团长马培基匪军的包围。在万分危急的情况下,徐明号召武工队员英勇抗敌,并命令他们用机枪还击。为掩护战友们撤退,徐明拿起机枪,摧毁了敌人的火力点。在准备最后撤退时,徐明被一块弹片击中,不幸牺牲。现安葬在镇江市句容市白兔镇中心村。

张孔昭(1894 年—1948 年 7 月)

又名张浪舟,海宁县黄湾镇(今海宁市黄湾镇)人。1943 年参加革命,曾任新四军浙东游击队金萧支队军械处处长。1945 年 10 月随军北撤,转战苏鲁。1948 年 7 月,张孔昭在江苏省浦东县与敌战斗中牺牲。

吴育英(1921 年 8 月—1949 年 3 月)

原名吴宁,海宁县盐官镇(今海宁市盐官镇)人。1936 年毕业于海宁县立初级中学。抗日战争期间,正在高中求学的吴育英参加了抗日救亡运动,因此多次遭到反动派的迫害,无奈之下只得陆续在绍兴、杭州、上海等地以流浪方式坚持修毕高中课程。1940 年夏,吴育英考入了中国银行上海分行,很快与该行地下党同志开展合作,多次参加斗争,并协助地下党进行《书声》的编辑、发行工作。1941 年 2 月 21 日,中国银行宿舍(中行别业,即万航渡路 623 弄)一百多人被日伪特务机关"76 号"逮捕,吴育英也不幸一同被捕,后获释。

吴育英

同年秋,吴育英被调往中国银行昆明分行,途经香港时,因工作表现突出,行方决定留他在香港工作,但吴育英拒绝了这个众人可望而不可得的机会,毅然前往昆明。在昆明,吴育英团结同事,很快把在上海被迫停刊的《书声》在昆明恢复出版。

1946 年 2 月 16 日,地下党金融党委领导了国民党的四行二局员工大罢工,并成立四行二局(中央银行、中国银行、交通银行、中国农民银行、中央信托局及邮政储金汇业局)员工联谊会,简称"六联"。4 月,吴育英被调回上海,7 月即参加了"六联"刊物《联讯》的编辑出版工作。吴育英在《联讯》上以十分翔实可靠的数据揭露国民党反动政府进行反人民内战而导致的生产萎缩、通货膨胀、物价飞涨,激励上海四行二局数万员工参加反内战、反饥饿运动,用饿工、等工、罢工等方式进行斗争,为此也遭到反动当局的加紧监视和迫害。1947 年冬,吴育英申请入党,经上级党委批准,他于 1948 年元旦正式宣誓入党,成为中共候补党员。此后,吴育英更加积极地工作,不断团结同事与国民党当局做有力抗争。1948 年 3 月,吴育英参与领导了中国银行上海分行总罢工。他在《联讯》上不断以尖锐的笔锋揭露国民党反动派的黑暗统治。10 月,"六联"被迫停止活动,吴育英等 4 位同志由组织安排撤退到华中解放区。途中历尽艰辛,吴育英的肺结核病几经反复。1949 年

1月中旬,党校支部书记江春泽前来看望吴育英,向他传达了党支部大会的决议,他如期转为正式党员。3月,吴育英病情突然变重,不治而逝。1949年下半年,上海市市长陈毅亲自批准追认吴育英为烈士。

周友良(1917年—1949年8月)

海宁县黄湾镇(今海宁市黄湾镇)人。1945年8月参加革命。1949年8月牺牲于江苏省镇江县(今镇江市),时为中国人民解放军炮兵第十一团学员(排级)。周友良烈士现安葬在镇江烈士陵园。

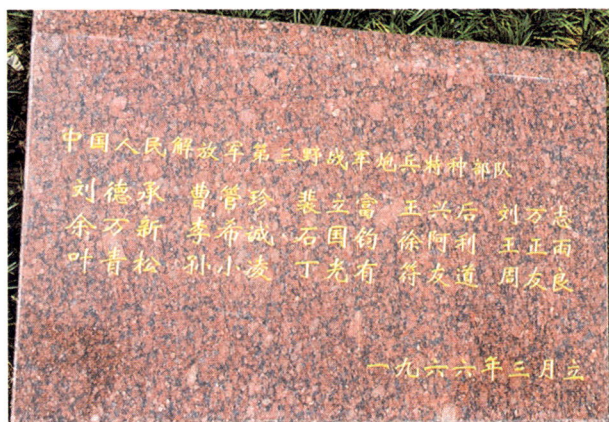

周友良烈士墓碑(第三行第五列)

吴月芳(1923年3月—1949年9月)

海宁县周镇乡(今海宁市周王庙镇)人。1949年5月参加革命。同年9月,吴月芳被土匪绑架至桐乡崇德吴家坝秘密杀害,时为海宁县周镇乡长联赵家村农民协会主任。

钱叙荣(1905年3月—1949年9月)

海宁县周镇乡(今海宁市周王庙镇)人。早年在无锡一丝厂工作时,就开始接受马列主义思想,阅读共产党的有关书刊,后回家当农民。海宁解放后,被群众选为农民协会主任。当时,国民党张关荣部队流寇在海宁一带暗地敲诈老百姓。一次,张关荣派人让钱叙荣借给他120件棕衣,遭到钱叙荣严正拒绝。第二次,张关荣又派人来向钱叙荣要粮食,钱叙荣当时又严肃地规劝他们:"共产党是好的,你们还是投靠共产党吧!"同时,粮食一粒也没借给他们。就这样,钱叙荣冒着生命危险,勇敢地捍卫了人民群众的利益。1949年9月,土匪把钱叙荣秘密绑架至桐乡崇德吴家坝秘密杀害。被害时,他家中只有两个儿子,分别为16岁和11岁。

吴中正(1920年12月—1945年10月)

曾用名吴洛山、吴梦卿、何其鲁,平湖县全塘乡衙前镇(今平湖市独山港镇)人。1933年小学毕业后,到上海某烟纸店当学徒。1935年,经朋友介绍进入上海的商务印书馆当排字工学徒。在此期间,他在党的教育和培养下积极参加党领导的斗争活动,经过各种考验后终于在1937年加入了中国共产党。1939年,根据党组织指示,吴中正离开上海参加了新四军。1942年任新四军苏南溧阳县财经科科长,为新四军在苏南坚持抗日做了大量工作。

吴中正

1945年8月15日,日本宣布无条件投降。8月22日,新四军苏浙军区政治部在《苏浙日报》上刊登《向京沪线进军告同胞书》①,阐明当前形势和党的政策,号召各界同胞立即组织起来,配合我军同敌人斗争,收复国土,制裁汉奸,争取胜利,巩固胜利。吴中正夜以继日地四处奔波,组织和发动溧阳人民,为积极配合新四军主力部队解放溧阳做好准备。8月19日,溧阳县人民配合新四军苏浙军区第一纵队第二、第三支队合攻溧阳城。主力部队根据吴中正等提供的日伪军的军事布防资料,首先拔除了西门外日伪军的子母堡和暗堡,为攻城扫清了道路,接着发动总攻,歼灭伪第二师四、五两个团和部分日军,解放了溧阳县城。

1945年10月,为避免内战,新四军奉命北撤。当时,因北撤准备仓促,时间紧迫,苏中五地委除发动沿江人民支援木船外,还临时征用了中华轮船

① 浙江省文化厅革命文化史料征集领导小组办公室编《浙江省革命(进步)文化大事记1919—1949》(浙江良渚印刷厂,1991年12月,第194页)。

公司镇江分公司"中安"号客轮。10 月 15 日夜,吴中正随苏浙军区第四纵队政委韦一平、溧阳县县长徐公鲁等领导干部、指战员及民工近千人,乘"中安"号客轮从苏南武进县(今江苏省常州市武进区)荫沙港启航。船行至泰兴县(今江苏省泰州市泰兴县)天星桥附近江面时,因船体陈旧,船舱漏水,加之超载,不幸沉没,包括吴中正在内的 800 余名同志同时牺牲,吴中正时年 25 岁。

1985 年,江苏省人民政府为纪念 800 余名英烈牺牲 40 周年,在泰兴县城北郊为烈士们建墓迁葬,立碑建馆,名"中安轮遇难烈士纪念馆"。1987 年,全国人大常委会副委员长、苏浙军区副司令员叶飞在碑上亲笔题词:"烈士英灵,永镇江海。"纪念碑现位于江苏省泰兴县泰兴公园内。

许明清(1918 年—1946 年 10 月)

原名陈玉虹,平湖县新仓镇(今平湖市新仓镇)人。许家乃书香门第,许明清 8 岁时进入新仓镇芦州小学,13 岁时就读于省立嘉兴二中,他爱看各种书报,并常常偷阅父亲收藏的进步书刊,因而很早就受到进步思想的影响。1934 年,许明清转入省立杭州一中就读。1935 年 12 月 9 日,"一二·九"运动爆发,许明清参加了声援活动,还与学校进步师生一起秘密组织"读书会",阅读进步报刊,了解时局变化,评论是非曲直,积极揭露学校当局的贪污劣迹,组织罢课,掀起学潮。许明清

许明清

的革命活动引起了学校的注意,校长亲自写信给他的父亲,希望许明清离开学校。许父接信后马上要求许明清回家,苦口婆心地劝许明清去上国民党中央政治学校。许明清回家后向父亲表明了自己不走升官发财之道、要寻找抗日救国之路的决心。父亲劝不住,只能答应许明清。在离家前,许明清向家人表示,自己决不会当亡国奴。

1937 年 9 月,许明清考入武汉大学,就读于法学院经济系。入学后的许明清有幸聆听了周恩来的讲演,周总理号召青年到工厂去、到农村去、到前线去,深受鼓舞的许明清带着激动的心情提出要去延安锻炼自己。11 月,许明清进入湖北汤池合作训练班学习,在这里他靠着自己的知识和智慧,耐心地开导复兴社派到训练班破坏国共合作的张姓督学,使张改变了

想法,揭开了国民党的丑恶嘴脸。1938年1月,在汤池合作训练班第一期结业后,许明清到湖北省京山县(今湖北省荆门市京山市)搞农业合作工作,4月加入中国共产党。是年冬天开始,许明清到京山向家冲地区开展工作,包括建立区委、发展党员、组建游击队,与此同时他还广泛团结各阶层爱国人士,做好统战工作,积极宣传党的政策。1939年,许明清任应城(今湖北省孝感市应城市)矿区委员会书记。1940年调到应城县委任组织部部长。1942年春在应城县与林涯萍结婚,婚后生下一男孩,但3个月时便夭折了。1943年任汉(阳)、孝(感)、(黄)陂县委书记。当时,因汉孝陂地处武汉近侧,战略地位十分重要,斗争形势相当复杂,工作环境也特别艰苦,而徐明清就是在这样的条件下仍然坚定乐观,牢记党的重托,想方设法继续斗争。

1945年8月,日寇投降。10月,许明清调任湖北省鄂中专署副专员。1946年6月,蒋介石集团对解放区发起全面进攻,国民党派特务潜入汉孝陂地区,企图拉中共干部下水,许明清及时揭穿其阴谋,严惩了特务。7月22日,江汉军区部队解放湖北竹山城,成立中共竹山县委和民主政府,许明清任竹山县长。为了了解民众疾苦,宣传党的方针政策,他经常深入大街小巷。后来由于受到敌人围追堵截,县委机关被迫转移,改为竹南县委,许明清任县委书记,开展游击战争。9月,竹南县委被敌人袭击冲散,突围后的许明清为收编失散人员,在返回竹南途中迷路,不得不找当地一个农民带路,不料被出卖,许明清等人虽奋力反击终因寡不敌众而被俘。被关押后,他掩护战士全部越狱撤离,自己却再次被抓。10月7日,敌人将许明清关进旅部,由特务连看守。8日清早,国民党十旅旅长谷炳奎叫副官以他个人名义给许明清送去一桌菜,企图拉拢许明清。许明清说:"我是共产党员,你们没有资格叫我投降。"他坚持用绝食来回应敌人的审讯、劝降。许明清绝食的消息被全城百姓得知,有老百姓冒着风险前来送饭。敌人得知后派了几个人伪装成老百姓也给许明清送饭,并劝许明清投降,均被识破。在狱中,敌人对他软硬兼施,但都没有得逞,无可奈何的谷炳奎在竹山城北门坡广场上搭了一个台子,逼着老百姓聚到台下,告诉许明清,如果在台上说共产党不好就放了他,许明清假意应承下来。上台后,许明清说:"国民党要我说共产党不好,新四军不好。老乡们,共产党领导受苦人民闹翻身,打国民党反动派,人民是拥护的,胜利一定属于我们!我们的军队不久就会打回来,竹山是要解放的!"谷炳奎气急败坏地叫人把许明清推下台,许明清回头对群众说:"你们记住我的话,一定能实现!"

10 月 20 日下午,穷凶极恶的敌人在竹山西走马岗挖了一个大坑,趁夜里将许明清押上走马岗,当时天气突变,狂风呼啸,乌云密布,大雨倾盆。敌人把许明清推进坑里,土埋到他胸口时对他说,如果投降就放了他。许明清奋力高呼:"中国共产党万岁!"年仅 28 岁的许明清就这样牺牲在了湖北省竹山城走马岗。

为缅怀先烈,1966 年,中共竹山县委在许明清牺牲的地方修建许明清烈士陵园,1981 年建造烈士纪念碑。2019 年 7 月 1 日,许明清烈士事迹陈列馆在平湖市新仓镇开馆,陈列馆通过照片、文字和实物等形式,生动展示了许明清烈士的生平事迹。

张汉清(1919 年—1947 年 11 月)

曾用名王伯明、陆伯明,平湖县城关镇(今平湖市当湖街道)人。14 岁进入平湖稚川中学,勤奋好学,成绩优良,尊敬师长,很懂礼貌,初中毕业后即离开家乡只身前往上海。1935 年年初,经人介绍在上海静安区一家酱园当学徒。他平时爱好看书,对别人谈论的经商之道、娶妻育子之事不感兴趣。徒工的辛酸生活和社会的黑暗现象使他愤愤不平,遂决心找到一条光明之路。

1937 年 3 月,张汉清进入邹韬奋先生的生活书店工作。这是一家在共产党领导下,坚持出版

张汉清

进步书刊、传播马克思主义、介绍社会科学理论知识、进行思想启蒙教育、为大众服务的出版社。在这里,张汉清接触到了马克思主义,他如饥似渴地学习进步书刊,从《共产党宣言》和《资本论》等经典著作中,找到了救国救民的真理,懂得了"只有共产党才能救中国""穷人要翻身只有跟共产党闹革命"。在出版社地下党组织的启发教育下,张汉清走上了革命道路。是年,卢沟桥事变爆发,紧接着"八一三"淞沪会战爆发。11 月,日本侵略者的铁蹄践踏了上海。"国家兴亡,匹夫有责",张汉清辗转于江浙一带,积极宣传党的抗日主张,深刻揭露日寇罪行以及国民党政府的腐败,为抗日运动贡献力量。

1941 年皖南事变后,新四军在安徽省淮河南北开辟解放区,组织上将张汉清送到淮南抗日根据地培养,工作转到淮南烟厂。1943 年,张汉清加

入中国共产党。

1944年6月,张汉清到淮南公学任总务主任,不久调往华中局组织部任总务科长。他工作认真,办事能干,常说:"我们做工作要认认真真,搞经济工作要精打细算。"为补充新四军部队、机关、学校的给养,组织上指派张汉清到敌占区交押运物资时,他常以商人身份做掩护,机智地通过敌人设置的哨卡,勇敢地闯过封锁线,巧妙地与海匪海贼周旋。张汉清热爱党的事业,不仅自己积极奔走于抗日工作中,还先后动员自己的弟弟张汉庭和同乡青年到解放区参加抗日工作,引导他们走上了革命道路。张汉清平时经常与青年谈论做人的价值,讲革命的道理,灌输为人民服务的思想,帮助他们树立解放全人类、为共产主义奋斗的志向。

抗日战争胜利后,张汉清调任华中银行总行材料科科长。1946年6月,蒋介石公然挑起内战,调集国民党军对解放区发动全面进攻。根据战争形势发展,华中银行总行奉命向山东,继而又向胶东、鲁中等地转移。张汉清在这段艰苦的岁月里,没有被国民党反动军队的气势所吓倒,而是坚守自己的岗位,夜以继日地工作,经受了战争和艰苦环境的考验。1947年10月,华中银行奉命迅速恢复印钞工作,并建立新的印刷厂,但由于受到敌人封锁和破坏,印钞原料紧缺,需到外地采购。10月25日,当时任华中银行发行处处长的杨秉超把张汉清召回合德(今江苏省盐城市射阳县合德镇),给他布置了采购印钞材料的新任务。张汉清在上海组织机构已被敌人破坏的危难关头,临危受命,不顾刚从海上脱险归来的疲劳,携带组织交给他的240两黄金和介绍信,从苏北合德乘"金开源"船前往宁波鸿昌商行。就在张汉清启程的前一天,上海国民党淞沪警备司令部、第一绥靖司令部、首都卫戍司令部谍报组三方组成的联合行动小组,由谍报七组组长带领数名特务离沪赴甬,联合宁波警方,对我大华企业公司一分部机构——宁波鸿昌商行进行搜查,羁押了经理、副经理等人,商行被潜伏的特务控制和严密监视。"金开源"船在海上航行数日,到达镇海。张汉清登岸办理转关手续时,内线同志转告:"上海唐先生病重。"张汉清想到宁波之行虽有危险,但采购印钞材料的任务刻不容缓,他回船与其他同志商量后,做了应变准备,船又直驶宁波。

10月30日晨,船到达宁波,张汉清将部分黄金交随船同志分管,只身上岸去宁波苍水街2号鸿昌商行。到达商行后,因与经理素不相识,张汉清在问询时,被潜伏的特务冒充经理接去介绍信件。特务从信中发现有苏北解放区运来的小麦,产生怀疑,立刻对张汉清进行盘问和搜身,搜出了密藏在腰带内的金块。敌人如获至宝,当即拘捕审讯,妄图从张汉清身上打开缺口,邀功请赏。在敌人面前,他采取了虚构供词的手段,拒绝回答敌人提出的实质性问题,回避来甬的真实目的。他抱定宗旨:"宁愿牺牲自己,也要保护组织和同志,使敌人无法追查下去。"敌人恼羞成怒,丧心病狂地进行刑讯逼供,用手枪、铁柄敲打张汉清的头颅,殷红的鲜血染红了他的洁白衬衫。11 月 1 日,张汉清在狱中以身殉国,时年 28 岁。

陶 荣(1918 年—1949 年 1 月)

曾用名陶武其,平湖县周泾乡(今平湖市独山港镇)人。其父陶再兴以经营一家小店养活全家七口人,生活窘迫。13 岁时,父亲因积劳成疾病逝,陶荣无力升学,初级小学毕业后就到新仓镇一家南货店当学徒。不到两年,南货店关闭,陶荣只得回家经营小店度日。

1937 年 11 月,平湖沦陷。目睹了日寇滔天罪行的陶荣悲恨交加,他立志为国效力,只身外出寻找革命队伍。因听说苏南一带有打日本鬼子的军队,他便来到江苏省青浦县(今属上海市

陶 荣

青浦区),经人介绍进入青浦县观音堂镇陈义百货店当职工。此时的青浦县正活动着中共青浦县委领导的抗日部队,陶荣便参加到抗日的队伍中。在党组织的教育培养下,不久他便加入中国共产党。1944 年年底,党组织派陶荣和一批青年干部到浙东抗日根据地参加新四军。1945 年 10 月,陶荣随新四军北撤。解放战争时期,陶荣在中国人民解放军第三野战军第二十军六十师一七九团任连长。1948 年 11 月,陶荣所在部队参加淮海战役。他带领全连战士奋勇杀敌,他曾说:"共产党员在战场上要冲锋在前,决不退缩半步!"1949 年 1 月 5 日,陶荣光荣牺牲,时年 31 岁。

龚子林(1923 年—1949 年 3 月)

平湖县乍浦镇(今平湖市乍浦镇)人。年幼时,父亲因贫病交加过早离世,龚子林被舅父抚养长大,曾在平湖城区中心小学(今平湖市实验小学)、当湖小学求学。小学毕业后经舅父托人介绍,龚子林于 1941 年 6 月到海盐用里堰"伍隆盛"地货行当学徒。该地货行是中共海北工委地下党员祝岐耕、陈敫等人为掩护革命工作而开设的。龚子林在这里受到了革命环境的熏陶,思想觉悟有了很大提高,这一年的秋天便加入了中国共产党,走上了革命的道路。然而不久,用里堰就发生了党员泄密事件,龚子林转移到嘉兴,在"源泰"水果行当学徒,继续从事党的秘密工作。

龚子林

1940 年年底,中共海北工委书记被捕,党员骨干大批撤离,不少地方的党员与组织失去了关系。以唐伯钧为首的国民党县政府,采取了种种反共措施,妄想乘机消灭平湖地下党组织。正是在这白色恐怖的环境里,1942 年 5 月,龚子林受海北特派员刘明指派来到平湖县城,按照刘明的指示,以各种身份做掩护,机智地避过了敌人的岗哨,串村走巷,到平湖南门外寻找失散了的党员。在舅父的帮助下,他和党员范一仙先后在西门城内和东门后街开设烟纸杂货店,作为海北党组织的联络站。他前往南墩乡、徐埭乡等地的四个党支部,进行秘密联络工作,并传达了党中央关于对敌占区工作的方针,鼓励党员在艰苦的环境里要树立信心,坚持斗争。1942 年 10 月,日寇对海北地区实施"第二次清乡",妄图建立和强化其统治。龚子林按照党组织安排回到乍浦工作,和母亲在四牌楼西面,以开设小香烟店为掩护,继续负责平湖张家泾一带的党组织工作,及时传达上级党组织关于"反清乡"工作的指示。为了确保特派员刘明的安全,每当刘明从乍浦渡海去浙东向浦东地委请示、汇报工作时,龚子林都事先为其联系好船只,并安排好途中生活。在此期间,龚子林多次受组织委托,不顾路途艰险,几次去浙东城工委做交通联络工作,还先后护送杭州县(今杭州市)、余杭县(今杭州市余杭区)的几个女青年去浙东"鲁艺"学院学习。

  1945 年春,为了筹建平湖武装力量,开展敌后游击战,龚子林前往浙东抗日根据地,参加新四军浙东游击纵队军事训练班,学习军事知识。在训练班上,他努力学习政治、军事知识,各科学习成绩优良,熟练地掌握了各种军事技能。训练结束后,他被派往海宁长安镇汪伪"和平救国军第十二军特务营"(简称"长安部队")工作。这支"长安部队"内建有中共特支,完全控制着部队领导权。自建立以来,部队发展迅速,龚子林到部队时参加了该部的军政训练。军训结束后被特支派往该部三连,任重机枪班班长,加强了对这个连的控制。8 月,"长安部队"受中共浙东区党委指示,调往浙东抗日根据地。然而就在行动前,该部第二、三连被少数坏人操纵,发生哗变。危急之中,龚子林火速前往特派员刘明处汇报,并与之赶紧撤离长安镇,前往四明山浙东根据地。10 月初,新四军奉命北撤,龚子林受命回到乍浦开展党的地下工作。在乍浦,他一边从事繁重的劳动,一边坚持做党的工作,动员身边有志青年参加革命,还发展过多名党员。

  1946 年春,龚子林用自己的微薄收入,组织附近青年农民办起了夜校。在他的启发教育下,不少人在中华人民共和国成立初期入了党,成为土改中的骨干力量。1947 年春,龚子林在过塘行建立了中共乍浦支部,担任支部书记,又在乍浦西门发展了两名党员。这一年秋天,由于长期的奔波劳累,龚子林患上了肺结核病,但他不顾自身重病,辞去过塘行的工作,打入了国民党平湖县自卫队,意在从中拉出一部分武装,建立革命队伍。其间,他病情越来越严重,却继续工作,不肯休息。11 月,特派员刘明被捕,龚子林与上级党组织失去了联系,但他没有放弃,一边寻找党组织,一边组织党员学习《中国人民解放军宣言》,鼓舞同志们的热情。

  1949 年年初,辽沈、淮海、平津三大战役胜利的消息传到了平湖,龚子林无比激动,向母亲喊着:"我们快要解放了,我们快要解放了!"然而就在 3 月,龚子林未等到平湖解放就病重离开了人世,时年 26 岁。

陶爱生(1917 年—1949 年 9 月)

平湖县新仓区(今平湖市新仓镇)人。全家靠父亲摇船运送货物、母亲种地勉强糊口。因家境贫寒,陶爱生只能看着有钱人家的孩子上学。后来父母变卖了田地,在松江城开了一家棕棚店。直到 11 岁,陶爱生才开始上学,读了 6 年书。然而,随着父亲的去世,家里再次陷入困境,无奈中,陶母只得将唯一的儿子送到上海骆驼绒厂当学徒。在厂里,陶爱生忍气吞声地过了 3 年。

陶爱生

1937 年,日本帝国主义到处烧杀抢掠,陶爱生的家也被烧光了。目睹这国破家亡的惨状,他毅然选择走出家门参加抗日,当时的陶爱生上有老母,下有褓褓中的女儿。

1949 年 4 月,中国人民解放军横渡长江,5 月 11 日平湖解放。5 月 15 日,离家 10 年的陶爱生终于回来了。当年褓褓中的女儿已经 11 岁,母亲也早已年迈。自古忠孝难两全,陶爱生对家人满是愧疚。临走时,他嘱咐妻子照顾母亲和女儿,自己还要随部队解放全中国。5 月 17 日清晨,部队出发了,陶爱生路过家门口,交给母亲一枝天蓝色的"金城"钢笔和一封信。过了一个星期,陶爱生在嘉兴给家里写信,再三叮嘱女儿要好好读书,不想此信竟成了遗书。

1949 年 10 月,陶家迎来了陶爱生所在部队的两位首长。他们向陶家人讲述了陶爱生在战场上奋勇杀敌的情景:1949 年 9 月,在福厦战役中,天上有敌人的飞机,山上有敌人的机枪大炮,战斗异常激烈,许多战士都倒在了敌人的炮火下。作为中国人民解放军第三十一军九十三师二七七团班长,陶爱生不怕牺牲,勇敢战斗,主动请战,向敌人发起一次次的冲锋,最后在战斗中牺牲了。临走时,两位首长将陶爱生的烈士证明书及烈士遗物交与陶家。

俞麦浪(1920 年 4 月—1949 年 1 月)

又名俞文奎,祖籍绍兴诸暨,桐乡县同福乡(今桐乡市凤鸣街道)人。俞麦浪兄弟两人,他居长,6 岁时就开始读书,就读于杭州大神庙小学,13 岁小学毕业后,回到家乡,由亲戚介绍到亭桥乡(今高桥镇亭桥村)新文桥小学任教,小小年纪就当了小学教师。4 年后,抗日战争全面爆发,日军侵占了浙北平原。目睹日本鬼子烧杀抢掠、残害乡亲,17 岁的俞麦浪再也无法忍受,便告别家人,来到了浙江余姚四明山地区,找到了抗日武装,在政工队从事抗日宣传工作。半年之后,抗日形势严峻,政工队被迫解散,俞麦浪只好回到家

俞麦浪

乡,重新当起了教书先生,并利用教学生学习文化的机会,向学生讲述中国的抗战形势。当时,桐乡和崇德一带,地方上各种大大小小的武装有很多,称谓为"队部",都打着抗日的旗号。当地史家桥的武装部队头目名叫商守先,商守先原是土匪,在桐乡和崇德一带很有名气,后来,日本鬼子抓了商守先的妻子和儿子,把他们关进灵安据点。虽然后来商守先的妻儿被孙英杰救出,但这件事也激起了商守先对日本鬼子的仇恨,他便自任抗日锄奸大队长,经常寻找机会袭击日本人。商守先知道俞麦浪有文化,又到过四明山,在政工队工作过,便派人到学校,邀请俞麦浪加入他的"队部"做文书。但俞麦浪没有答应,因为商守先虽然也袭击日本人,他带领的是抗日的队伍,但也经常骚扰老百姓,而且手下的人大都是地痞流氓,心狠手辣,俞麦浪不屑与他们为伍。当时日本人在日晖桥南面筑有三个碉堡,碉堡里的日军白天出来抢食物,晚上龟缩在碉堡里,俞麦浪心里恨不得把这些日本鬼子的碉堡给炸了。

1941 年,皖南事变后,一些零星突围出来的新四军战士分散在各自熟悉的亲戚朋友家里养伤。有一位新四军伤员原来在四明山政工队工作过,和俞麦浪是战友,被安排在俞麦浪家里养伤。俞麦浪知道这位战友已经参加了新四军,于是,1943 年 5 月这位战友伤愈后,俞麦浪和他一起奔赴苏南,参加了新四军。俞麦浪参加新四军后,主要活动在苏南地区,他工作积极,勤奋好学,于 1944 年 7 月加入了中国共产党。

抗战胜利后,蒋介石又发动了内战,全面进攻解放区。因为俞麦浪有一定

俞麦浪使用过的木箱

的文化,在处理各种事情时有自己独特的见解,同时具备一定的军事理论知识,而当时部队里迫切需要有文化的干部,俞麦浪于是通过培训学习担任了华东野战军第三纵队九师二十七团的军事教育股长,负责给战士们讲解军事知识。

1948年11月,淮海战役开始,俞麦浪随第三纵队来到了河南商丘,参加了淮海战役。1949年1月,解放军向徐州发起攻击,敌军仓皇向永城方向逃窜,被解放军包围在永城东北25公里处的陈官庄,敌军利用陈官庄的有利地形,在陈官庄南侧修筑工事,抵抗解放军。6日,俞麦浪所在部队向陈官庄的国民党部队发起歼灭战,陈官庄地势险要,易守难攻,俞麦浪看到一批一批进攻的解放军战士倒在敌人的阵地前,便主动请求参战。俞麦浪和战友们冲上敌人阵地,在他用手榴弹炸毁敌人机枪阵地时,一颗子弹击中了他,俞麦浪英勇牺牲。俞麦浪现安葬在"淮海战役陈官庄烈士陵园"中。

范伯生(1923年—1949年7月)

桐乡县同福乡(今桐乡市凤鸣街道)人。范家世代以耕田为生,是村上出了名的忠厚人家,原来家道还算殷实,但到了范伯生父亲一代,时运不济,盗匪蜂起,灾祸不断,范家先是典卖土地,后是典卖房屋,是"王小二过年,一年不如一年"了。1923年的腊月十三,大雪纷飞,滴水成冰,灵安港北岸范家谷一间老屋里忽然传出几声微弱的婴儿啼哭声,一个男婴来到了人间,他就是范伯生。范伯生14岁的时候,日本鬼子来了,烧杀抢掠,无恶不作。范家谷北面有一片荒凉的荡地,叫金沙庵

范伯生

荡,方圆三四里没有人家,杂草丛生,高过人头。日本鬼子"扫荡"过境,金沙庵荡成了范伯生与乡亲们逃难避乱的地方,乡亲们一年四季都在担惊受怕中度过,少年的范伯生恨透了这不平的世道。22 岁的时候,范伯生终于盼来了抗战胜利,总以为从此天下太平,老百姓可以安居乐业了,却又遇上了内战爆发,国民党反动政府横征暴敛,苛捐杂税多如牛毛,农村经济迅速崩溃。范伯生家只有两亩多一点土地,养不活全家 6 口人,只得四处谋生。1948 年,经亲戚介绍,他来到了同福乡政府,谋得了一个伙夫的差事,混一碗饭吃。

1949 年 5 月,崇德全境解放,国民党政权土崩瓦解,人民解放军接管政权。同福乡乡长是一个姓陈的解放军排长,他见范伯生是个穷苦出身的青年,为旧政府人员做饭完全是迫于无奈,人又机灵勤快,便留他下来,继续在乡政府做饭。在日常接触中,范伯生觉得共产党领导的人民解放军纪律严明,对贫苦老百姓秋毫无犯,还嘘寒问暖,完全不同于国民党部队,从心眼里佩服。陈乡长也觉得范伯生熟悉当地民情,是个可用之人。当时,崇德县正组建地方武装——县中队,而灵安设立区分队,陈乡长就推荐他当了区分队战士,并经常教导他:共产党是人民的大救星,解放军是人民的子弟兵,做一名人民战士,为人民干事是十分光荣的。范伯生在陈乡长的帮助和教育下,思想觉悟迅速提高,他积极向新政府提供土匪活动线索,反映社会情况,投身到艰苦又复杂的剿匪反霸斗争之中。那时正值新旧政权交替之际,新政权刚刚建立,立足未稳,旧政府人员又不甘心失败,时刻想反攻倒算。区分队里有两名战士顾有松和朱龙云,在旧政府里混得久了,坏习气很重,好吃懒做,强拿强买,又过不惯新政府里的艰苦生活,在旧政府人员的利诱拉拢下,企图叛变,投入土匪部队。

1949 年 7 月 11 日,陈乡长派范伯生带顾有松、朱龙云去新桥村附近侦察匪情。顾有松、朱龙云两人觉得这是投匪的好机会:一是他们都带着步枪,带枪投匪,匪首一定会另眼相看,日后肯定会委以要职;二是他们认为范伯生虽然是班长,但年纪轻,只要稍加利诱,肯定会随自己投匪。所以,一路上两人不断撺掇范伯生,一会儿说在新政府里跟着解放军剿匪反霸,生活待遇太差,在旧政府里干事,倒是经常有鱼有肉吃;一会儿又说:"这天下共产党说不定还坐不住,老蒋有美国人支持,说来就来的,我们现在跟着共产党,老蒋回来了,我们里外不是人,两面不讨好,到时候怎么办? 还不如学英雄好汉讲义气,从一而终。"范伯生教导他们说:"陈乡长经常给我们说老解放区的事情,那里搞土地改革,耕者有其田,贫苦百姓都分到了土地。还说待我们这里局势平稳后,也要马上搞土改,分到土地,自家种自家吃。这不是我们贫苦百姓朝思暮想的好事情吗?你们看解放军纪律严明,从来不欺压老百姓,确实是人民子弟兵,共产党真是我们穷苦百姓的大救星。你们再不能三心二意了。"顾有松、朱龙云两人却决意要去投匪,见范伯生不但不从反而来劝说他们,恼羞成怒,胁迫道:"今天是个好机会,要投一起投,你不投,我们是二对一,不怕你不随我们两人。"范伯生坚定地说:"我是跟定共产党了,共产党的路,我是走到底的!"顾有松、朱龙云见阴谋败露,凶相毕露,行至一个叫道士庄的小村时,借口鞋子掉了,故意落后几步,偷偷地向范伯生的后背开了枪。范伯生当场倒地,鲜血直流。顾有松、朱龙云拾起范伯生的步枪,仓皇而逃。消息传至乡政府,陈乡长非常震惊,三天后,他亲率区分队包围新桥匪巢,生擒了顾有松、朱龙云。之后,同福乡政府召开公审大会,顾有松、朱龙云被执行死刑。

史洪生(1919年—1949年8月)

桐乡县河山乡(今桐乡市河山镇)人。祖上是江苏省丹阳县人,1919年4月,他出生在江苏省丹阳县一个贫农家庭,兄弟姐妹有10多个,但真正活下来的只有3人。在勉强维持温饱的情况下,父亲坚持让史洪生读书,直至初中毕业。

1935年,16岁的史洪生离开家乡,到上海找工作,但当时的上海兵荒马乱,一时找不到合适的工作。后来经一个亲戚牵线,史洪生跟着一位裁缝师傅学习裁衣。1937年8月13日,淞沪会战爆发。在持续3个月的战争中,上海炮火连天,大部分厂房、民居被焚毁,许许多多的老百姓流离失

史洪生

所。兵荒马乱之时,史洪生只能继续跟着裁缝师傅学生意,艰难谋生。日军攻占了上海,攻占了南京……江南遍地战火,民不聊生。在史洪生的家乡丹阳,日寇侵略军同样肆虐,老家的房子毁于炮火,史洪生的父亲、母亲带着全家一路向南逃到了浙江,落脚在桐乡县八泉乡(今桐乡市河山镇八泉村)五河泾史家角。在史家角的一块荒地上,史家在这里搭了草棚,垦种荒地,安下了家。

转眼间,史洪生在上海谋生已10年,然而,他看到的上海依然是日寇的

天下,日伪势力猖狂,百姓无处安身。史洪生觉得这样苟且偷生下去是没有前途的,因为只有赶走侵略者,才能安居乐业。他便决定投奔抗日的新四军,几经辗转,于1945年5月在苏南参加了新四军。

1945年8月,日本鬼子无条件投降。史洪生被编入中国人民解放军华东野战军特种兵纵队。1949年4月,史洪生随大军渡过长江,百万雄师势如破竹,于23日解放了南京。南京解放后丹阳即将解放时,身在当涂的史洪生给父母写了一封信,但没有得到回复。他十分思念家乡的亲人,待部队驻防南京后,便向领导请假,回家乡看望父母。然而,当他赶到丹阳时,才知道全家早已逃难迁往浙江桐乡,便在亲戚家住了几天之后返回了部队。1949年5月下旬,史洪生参加了解放大上海的战役,他在战斗中英勇顽强,多次受到部队首长的表扬。上海解放以后,部队急需干部,由于史洪生有文化,部队领导安排他到第三野战军特种兵纵队特科学校参加进修学习。华东野战军特种兵纵队于1949年2月改称第三野战军特种兵纵队,特纵机关从上海迁至南京汤山。8月2日,史洪生和其他学员一起坐上火车,从上海出发,赶往南京。途经镇江时遭敌机轰炸,29名战士牺牲。原集体葬于宝盖山,1966年3月移葬镇江烈士陵园内,第二块、第三块墓碑上分别刻着15位烈士和14位烈士的姓名,其中第三块第三位为史洪生。史洪生牺牲于中华人民共和国成立前夕,他的英名永留史册。

史洪生烈士墓碑(第一行第三列)

钱阿大（1930 年—1949 年 8 月）

桐乡县民合乡（今桐乡市乌镇镇民合村）人。1949 年 7 月参加中国人民解放军（桐乡县大队）。8 月 30 日下午押解可疑人员去青镇人民政府，当地恶霸获悉后勾结土匪阴谋夺枪杀人。是日傍晚时分，钱阿大途经油车桥时突遭埋伏的土匪开枪袭击，英勇牺牲。

钱阿大

钱阿大烈士墓

彭万里(1920 年—1949 年 8 月)

原名尹鹏南,江苏省启东县(今江苏省南通市启东市)人。其父亲尹熙隆与夫人黄朝富生育了4 个儿子、3 个女儿,尹熙隆病故于 1938 年 7 月,而他的 4 个儿子和 1 个女儿先后走上了革命道路。彭万里的大哥尹鹏德于 1946 年参加革命,任启东友北乡小队队长,1947 年 2 月在启东大同村战斗中牺牲;二哥尹鹏冲于 1947 年 4 月在与国民党还乡团作战转移时负伤被俘,惨遭杀害;弟弟尹鹏高,1942 年参加革命,1944 年 6 月参加了新四军,后任华野一师三旅九团文书,1946 年 11 月在盐城伍佑的战斗中牺牲;小妹尹凤琴早年曾参加当地的妇女革命斗争,为了躲避国民党的追捕而到他乡工作。

彭万里

彭万里于 1939 年参加革命,1942 年入党。尹家的革命老妈妈在丈夫去世后,支持儿子们前赴后继地走上革命之路,在儿子们一个又一个倒在敌人的枪口下时,她忍住悲痛,坚强面对。与上海隔江相望的启东是革命老区,在抗日战争时期,各种政治势力犬牙交错,启东人民在中国共产党的领导下,团结起来,奋勇反抗侵略者,反抗汪伪政权,彭万里是其中的一位杰出青年。他参加了当地的自卫队、锄奸小组,机智勇敢,顽强作战。在一次又一次"反扫荡""反清乡"的战斗中,彭万里迅速成长,先后担任了新南乡指导员、友北乡乡长。在艰难困苦的抗战时期,彭万里的妻子怀孕待产时在汉奸的一次行刺中不幸去世。彭万里化悲痛为力量,与日伪军进行了坚决的斗争。

抗战胜利后,彭万里在党的领导下,积极开展土改运动。1946 年 9 月,彭万里报名参军入伍,任第三野战军二十三军炮兵团三营二连政治指导员,先后参加了淮海战役、渡江战役,还参加了解放上海的战斗,为解放战争的胜利做出了自己的贡献。

1949 年 5 月初,崇德、桐乡两座县城相继解放。1949 年 7 月上旬,彭万里所在的二十三军炮兵团奉命进驻崇德县(今桐乡市崇福镇)。部队抽调了一批优秀的连队政工干部,配合当地党政领导机关到农村去发动群众,开展剿匪行动,维持地方治安,帮助建立乡村人民政权。7 月下旬,彭万里受命出任洲泉区永秀乡乡长,一道前往的有 7 名战士。彭万里到达永秀后,依靠当地人民群众积极开展工作。永秀乡因永丰村和秀庄庙合二为一而得名，区域范围较大，地理位置在大运河之北，地处崇德、德清两县交界，情况异常复杂。8月1日，彭万里一行7人应邀去洲泉镇，出席洲泉镇人民政府召开的庆祝"八一"建军节大会。8月3日下午，彭万里在永秀乡人民政府驻地秀庄庙召开全乡14个保的保长会议。他认真动员、布置任务，并语重心长地教育与会的保长："国民党政府垮台了，乡人民政府已经成立，你们不要抱有任何幻想，站到人民这边来，为人民政府好好工作。借粮借草支援前线，是当前的首要任务，各保务必抓紧完成……"

午饭后，天气更加炎热。乡政府的同志们已先后休息去了，彭万里还在伏案工作。然而，危险已经临近。当时，一小股流窜在德清县海卸乡（今属桐乡市崇福镇）一带的国民党武装匪特，事先已获知永秀乡人民政府召开保长会议的情报，在匪分队长袁掌学的阴谋策划下，计划偷袭乡政府，杀害乡干部，夺取解放军的枪支。下午4时多，秀庄庙异常闷热而又安静。19名匪徒携带8支短枪、11支步枪，化装成当地农民的模样，背着草篰，由匪首袁掌荣带领，潜往秀庄庙。他们一步步逼近了秀庄庙，偷偷摸进了庙里，靠近了彭万里的办公室。此时此刻，彭万里正在专心致志地书写着、思考着，永秀乡人民政府刚刚成立，要做的工作千头万绪，有许多问题要向上级汇报，亟待解决。尽管工作繁多，困难重重，但他信心百倍，浑身是劲，手中的笔越写越快。突然，他预感到有危险，飞速抓起办公桌上的手枪——但为时已晚，窗外的土匪已从草篰里抽出手枪，对准他的太阳穴"砰"的一枪……枪声惊醒了正在里屋休息的战士老黄，他从床上一跃而起，端起汤姆式冲锋枪飞奔出来，向天井里的土匪"哒哒哒"猛扫射击，当场打死匪徒1人，打伤数人，其余的匪徒仓皇逃命。匪首袁掌荣屁股上挨了两枪，带伤投河逃走。不久之后，在我解放军剿匪部队的配合下，老黄与战友们在芝村泥马桥附近活捉了匪首袁掌荣。9月22日，崇德县人民政府将袁掌荣押往洲泉镇祇园寺广场，公审后予以枪决。洲泉镇人民政府将彭万里同志的遗体，用棺木收殓后安葬在镇郊的义马乡马鸣四家村浜底头（今洲泉镇马鸣村），并为烈士立了墓碑。

1992年，当地老党员曹文英发动捐款，在彭乡长牺牲的地方——秀庄庙建造了"彭乡长纪念堂"。2018年，纪念堂负责人陈亮在大麻镇黎明、吉字浜两村的资助下，将纪念堂改建为"彭万里纪念馆"。同年11月26日，彭万里80多岁的胞妹尹凤琴带了侄儿等10多人从启东赶来，参加了"彭万里纪念馆"的开馆仪式，并捐赠了特铸的彭万里烈士铜像。

徐扶深(1922 年 7 月—1946 年 11 月)

曾用名徐吴生、徐肖歧,海盐县武原镇(今海盐县武原街道)人,中国共产党党员。曾就读于上海禾群中学,在校期间曾与同学们积极参加过抗日活动,宣传抗日救国的革命道理,曾担任过抗日救国学生会主席。1939 年 12 月,徐扶深与部分进步学生放弃学业,离开学校,随我党地下组织到苏北抗日根据地参加革命。在抗日斗争第一线,他机智勇敢,英勇善战,曾历任新四军华中野战军第六师某部政治指导员、营长、副教导员等职。1946 年 11 月 25 日,在第二次涟水保卫战中,为了阻击敌人,保护战友,徐扶深不幸牺牲,时任中国人民解放军华中野战军六纵队营副教导员,时年 24 岁。

张龙驹(1919 年—1947 年 5 月)

海盐县长川坝乡(今海盐县秦山街道)人。年幼时父亲在海里溺亡,张龙驹不得不经常外出讨饭或给人帮工以减轻家里的负担。十四五岁时,迫于无奈,张龙驹离开亲人和家乡,只身前往上海,在一家大饼摊当学徒。1941 年秋,他在江苏省南通县金沙镇(今南通市通州区)参加了新四军,走上了革命的道路。1943 年加入中国共产党。入伍后的张龙驹工作积极,战斗勇敢,还是队伍里的文艺骨干和"知识分子",他的京戏唱得好,还在团办《战斗报》上发表文章。入伍后,张龙驹所在的新四军一师三旅七团(该团番号先后改为

张龙驹

苏浙军区三纵队七支队、华中野战军八纵队六十四团、一师七团、华东野战军四纵队三十四团和解放军二十三军二十五团)由粟裕大将亲自培育,历经百战,战功赫赫,是有名的"老虎团"。1945 年 8 月,日本投降后,国民党政府觊觎苏中解放区,不断进犯。解放军自卫反击,爆发了"小海战斗"。1946 年 4 月 26 日,敌人侵占了小海,张龙驹所在的八纵队六十四团奉命收复小海。战斗异常激烈,眼看战友们一个个倒在敌人枪下,张龙驹怒火中烧,冒着枪林弹雨,带领三个掷弹组,进攻敌人重兵固守的敌团部。在

他们顽强的坚持下,我军全歼敌人三一三团,取得了华中解放自卫反击战的首次大捷。战斗结束后,张龙驹被评为一等战斗英雄,他的事迹也在纵队里传开了。

1946年7月,伤愈归队并被调往团部特务连任二排排长的张龙驹随部队参加了宣家堡战斗,这是苏中"七战七捷"的第一仗。当时面对的敌人是号称"天下第一军"的国民党整编第八十三师十九旅,敌人装备精良,工事坚固,但并没有吓倒张龙驹和全团指战员。他们个个斗志昂扬,士气旺盛,抱着必胜的信念投入战斗。战斗一打响,张龙驹就带领突击班冒着火力接连攻克敌人两座大碉堡,凭借着突击班的突破,后续部队很快以歼敌一个旅部两个团共三千余人的战果,取得了大捷。张龙驹在此次战斗后被评为战斗模范。

宣家堡战斗结束后,张龙驹所在部队移师海安休整。此时,国民党军队企图乘华中野战军主力疲劳之际进行决战。为了掩护主力部队继续休整,阻止敌人的进攻,张龙驹所在的七团参加了海安防御战。张龙驹率领特务连二排击退了敌人一次又一次的进攻,战斗中他两次负伤却不肯离开战场,直至第三次重伤昏死过去才被战友抬下战场。战友们深受鼓舞,如期完成了海安防御战的战斗任务。这一次海安防御战后,张龙驹受伤特别严重,导致二级残废,按规定已不能重返前线。伤口痊愈后,他只得服从组织安排回地方工作。然而就在回地方的路上遇到了七团政治处主任、机枪连连长。张龙驹向他们表达了重返前线的强烈意愿,部队首长非常感动,破例允许其重返前线。

1947年1月,担任特务连副连长的张龙驹参加了枣庄攻坚战,一人打死十几个敌人,荣立二等功。5月14日,张龙驹又参加了山东省沂南县马山孟良崮战役,他所在的特务连主攻520高地。战斗中,张龙驹面戴黑皮口罩,由于在海安防御战中嘴巴受伤后口齿不清,只能用吹哨子的方式代替口令指挥战斗,肩头和小腿受伤了也不顾惜,仍然带领一个组抗击敌人,还和敌人拼了刺刀。很多战士都被敌人的喷火器烧伤了,张龙驹不顾烧伤,积极战斗,直至七八个敌人一起向他冲来,他拉响了最后一颗手榴弹,与敌人同归于尽。战斗结束后,张龙驹和很多战友都牺牲了,他所在的特务连只剩下三四十人。孟良崮战役后,张龙驹被评为特等战斗英雄和一等功臣。

金志观(1923 年—1947 年 8 月)

海盐县甪里乡(今海盐县澉浦镇)人,1944 年 7 月在六里参加中国人民解放军,为中国人民解放军第三野战军第一纵队三师七团战士。1947 年 8 月在鲁南战役中与国民党二十六师夜战时光荣牺牲,时年 24 岁。

胡桂法(? —1948 年)

籍贯不详,参加革命时间不详。中国人民解放军第三野战军第一纵队三师战士,1948 年牺牲于淮海战役。

朱聚生(1924 年—1949 年 5 月)

海盐县沈荡镇人,笔名陆亦斋。其父朱善昌以经营一家名为"朱裕兴"的南货店为生,家境还算殷实。朱聚生 3 岁丧母,由继母抚养成人,为了表达对两位母亲的纪念,他还曾取名赵曾(生母姓赵,继母姓曾)。

由于日本帝国主义的入侵,朱聚生的整个童年都充斥着枪声和硝烟,直到 1936 年,12 岁的朱聚生才得以进入镇东小学读书。其间,又因日军不断侵扰,学校停课,朱聚生被迫辍学在家。在目睹了日本侵略者对自己家乡的烧杀抢掠后,朱聚生内心一直有一股澎湃的爱国热情,他在心里暗

朱聚生

暗告诉自己,一定要参加革命,一定要驱逐日寇! 当时,朱聚生有一位名为任渔乐的老师。任老师是一位爱国热血青年,曾带领沈荡镇的爱国青年组成抗日救国青年团、前线剧社、救护队等抗日救国团体,宣传抗日思想,救护伤员。由于年龄尚小,朱聚生不能参加这些团体,但他经常跟随任老师参加各种抗日活动,这些活动奠定了他一生的爱国思想基础。

1942 年春,朱聚生考入嘉属七县联合中学,在那里,他学习刻苦,成绩优秀。朱聚生平日里常常爱打抱不平,富有正义感,因而在学生中威信很高,很快就被推选为校学生自治会主席。当时的联合中学受国民党浙西行

署控制,常在学生中大肆宣扬"三民主义救中国",朱聚生也接受了这一思想。然而,当时的联中校长却在民族危亡时期禁止学生参加抗日活动、贪污学生伙食费,朱聚生便组织学生到行署请愿,当局被迫换了校长。不料,新任校长竟然变本加厉地制止学生参加抗日活动,校内一片死气沉沉,加之国民党当局消极抗日,朱聚生大失所望,忍无可忍之下,朱聚生选择离开学校,回到了家乡。

1944年春,回到沈荡的朱聚生看到的是一片萧条景象,乡亲们饱受日军奴役,却敢怒不敢言。痛心疾首的朱聚生决心唤醒广大民众的抗日信心,遂与一些爱国青年在沈荡附近的农村筹办《海北青年》杂志,揭露日军暴行,介绍国内抗日形势,激发人民的抗日斗志,但终因恶劣的环境,杂志只出了一期油印本便终止了。虽然只有这唯一的一期,可《海北青年》在当地群众中还是引起了很大反响,这更加坚定了朱聚生利用报刊开展斗争的信心。

1945年8月,抗日战争胜利,迫于生计的朱聚生接手了父亲的南货店,但眼看着国民党各级官吏大发"接收财",很多汉奸竟然摇身一变成了抗日功臣,继续欺压百姓,朱聚生内心十分矛盾,本来对国民党尚抱一线希望的他,为国民党的腐朽堕落而深感痛心。最后,强烈的正义感和爱国心使得他选择了一条伸张正义之路。1945年9月,朱聚生在海宁硖石联合了几个原来的同学,自筹经费创办了《青年报(海北版)》,与地方恶势力展开斗争,后来又因经费困难,在陆陆续续出版几期后,该报被迫停刊。1946年6月,朱聚生应三青团海盐分团部之邀担任《生报》编辑,他利用该报的有利条件常常在报上刊登一些指斥弊政、揭露贪官污吏和反映劳动人民遭受剥削压迫现状的文章。

1947年春,为了拉拢朱聚生,国民党委任他为沈荡镇副镇长和沈荡镇国民中心小学校长。他鄙视国民党官场内部的争权夺利、钩心斗角,将满腔心血都倾注于办学之中。当初接手时,学校无校舍,缺少教师和经费,朱聚生顶住各种非议,将沈荡大庙改建成校舍,为了充实经费甚至变卖家中财产捐献给学校。他还千方百计聘请了许多思想进步的年轻教师执教,努力提高学校的教学质量。这期间,时任海盐县警察局督导员的杨竹泉主动接近朱聚生,实际上,杨竹泉是共产党派往海盐的地下工作者。很快朱、杨二人即成了莫逆之交,在杨竹泉的影响下,朱聚生逐步了解了中国共产党的政治主张,思想上有了很大变化,开始信仰共产主义,明白了"只有共产党才能救中国",并想方设法寻找共产党,想要到解放区参加革命工作。但由于革命需要,杨竹泉不便向朱聚生透露自己中共地下党员的身份。1947 年 11 月 17 日,朱聚生与杨竹泉在沈荡合办了《行报》,朱聚生任总编辑。该报向人民宣传共产党的政策,报道被国民党当局所封锁的解放战场上的真实情况,揭露国民党的反动本质及其罪行。

1948 年春,中共苏北九地委一线联络员陈开白在一次偶然的机会中了解到朱聚生的情况,特地赶到沈荡对朱聚生做进一步了解,之后上报上海组领导,并多次从各个方面考察朱聚生,半年后,上海组正式与朱聚生建立了联系。从 1948 年夏至 1949 年春的半年多时间里,朱聚生在党组织的领导下,除了继续抓住《行报》与学校这两个阵地与国民党反动派斗争外,还完成了党组织交给的多项任务。1948 年 10 月中旬,国民党浙江省保安处派便衣来沈荡密查朱聚生及《行报》的情况,无获而去。11 月初,朱聚生在全县教师代表会上被推选为主席,抗议国民党当局对教育界的迫害政策。11 月 22 日,《行报》被国民党当局查封。11 月 23 日,朱聚生带领 8 名代表去县参议会请愿,提出补发欠薪、增加教师收入等 3 项条件,迫使县长马凭祖答应了全部请愿条件。朱聚生积极团结、组织进步青年,开辟民教工作,办起类似革命老区学校模式的民众夜校,用自编自印的教材进行革命启蒙教育。12 月初,《行报》编辑沈志直在回苏州老家时被捕,杨竹泉等人也受到国民党当局监视,朱聚生秘密送杨竹泉等人前往苏北解放区,自己则留下来继续斗争。

1949 年春节前夕,白色恐怖到了最严酷的时刻。陈开白来到沈荡与朱聚生联系,朱聚生表明了自己加入中国共产党的愿望,并再次提出要到解放区工作。党组织委派中共苏北九地委上海工作组负责人之一的陈一忠亲自赴沈荡当面考察朱聚生。1949 年 2 月下旬,陈一忠代表党组织接纳朱聚生为中国共产党候补党员,候补期一年,并要求朱聚生继续留在沈荡坚持斗争。2 月底,杨竹泉受泰州一分区公安局长江联络站派遣潜入苏南、上海等地开展策反工作。临行前,杨竹泉给朱聚生写信,要求其设法搞几张记者证,朱聚生按照杨竹泉给的地址写了回信。不幸的是,杨竹泉在过长江时被国民党特务发现,朱聚生的回信也被搜走了。3 月 18 日深夜,国民党上海警备司令部第四稽查大队以共产党嫌疑的罪名逮捕了朱聚生,并将其押到上海,关进国民党上海警备司令部第四稽查大队内,后移至提篮桥监狱。在狱中,敌人对他施以酷刑,朱聚生始终坚贞不屈,咬紧牙关,坦然承认自己是共产党员,但丝毫没有吐露敌人想要的东西,用实际行动实现了他入党时的誓言。

　　1949 年 5 月 7 日,在黎明前的最后一刻,朱聚生与杨竹泉、李白、秦鸿钧等 12 人在上海浦东戚家庙遭敌人枪杀,朱聚生与同志们高呼:"共产党万岁!"之后便倒在了敌人的枪口下,他们用鲜血和生命表达了自己对党和国家的无限忠诚。

于金生(1918 年—1946 年)

　　又名阿四,嘉善县洪溪乡(今属嘉善县天凝镇)人。11 岁随父母搬到江苏宜兴十里碑乡港头村。1945 年参加革命,为新四军第二师六旅战士。1946 年随新四军北撤至苏北时,在赣榆县土城战斗中牺牲,时年 28 岁。

袁伯善(1927 年 7 月—1948 年 10 月)

　　嘉善县南信乡(今嘉善县魏塘街道)人。8 岁至 12 岁在里泽小学读书,后替人做雇工。1946 年被国民党抓壮丁当兵。1948 年 2 月参加革命,中国人民解放军东北野战军第八纵队二十三师四十一团一营二连战士。1948 年 10 月在解放锦州的战斗中承担阻击任务,带病坚持战斗,不幸身负重伤,15 日转辽西锦县(辽宁省锦州市凌海市)被服厂地方医院医治无效而牺牲,时年 21 岁。

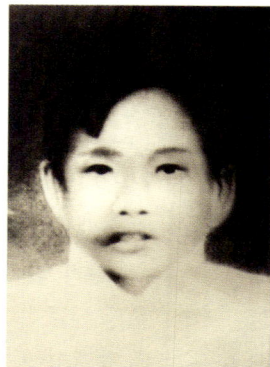

袁伯善

陆天根(1919 年—1948 年 10 月)

　　曾用名陆福生,嘉善县陶庄镇人。原在家务农,1946 年被国民党抓壮丁当兵。1948 年 1 月参加革命,中国人民解放军东北野战军第八纵队四十五军一三四师四○○团三营战士。1948 年 10 月 20 日在解放锦州的战斗中牺牲,时年 29 岁。

陆天根革命烈士证明书

社会主义革命、建设和改革开放、社会主义现代化建设新时期

（1949 年 10 月—2017 年 10 月）

傅　腾(1931年—1950年9月)

　　嘉兴市城区东门街道(今嘉兴市南湖区建设街道)人,出生于上海浦东陆家嘴。1949年7月在嘉兴参军,1950年9月加入中国新民主主义青年团。在部队,他平时参加操练,业余时间教战友们学文化、唱革命歌曲。后随部队辗转至福建参加剿匪战斗。1950年9月11日下午,他在连队演习时遭遇60炮膛爆炸,腹部受重伤,当晚即送至师医疗部,后转军卫生部,由部长亲自动手术急救,但因伤及要害,于12日不幸牺牲,时为陆军第二十九军八十五师政治部(华东军区第三野战军)文工队员,现安葬于福建厦门革命烈士陵园。

傅　腾

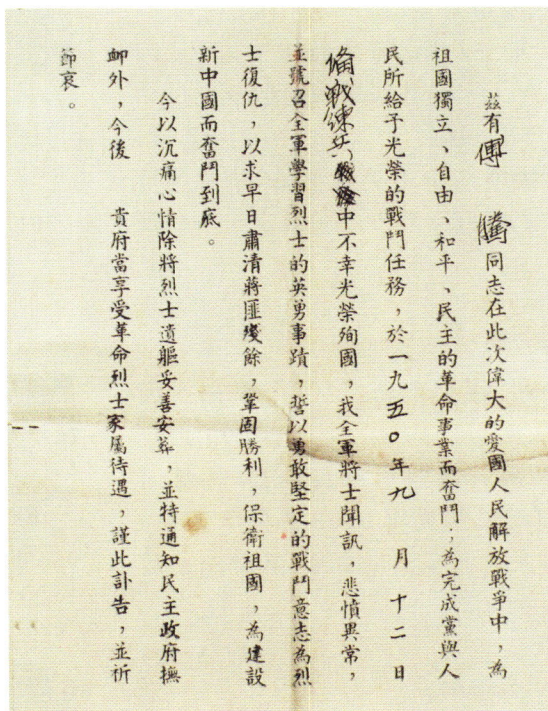

华东军区第三野战军政治部发给傅腾家属的讣告

陈根生（？—1949 年）

嘉兴县阳村（今嘉兴市秀洲区王江泾镇）人。新四军第四十五军一三五师四十四团二营战士，1949 年牺牲于天津。

蒋杏富（1930 年—1950 年 10 月）

嘉兴市新兴区（今嘉兴市南湖区新兴街道）人。小时候做过童工，1949 年 5 月参加革命，中华人民共和国成立前在上海某五金店当店员。上海解放后参加南下服务团，编入第一大队第一中队。抵福州后分配在福建人民革命大学任会计，1950 年加入中国新民主主义青年团，曾任中共福建省宁洋县（现三明市永安市）青委干事。

1950 年下半年，国民党派遣特务唐宗为"闽粤赣区总司令"，潜入宁洋县纠集各地散匪及反动武装残余势力，负隅顽抗。1950 年 10 月 12 日，蒋杏富在宁洋县剿匪斗争中英勇牺牲，牺牲时职务为宁洋县委青委干事。现安葬于福建省龙岩市漳平市双洋镇宁洋革命烈士陵园内。

蒋杏富

方一平（1927 年—1951 年）

曾用名方能建，嘉兴市新兴区（今嘉兴市南湖区新兴街道）人。1949 年 6 月参加革命。1951 年牺牲在云南省西盟佤族自治县，牺牲时所在单位是中国人民解放军 0059 部队 3 支队，牺牲时职务是排长。现安葬在嘉兴革命烈士陵园内。

方一平

杨小福(1933 年—1951 年 2 月)

嘉兴市新嘉区解放镇(今嘉兴市南湖区解放街道)人。1947 年参加革命,1950 年加入中国新民主主义青年团,1951 年 2 月牺牲在嘉兴县焦山门(今嘉兴市南湖区焦山门村),牺牲时职务是嘉兴电话所班长。现安葬在嘉兴革命烈士陵园内。

张肇林(1925 年—1950 年 11 月)

嘉兴县秀城区(今嘉兴市南湖区)人。1949 年 4 月参加革命,1950 年 11 月牺牲于朝鲜战场,时为中国人民志愿军第二十军六十师一七九团六连战士。

张肇林

苗根兴(1929 年—1950 年 12 月)

嘉兴市新兴区(今嘉兴市南湖区新兴街道)人。1948 年 2 月参加革命,中国人民志愿军第三十八军一一三师三三九团战士,1950 年 12 月在朝鲜战场上牺牲。

乔关英(1932 年—1951 年)

嘉兴市新兴区(今嘉兴市南湖区新兴街道)人。1950 年入伍。1951 年参加抗美援朝战争。1951 年病逝于黑龙江齐齐哈尔,牺牲时所属部队是中国人民志愿军第九兵团,生前职位是班长。

岳德义(1905 年—1951 年 1 月)

嘉兴县(今嘉兴市)人。1928 年入党。1929 年参加革命,龙岩地委长汀县委书记。1951 年 1 月 24 日牺牲于福建。

郑志成(1921 年 6 月—1951 年 1 月)

嘉兴县(今嘉兴市)人。1944 年 7 月参加革命。1945 年 5 月入党。1951 年 1 月参加抗美援朝战争时牺牲于朝鲜战场,时为中国人民志愿军第九兵团政治部组织部干事。

庞有东(1921 年 4 月—1951 年 3 月)

曾用名庞有多,嘉兴县郊区凤桥乡(今嘉兴市南湖区凤桥镇)人。1947 年入伍。1948 年 12 月入党,参加过湖南长沙战斗,荣立一等功、二等功。1950 年随部队赴朝作战。1951 年 3 月 30 日在朝鲜战场上牺牲,时任中国人民志愿军第三十九军一一七师三五一团五连副班长。

刘关德(1916 年—1951 年 5 月)

嘉兴郊区新篁区新篁乡珠泾港村沈家浜村(今嘉兴市南湖区新篁镇珠泾港村沈家浜)人。1950 年 4 月在余新参军。1951 年 5 月 16 日在朝鲜战场第五次战役中牺牲,时任中国人民志愿军第二十军六十师班长。

高健飞(1927年10月—1951年9月)

原名高雄烈,乳名明观,笔名寄宁,嘉兴市城区新嘉镇(今嘉兴市南湖区新嘉街道)人。出生于嘉兴县城一户殷实的商人之家,少年时是高公升酱园的"少东",曾就读于嘉兴南门梅湾小学和秀州中学。高健飞拥有一个快乐的童年,在父母膝下读书、嬉闹,不识忧愁滋味,而这样的日子在1937年日军全面侵华时戛然而止,他家的酱园店、住房、出租的市房等均遭轰炸,只余残垣断壁。一时间,八口之家流离失所,连基本生活都难以维持。目睹侵略者的暴行后,高健飞心中早早埋下了痛恨侵略者的种子,这种大恨,连同对家国的大爱,在他心中燃成一团烈火。

高健飞

1944年,秀州中学内迁,高建飞转到上海市大同中学续学,逐渐接受了抗日等进步思想。高健飞在上海求学期间,上海人民抗日救亡的行动使高健飞深受触动,他的人生观和世界观发生了明显的变化。他渐渐意识到,在国家深受外强欺凌、民族面临生死存亡的时期,自己埋头读书将来成为利国利民人才的想法是脱离实际的,此时,热血青年理当积极投身革命。1946年8月,他以同等学力考入苏州国立社会教育学院南京栖霞山分院新闻系。在这期间,他开始接受进步思想,积极参加爱国民主运动,成为一名活跃的骨干分子。由于自己的名字上了国民党反动派的黑名单,他不得已北上。1948年3月,高健飞到燕京大学就读,成为新闻系二年级的插班生。他先后参加校内"火炬社""高唱队"等进步社团,并担任《燕京新闻》的记者。作为一名学生,他明白自己手中的笔就是革命的武器,可以用这个武器去宣传公益、针砭时弊,用事实去唤醒沉睡中的人们。在燕京大学求学的两年中,高健飞坚定了人生的方向,那就是将个人前途与国家命运紧紧相连!

1949年3月,高健飞参加中国人民解放军第四野战军南下工作团,不久调总团部《改造报》工作,继而又被调往武汉新华社华中分社任电讯编辑。1949年6月,加入新民主主义青年团。1950年,党中央发出了"抗美援朝、保家卫国"的号召,他多次申请参加中国人民志愿军。1951年9月,高健飞以中共中央新华总社前线分社随军记者身份赴朝参加抗美援朝。9 月 25 日,高健飞奉命乘车前往板门店采访,并协助停战谈判工作,途中因遇到美国飞机轰炸躲避不及而覆车罹难,不幸牺牲。10 月 14 日,新华社中南总分社在武汉为高健飞举行追悼会,中共中央中南局宣传部、中南军政委员会新闻出版局、抗美援朝总会中南总分会等单位派代表参加。高健飞现安葬在朝鲜桧仓中国人民志愿军烈士陵园。

翁阿毛(1924 年—1952 年 1 月)

曾用名严家,嘉兴县(今嘉兴市)人。1949 年参加革命。1952 年 1 月,牺牲于朝鲜仁川,时为中国人民志愿军坦克第二十六师五十三团三连坦克兵。

王景勋(1907 年—1952 年 6 月)

嘉兴县(今嘉兴市)人。1950 年 3 月参加革命,共产党员。1952 年 6 月 12 日在抗美援朝第五次战役中牺牲,时为中国人民志愿军炮兵第七师后勤运输连驾驶员。

程世庆(1928 年—1952 年 8 月)

嘉兴县(今嘉兴市)志愿军人。1949 年 1 月参加革命。1950 年 11 月加入中国共产党。1952 年 8 月 26 日病逝于辽宁锦州疗养院,时为中国人民志愿军东北军区炮兵第二十团一营二连司务长。

韩凤官(宫)[1](1928 年 7 月—1953 年)

嘉兴县凤桥区曹庄乡(今嘉兴市南湖区凤桥镇)人。1951 年在凤桥志愿参军。1953 年在朝鲜不幸被火车轧死,牺牲时为中国人民志愿军空军 2732 部队第十二师战士。

---

① 浙江省民政厅编《碧血丹心——浙江烈士英名录(嘉兴 绍兴卷)》(浙江人民出版社,2014 年,第 9 页)登记为"韩凤宫"。

林君强(1932 年—1953 年 2 月)

嘉兴市城区新嘉镇(今嘉兴市南湖区新嘉街道)人。1950 年参加革命,中国人民志愿军后方勤务司令部第二分部野战医院军医。1953 年 2 月牺牲于朝鲜战场。

吕秉椿(1932 年 5 月—1953 年 6 月)

嘉兴县新丰区步云乡农建村(今嘉兴市秀洲区步云乡)人。1949 年 7 月 9 日在嘉兴参军。1950 年随部队赴朝作战。1951 年上半年在战备训练中立三等功 1 次,抗美援朝中立三等功 1 次。同年加入中国共产党。1953 年 6 月 3 日上午 11 时 45 分,部队遭遇敌机投弹,当时吕秉椿正在观测,弹片击断他的左耳血管,吕秉椿壮烈牺牲,牺牲时为中国人民志愿军第二十三军七十三师炮兵团指挥连班长。

程新甫(1915 年—1949 年 10 月)

湖州市吴兴县人。1949 年 6 月参加革命,任吴兴县善琏区公所干部,1949 年 10 月 3 日外出公干时遇匪身亡。

蔡祖宏(1928 年—1953 年 6 月)

嘉兴县(今嘉兴市)人。1949 年 8 月参加革命。1953 年 6 月牺牲于朝鲜战场,时为中国人民志愿军高炮部队战士。

韩守箴(1933 年—1953 年)

嘉兴县(今嘉兴市)人。1949 年 8 月参加革命。1953 年牺牲于朝鲜战场,时为中国人民志愿军第二十三军六十七师一九九团排长。

陆　骏(1922年—1953年3月)

原名曾广德,湖南省邵阳人。8岁时父亲去世,因为家庭贫困,母亲带着他从上海投靠到嘉兴新篁的姐姐(曾广德姨妈)家。后来因被日本鬼子毁了几次房子,遂搬到嘉兴城里月河居住。10岁时进入上海国货公司当学徒,因机智、能干、活泼而被我党在上海的地下组织所吸收,从事地下工作。

1940年,18岁的曾广德参加革命,并改名为陆骏,同年加入中国共产党,从事工运工作。1940年至1941年间,在上海从事地下工作的陆骏转到苏北如皋县,并担任中共区委书记,同时组织地方

陆　骏

武装,兼任指导员。1942年,陆骏带领地方武装转入如西独立团,并任教导员,1945年8月任苏中军区第十三团党总支书记。1946年3月5日晨,我军向据守在灵甸港(启东、海门交界处)的国民党军队发起进攻。在强大的攻势下,5日拂晓,这支国民党军队摇起白旗,表示投降。团里派总支书记陆骏随同政治处主任在部分战士的护卫下,进入敌据点受降。当时虽然敌军已无还手之力,但毕竟还处于战斗状况,况且对手是一支在当地臭名昭著的军队,大家着实为深入虎穴的陆骏和其他战友捏了一把汗,直到看见他们从敌据点平安出来,提着的心才放下。

1946年7月,陆骏先后参加了"苏中七战七捷"战役中的宣家堡、如南、李堡等战斗。随华中野战军四纵队转入山东后,又参加枣庄、莱芜、孟良崮、豫东、淮海等战役。陆骏的一位战友阮武昌在《烽火十年》中回忆,1946年7月19日夜,部队向据守在林梓镇的国民党军队发起总攻。在敌少我多的情况下,部队向敌军发起了心理攻势,向他们喊话劝降。几个小时后,对方突然提出愿意投降,不过要我们派人前去谈判。得知这一情况后,团首长决定一面继续做总攻准备,一面派总支书记陆骏等前去谈判。在陆骏抵达前沿阵地时,我军大声告诉对方:我方代表即将通过木桥,你方要保证他们绝对安全。

陆骏进去后,阮武昌一直瞪眼观察、侧耳细听,密切注视着对面的动静。时间一点点过去,已经1个多小时了,谈判仍没有一点消息。双方到底谈得

陆骏使用过的皮包

怎么样了？陆骏等同志安全吗？正在大家焦急等待时,突然从镇子里传出两声清脆的枪响。大家的心一下子提到了嗓子眼,连忙厉声责问敌方:"刚才哪里开枪？为什么开枪?"大家要求国民党军队立即查明情况,同时再次警告他们要保证我方代表的安全。半个小时后对方回话了,说谈判还在进行,刚才的枪响是一个士兵走火了。战友们听到这个消息后还是将信将疑,不过心里总算能宽一宽了。又过了一个小时,大家隐约看到河对岸有几个人慢慢走过来,黑夜中看不清是什么人,于是大家立刻做好了战斗准备。等那几个人走近桥口时,大家终于看清是陆骏同志回来了,几位干部高兴地迎了上去。陆骏看到大家后也高兴地笑着说:"让你们担心了吧? 敌人已被迫接受我们的条件,同意停止抵抗,缴械投降!"第二天,我军不费一枪一弹,解除了国民党一个营的武装。

1949 年 4 月,第三野战军渡长江南下作战,陆骏历经解放杭州、上海、舟山等战役。淮海战役时,陆骏任第六十七师一九九团三营教导员,后来任一九九团政治处副主任、政委等职。据曾经担任过二〇〇团政委的田昌炜回忆:"陆骏同志作战勇敢,有勇有谋,打过长江后,陆骏任教导员的一九九团三营,一次就抓了国民党军的 800 名俘虏,他高兴地告诉我这个好消息。"

1952 年,陆骏参加中国人民志愿军入朝参战,任中国人民志愿军第二十三军六十七师二〇〇团政委。1953 年 3 月 13 日,在朝鲜铁源郡箭川里地区,我团驻地遭到美军飞机轰炸,30 多名干部、战士不幸牺牲,其中包括陆骏政委。当时,陆骏正与师政治部青年科科长孙尔储谈话,听到飞机的轰鸣声,陆骏大喊:"不好,快跑!"又喊了一声:"来不及了,卧倒!"孙尔储急忙卧倒,并顺势滚下台阶,陆骏则顺势卧倒在房内的地板上。敌机第一批炸弹下来时,炸破了房门,压住了孙尔储,当时陆骏还没被炸着,他蹲下去看被压

141

位于沈阳抗美援朝烈士陵园内的陆骏烈士墓

着的孙尔储情况怎么样,想救他一把。就在这个时候,第二批炸弹扔了下来,塌下来的房子重重地压在了陆骏身上……陆骏倒在血泊中,光荣牺牲。陆骏现安葬在沈阳抗美援朝烈士陵园。

张介仁(1925 年—1953 年 7 月)

嘉兴县新兴区(今嘉兴市南湖区新兴街道)人。1950 年参加抗美援朝战争。1953 年 7 月病逝于山东省济南医院,牺牲时所在单位是陆军第二十七军教导团,职位是连长。

曹徽祥(1925 年—1953 年 9 月)

嘉兴市城区建设镇(今嘉兴市南湖区建设街道)人。1948 年 10 月参加革命。1953 年 9 月牺牲于朝鲜战场,牺牲时为中国人民志愿军 71 部队 16 支队战士。

严继月(1928 年 6 月—1957 年 10 月)

嘉兴县(今嘉兴市)人。1944 年 2 月参加革命。1948 年 7 月加入中国共产党。1957 年 10 月 3 日牺牲于平湖乍浦,时为空军航空兵第三师八团中队长。

李　凌(1928 年—1961 年 6 月)

嘉兴县(今嘉兴市)人。1947 年 3 月参加革命,共产党员。1961 年 6 月唐山第二十四军野营时因汽车失事牺牲,时为中国人民解放军第二十四军司令处通讯处参谋。

高瑞文(1932 年—1961 年 9 月)

嘉兴县(今嘉兴市)人。1953 年参加革命。1961 年 7 月加入中国共产党。1961 年 9 月牺牲于杭州市郊筧桥,时为中国人民空军第五军三师 2424 部队 1 分队飞行员。

张世金(1925 年 10 月—1964 年 7 月)

嘉兴县市心弄人。1947 年 2 月参加革命。1947 年 10 月入党。1964 年 7 月 12 日牺牲于浙江省岱山县长涂岛,时为中国人民解放军海军 4204 部队机械股长。

张国强（1940 年—1967 年 2 月）

嘉兴市新嘉区解放镇（今嘉兴市南湖区解放街道）人。1963 年 3 月参加革命，共青团员。1967 年 2 月牺牲于云南省，时为中国人民解放军 8774 部队班长。

苗福根（1947 年 4 月—1967 年 7 月）

嘉兴市城区余新公社（今嘉兴市南湖区余新镇金星村）人。1964 年 4 月加入中国共产主义青年团。1966 年 1 月 2 日应征入伍。1967 年 7 月 12 日在安徽省霍邱县城西湖乡为抢救落水红卫兵牺牲，时为中国人民解放军 6581 部队战士。

龚海荣（1953 年 8 月—1972 年 5 月）

嘉兴县嘉兴镇南湖街道（今嘉兴市南湖区城南街道）人。1969 年 12 月入伍，共青团员。1972 年 5 月 2 日因事故牺牲于福建省南安县（今泉州市南安市），时为中国人民解放军 5052 部队六十分队战士，现安葬在嘉兴革命烈士陵园。

王培林（1958 年—1978 年 8 月）

嘉兴市新兴区（今嘉兴市南湖区新兴街道）人。1978 年 4 月在嘉兴入伍，被编入中国人民解放军 83475 部队八十六分队。1978 年 8 月 4 日，在江苏省江宁县国防施工中牺牲。现安葬在嘉兴革命烈士陵园。

王培林

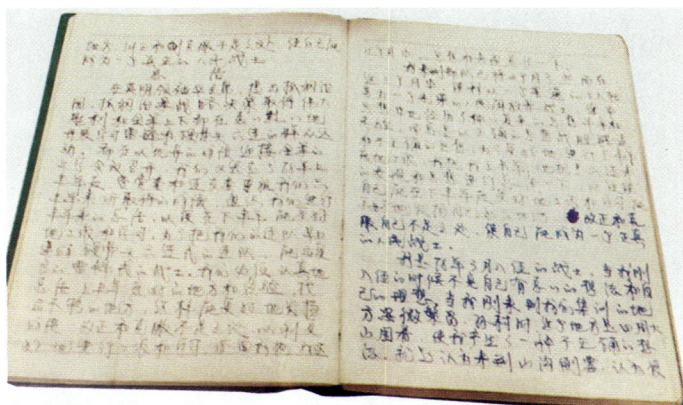

王培林使用过的日记本

刘明荣（1952 年—1979 年 3 月）

嘉兴县七星公社（今嘉兴市南湖区七星街道）人。1976 年在嘉兴七星公社入伍，中国人民解放军广西军区独立师第三团三连战士。1977 年加入中国共产主义青年团。1979 年参加对越自卫反击战。战场上，刘明荣不怕牺牲，英勇作战，在攻打三号高地最后一个火力点的激战中，胸部中弹，英勇牺牲，时年 27 岁，同年被追记三等功。现安葬于广西防城港市防城区城北烈士陵园。

周培德（1959 年—1979 年 3 月）

嘉兴县余新公社（今嘉兴市南湖区余新镇）人，祖籍绍兴。1976 年在余新公社入伍。1979 年加入中国共产党。1979 年 3 月 1 日在对越自卫反击战中，广西军区独立师第三团一营机枪连班长，周培德带领全班冲过敌人封锁线后，机枪发生故障，为了排除故障中弹牺牲，时年 20 岁。牺牲后被追记三等功，被追认为中国共产党党员。现安葬于广西防城港市防城区城北烈士陵园。

周培德

李雄伟(1967 年—1998 年 2 月)

嘉兴市南湖区建设街道人,祖籍浙江省绍兴市。1988 年从公安部警犬技术学校毕业后分配到海宁市公安局刑侦大队。他是嘉兴市公安局第一个警犬专业的科班生,在警犬基地成了一名警犬训导员。1994 年 8 月调到嘉兴市公安局秀城区分局新嘉派出所。此后,李雄伟又干过刑警、巡警、户籍警和治安警。他服从组织分配,干一行,爱一行,钻一行,在平凡的工作岗位上取得了出色的成绩。1996 年 9 月加入中国共产党。

李雄伟

1998 年的新嘉派出所辖区内有个百花新村,该村共有 73 幢住宅楼,2030 户 7000 多个居民,李雄伟就是这个警区的户籍民警。每天,李雄伟拿着笔记本,骑着自行车穿行在楼群间,与居民话家常,把印有他传呼机号码的"警民联系卡"一一发到他们手里,还不忘叮嘱一句:"有事找我!"居民区里的事没有大小,芝麻大的事处理得不好,也会酿成大事,但李雄伟常常能春风化雨。李雄伟生前的同事都知道,他除了民警日记外,还有个习惯,就是在自己的笔记本上密密麻麻地记着他在居民区了解的线索或是办案后的"副产品"——人名、地址、电话号码、传呼机号码、可疑物品等,他会把一些看来无关联的东西串起来,从中发现疑点。出色的工作成绩得到领导和同志们的一致好评,他在调入新嘉派出所后的 3 年多时间里,先后 5 次受到嘉奖,还被评为 1997 年度优秀公务员。

1998 年 2 月 17 日晚 9 时许,已经连续 3 天没有休息的李雄伟刚回到家,还没吃上几口饭就接到传呼。"所里有任务!"李雄伟边说边推门而出。新嘉派出所副所长吴桂平对赶到所里的李雄伟等民警说:"据可靠线索,盗窃摩托车、助动车 7 辆,案值 10 万多元的重大犯罪嫌疑人严成诚,今晚将在少年路上的宝岛歌舞厅露面,现在开始行动!"然而,狡猾的严成诚并没有出现在宝岛歌舞厅。机警的民警在忽明忽暗的灯光下,发现一个青年频繁地到吧台打电话和传呼与外面联系,盯着他的吴桂平机警地瞥到了那个青年传呼机上的回电号码,并获悉这是新马路上的一个公用电话号码。吴桂平和李雄伟迅速乘出租车去新马路。当时能辨别严成诚的,只有一张模糊的照片和他的传呼机号码。很快,吴桂平、李雄伟就查到,那个公用电话安置在新马路 12 号丰味小吃店的账桌上。当时,店里只有 4 名顾客在用餐,吴桂平向女店主了解情况后,忽然发现旁边那个平头的青年很像严成诚,遂向前检查。

严成诚转身想跑,吴桂平已揪住他的右臂,果断地从其腰间摘下传呼机复读,回电的号码正是宝岛歌舞厅,吴桂平认定此人就是严成诚,遂一把抓住其衣襟。严成诚猛地挣脱,逃进店堂内。此时,守候在门外的李雄伟迅速扑了进去,把歹徒堵在厨房内。歹徒拿起砧板上的菜刀和剪刀向他猛戳,连刺七刀。李雄伟顽强地拿起另外一把剪刀朝严成诚的后脑勺连扎三下后,对方已站不住脚跟,很快瘫软下去。吴桂平一边夺过严成诚手中的剪刀,一边呼喊:"小李,快报案。"众多围观者呆住了,他们看见李雄伟咬着牙,拖着浑身是血的身子,以惊人的毅力跨出了人生最后的四大步。血顺着衣裤在他脚下流淌,一步一摊殷红的血;他要迈步,还要报警,脚步却越来越沉;他努力要把腿脚提起来,可腿脚一点也不听使唤,眼前一片漆黑……终于"扑通"一声倒在生他养他的这片热土上。李雄伟右大腿的主动脉被戳断,终因失血过多抢救无效而英勇牺牲。现安葬于嘉兴革命烈士陵园。

1998 年,浙江省人民政府批准李雄伟同志为革命烈士;中共嘉兴市委追授李雄伟"优秀共产党员"称号;中华人民共和国公安部追授李雄伟"全国公安战线二级英雄模范"称号;中国共产主义青年团浙江省委员会也做出追授李雄伟"浙江青年五四奖章"的决定。

李雄伟牺牲时所用的传呼机

李雄伟牺牲时所穿的警服

田春良（1953 年 7 月—2009 年 2 月）

嘉兴市南湖区人。1953 年 7 月出生于上海，1969 年参加工作，生前系嘉兴市思古桥港航管理检查站职工。

2009 年 2 月 16 日傍晚 6 时左右，突如其来的寒潮使气温从当日最高 26℃骤降至 3℃左右，此时京杭大运河思古桥航道上已是灰蒙蒙一片，但船舶流量却比平时多了很多。晚上，田春良见人手紧张，就自告奋勇带班巡航检查。他与两名同事顶着刺骨的寒风在航道上巡视。这时，一艘500 吨级满载货物的钢质货船由北向南驶来。他

田春良

和队友上船例行检查，发现该船配员不足，遂按照规定收存了对方的船舶证书和船员证书，并要求该船就近停靠到思古桥检查站接受进一步调查。正当他和队友回到海巡艇，货船上一男一女两名船员突然跳上海巡艇，先后冲上来拉扯他抢夺证件，导致 3 人同时掉进河里。紧要关头，熟悉水性的田春良奋力救助不会游泳的船员，耗尽了最后一口气。船员得救了，而他终因抢救无效牺牲。现安葬在嘉兴革命烈士陵园。

薛正宝（1916 年 3 月—1949 年 10 月）

嘉兴县王店区问襄乡（今嘉兴市秀洲区建设乡）人。1949 年 7 月任问襄乡十三村农民协会主任。同年 10 月 7 日，国民党残余分子伪乡长曹锦锋、土匪毛子坤获悉我军剿匪工作组驻在该地，即返回嘉兴集中疯狂进行反革命报复。当晚将薛正宝同志绑架至圣堂头，酷刑折磨后将其杀害于长春桥千亩荡。

孟老三（1897 年 1 月—1949 年 10 月）

绍兴县（今绍兴市）人。1949 年 7 月在嘉兴县秀洲区王店镇问襄乡六村负责农民协会工作。1949 年 10 月 9 日，国民党残余分子进行反革命报复，将孟老三抓走，并在常睦桥宋家头荡田处，向其猛刺 32 刀，孟老三壮烈牺牲。

庄茂生(1927 年 8 月—1949 年 10 月)

嘉兴县王店区问寰乡(今嘉兴市秀洲区王店镇)人。1949 年 7 月任问寰乡张保六村村长。同年 10 月 7 日,国民党残余分子伪乡长曹锦锋、土匪毛子坤获悉我军剿匪工作组驻在该地,即返回嘉兴集中疯狂进行反革命报复。当晚将庄茂生同志绑架至圣堂头,酷刑折磨后将其杀害于长春桥千亩荡。

袁文良(1918 年 7 月—1950 年)

小名阿五,嘉兴县王江泾区(今嘉兴市秀洲区王江泾镇)人。1936 年至 1944 年在双桥附近做长工。1944 年至 1946 年在家务农。1946 年至 1947 年在国民党部队当兵。1947 年 11 月加入中国人民解放军。1950 年在解放厦门时牺牲,时为中国人民解放军陆军第二十九军副排长。

蒋亚丰(1926 年 2 月—1950 年 5 月)

小名阿狗,嘉兴县新塍区(今嘉兴市秀洲区新塍镇)人。1941 年至 1945 年在家求学。1945 年至 1948 年在家务农。1948 年 3 月参加革命。1950 年 5 月,一伙武装匪徒流窜到江苏省吴江县四亭子抢劫作案,杀害了包括蒋亚丰在内的区政府干部 3 人,伤 1 人。蒋亚丰牺牲时为嘉兴县新塍区人民政府生产委员。

杨洪泉(1916 年—1950 年 5 月)

嘉兴县新塍区(今嘉兴市秀洲区新塍镇)人。1947 年入党。1948 年参加工作。1950 年 5 月,一伙武装匪徒流窜到江苏省吴江县四亭子抢劫作案,杀害了包括杨洪泉在内的区政府干部 3 人,伤 1 人。杨洪泉牺牲时为嘉兴县公安局新塍派出所民警。

沈永贵（1922 年—1950 年）

嘉兴县新塍区高照乡（今嘉兴市秀洲区高照街道）人。1948 年 8 月参加中国人民解放军。1950 年牺牲于朝鲜，时为中国人民志愿军炮兵第八师四十五团战士。

王三宝（1918 年 7 月—1950 年）

嘉兴县双阳乡（今嘉兴市秀洲区王江泾镇）人。1949 年被国民党抓壮丁当兵。1950 年加入中国人民解放军，同年参加抗美援朝战争，不幸牺牲于朝鲜战场，牺牲时职位是机枪排长。

潘福生（1932 年 1 月—1951 年 5 月）

小名小狗，嘉兴县镇东乡（今嘉兴市秀洲区新塍镇）人，祖籍绍兴。8 岁至 16 岁在对头浜小学读书，16 岁至 18 岁在新塍枫桥竹器社当学徒。1951年 1 月在嘉兴自愿参加中国人民解放军。1951 年 5 月 18 日在宁波市定海县牺牲，时为中国人民解放军华东军区海军战士。

黄春生（1918 年—1951 年）

曾用名黄伯海，嘉兴县王店区王店镇（今嘉兴市秀洲区王店镇）人。1948 年 10 月解放辽西时入伍。1949 年 4 月从北部出发南下时，在王家店立工作功一小功；1949 年 8 月从汉口出发来到攸县，立工作功二小功；1949年 12 月在两个战役中立工作功二小功；1950 年 4 月，在水手训练队里训练时，立学习功一小功；1950 年 5 月在解放海南岛战役中，在加乐园立战斗功二小功。1951 年在抗美援朝第四次战役中光荣牺牲，时为中国人民志愿军第四十军一一八师三五三团二营驾驶员。

张蚕宝（1924 年—1951 年）

嘉兴县王店区洪合乡（今嘉兴市秀洲区洪合镇）人。1951 年 1 月参加革命。1951 年下半年牺牲于朝鲜战场,时为中国人民志愿军第二十六军七十六师二十六团炮兵营同射机枪连战士,曾立三等功 2 次,分别为表彰互助友好和作战勇敢。

苗阿九(1923 年—1951 年 9 月)

嘉兴县镇东乡(今嘉兴市秀洲区新塍镇)人。1948 年参加中国人民解放军。1951 年 9 月牺牲于朝鲜,牺牲时职位是班长。

许锦荣(1923 年 4 月—1952 年)

小名阿二,嘉兴县王店区洪合乡(今嘉兴市秀洲区洪合镇)人。1948 年参加革命。1952 年在抗美援朝战争中牺牲于朝鲜,时为中国人民志愿军第二十四军一支队一营队机枪连战士。

杨林华(1926 年—1952 年)

嘉兴县王江泾区南汇乡(今嘉兴市秀洲区王江泾镇)人。1948 年参加革命。1949 年被编入中国人民解放军陆军第四十四军一三二师三九六团七连。1950 年随部队赴朝作战。1952 年牺牲于朝鲜。

顾留荣(1924 年 5 月—1952 年 2 月)

嘉兴县王店区王店镇(今嘉兴市秀洲区王店镇)人。读过小学,17 岁左右去上海二马路江柳青布店当学徒。1949 年 5 月在上海参军,为南京西南服务团三支队二大队五中队三分队七小队战士。1952 年 2 月在朝鲜战场上牺牲,时为中国人民志愿军第二支队五大队三中队三小队战士。

张雪生(1937 年 6 月—1953 年 7 月)

嘉兴县王店区王店镇(今嘉兴市秀洲区王店镇)人。幼时在王店镇读书,1951 年到浦东三墩潭当学徒。1953 年 3 月在上海志愿参军,为中国人民解放军第二十四军七十二师二一六团五连战士。同年 7 月 16 日在朝鲜前线光荣牺牲。

宋阿马(1929年—1954年5月)

嘉兴县王江泾区南汇乡(今嘉兴市秀洲区王江泾镇)人。1951年3月在嘉兴南汇乡自愿报名参加中国人民志愿军,参军前一直在家务农。1954年5月18日在浙东海面战斗中牺牲,时为中国人民解放军华东军区海军战士。

朱培林(1933年9月—1955年9月)

嘉兴县新塍区新塍镇(今嘉兴市秀洲区新塍镇)人。8岁上学,小学毕业后到本镇东栅柏家米行当学徒。1951年4月在嘉兴自愿参军,为中国人民解放军华东军区海军战士。1955年9月的一个晚上,在福建省霞浦县西洋岛查哨时被特务暗杀。

方生观(1931年7月—1956年)

曾用名陈高业,嘉兴县新塍区新塍镇(今嘉兴市秀洲区新塍镇)人。中华人民共和国成立前给地主放牛,后在镇上卖烧饼。1949年在嘉兴入伍,为中国人民解放军3949部队战士。1956年在临安县(今杭州市临安区)天目山区为救火保护国家财产而牺牲,牺牲后被追认为中国共产党党员。

韩芝林(1927年8月—1956年5月)

原名张关林,嘉兴县新塍区新塍镇(今嘉兴市秀洲区新塍镇)人。张关林3岁时父母双亡,被送给韩顺山为儿子,改名韩芝林,上了3年小学,12岁时到朱二房小猪行当学徒。中华人民共和国成立后各项工作都很积极:上夜校,参加文工团,等等。1951年4月在新塍参军,为中国人民解放军1082部队七○三小队东海舰队海军战士。1956年5月8日在东海前线公海处执行任务时被特务暗杀。

王惠春(1937 年—1960 年 4 月)

嘉兴县王江泾区双桥公社(今嘉兴市秀洲区王江泾镇)人。1954 年 8 月参加工作,在嘉兴养鱼场工作时,积极负责,忘我劳动,不怕一切困难,坚决完成任务。1959 年上半年被评为场先进工作者。1960 年 4 月 23 日,王惠春去昌化协助建造龙王桥水库,4 月 28 日下水处理启闭机,由于水深流急,被卷入涵管而牺牲,时为地方国营嘉兴养鱼场技术员。

童来根(1949 年 10 月—1970 年 2 月)

嘉兴县王店镇(今嘉兴市秀洲区王店镇)人。1956 年 2 月至 1961 年 9 月在王店镇中心小学读书。1961 年 9 月至 1966 年 8 月入队参加农业生产。1966 年 9 月至 1969 年 2 月在嘉兴绝缘厂工作,亦工亦农。1969 年 3 月在嘉兴入伍,5 月加入中国共产主义青年团,为中国人民解放军 6381 部队二十三分队三小队战士。1970 年 2 月 15 日在嵊泗县施工时因塌方而牺牲。

童来根

卜森林(1958 年 7 月—1978 年 7 月)

嘉兴县双桥公社(今嘉兴市秀洲区王江泾镇)人。1976 年 2 月加入中国共产主义青年团,3 月在嘉兴县应征入伍。1978 年 7 月 17 日在温州市平阳县矾山战备训练中不幸牺牲,牺牲时为浙江省军区 83244 部队后勤修理连战士。

卜森林

沈兆勤(1958 年 1 月—1979 年 4 月)

嘉兴县新塍镇(今嘉兴市秀洲区新塍镇)人。1976 年下乡插队务农。1978 年 4 月在嘉兴县高照公社入伍,成为中国人民解放军南京军区汽车第三十一团修理连的一名战士。他入伍后,积极参加部队各项军事训练,认真钻研业务知识,团结同志,服从命令,听从指挥。1979 年 2 月 17 日参加对越自卫反击战。在参加对越自卫反击战中,沈兆勤同志服从命令,积极完成部队领导交给的各项战斗任务。在一次后勤给养任务中牺牲于广西壮族自治区龙州县(今广西壮族自治区崇左市龙州县),时为广西军区汽车第三十团修理连战士,时年 21 岁。

沈兆勤

朱昌林(1958 年—1979 年 7 月)

嘉兴县嘉北公社(今嘉兴市秀洲区嘉北街道)人。朱昌林出身在农民家庭里,但他思想进步,向往革命,热爱劳动,一直战斗在农业生产第一线。1978 年 1 月 10 日,光荣地参加了中国共产主义青年团。同年 3 月,他又积极响应祖国的号召,参军入伍,被分配在南京军区后勤部 83475 部队。入伍后,他迅速成长,在思想上自觉改造世界观,树立全心全意为人民服务的思想;在工作中认真负责、精益求精;在生活中严格要求自己,遵守部队革命纪律和规章制度,严于律己,宽以待人,是全班战士的表率。1979 年上半年被评为优秀团员。同年,朱昌林所在的部队在安徽省繁昌县(今安徽省芜湖市繁昌区)进行国防工程施工,朱昌林同志承担测量工作。他不怕苦,不怕累,日日夜夜奔走在工地上,做到生命不息,战斗不止。7 月 17 日由于隧道倒塌,不幸壮烈牺牲。

朱建国(1962 年 7 月—1988 年 4 月)

嘉兴县王店镇(今嘉兴市秀洲区王店镇)人。1981 年 10 月入伍,1983 年 1 月入中国共产党青年团。1985 年 7 月加入中国共产党。1987 年 1 月改为志愿兵。朱建国为海军东海舰队海测船大队东标 263 船航标班长。他思想进步,关心政治,积极进取,认真学习毛泽东思想和党的路线、方针、政策。他勤于学习,工作积极,作风踏实,尊重领导、团结同志,遵守党和国家的法律、法令和部队的规章制度,在 1982—1984 年连续 3 年被评为先进军人。入伍 7 年,8 次受到嘉奖,1 次荣立三等功。

朱建国

1988 年 4 月 17 日上午,在南沙华阳礁,263 船接到上级命令,抢运南运 836 船的生铁块。当天上午 11 时,担任小艇艇长的朱建国与 4 位战友正在装卸生铁时,发生了险情。由于海面风浪较大,舰艇左右颠簸,装着重约 1.2 吨生铁的钢丝吊网呈旋转状在小艇上空斜下,向前舱撞了过去。为了保护 4 位战友的安全,朱建国用双手全力阻推吊网,但未能挡住,沉重的吊袋借着强大的惯性将他撞在了大船的左舷上,朱建国身上多处流血。华阳礁海区船上军医对他进行了全力抢救,但终因伤势过重抢救无效而牺牲。朱建国烈士现安葬于嘉兴革命烈士陵园。

张康杰(1984年—2005年6月)

嘉兴市秀洲区新塍镇人。2000年2月进入秀洲区新塍职业学校"汽车维修与应用"专业就读。在校期间,张康杰能自觉遵守学校的各项规章制度,积极参加学校的各项活动,有很强的集体荣誉感,能充分发挥班长的模范带头作用;平时勤学苦练,刻苦钻研专业知识,不怕脏不怕累,带领同学开展班级活动,参加各种比赛,增强班级凝聚力。在校期间,他连续2年被评为"优秀学生干部",毕业实习期间被评为"优秀实习生",他还多次参加学校的技能操作比赛,获得较好名次。2001年5月,张康杰光荣地加入了中国共产主义青年团。2003年2月,张康杰毕业后到嘉兴国鸿集团汽车工业贸易有限公司工作,仅两年多时间,就从一名职校毕业生成长为一名技术骨干。

张康杰

他是嘉兴市首批反扒志愿者服务队队员,曾协助警方抓获扒窃等各类违法犯罪嫌疑人13名,破案9起,为群众挽回经济损失数万元。2005年6月1日晚8时许,张康杰在途经嘉兴市区洪兴路和友谊路交叉路口时,遇到一起交通事故,双方当事人在现场争执。张康杰目睹一方当事人被一名身份不明的男子用利器刺成重伤,歹徒正逃离现场。张康杰立刻上前擒凶,追至一二百米处将歹徒扭住。此时,与歹徒一伙的4名男子追上来猛打张康杰,其中一人用刀刺中张康杰胸口,致其心脏破裂。张康杰不顾生命危险及时报警,并告知警方凶手逃逸的方向,后终因伤势严重,抢救无效,于6月26日牺牲。浙江省人民政府批准张康杰同志为革命烈士,省公安厅、省见义勇为基金会授予其"浙江省见义勇为勇士"称号,团省委、省青联追授其"浙江青年五四奖章",嘉兴市人民政府追授其"嘉兴市劳动模范"称号。

沈洪山(1925年—1949年11月)

海宁县斜桥镇(今海宁市斜桥镇)人。1949年入伍,11月牺牲于定海县

(今舟山市定海区)登步岛,时为中国人民解放军陆军第二十一军六十一师一八三团九连战士。

葛阿林(1927 年—1950 年 7 月)

外号金华阿二,海宁县斜桥镇(今海宁市斜桥镇)人。1948 年 2 月参加革命。1950 年 7 月牺牲于广西中渡县(今广西壮族自治区柳州市鹿寨县中渡镇),时为中国人民解放军步兵第四三八团七连战士。

黄张松(1931 年—1950 年)

海宁县丁桥乡(今海宁市丁桥镇)人。1949 年 11 月入伍,后随部队赴朝作战。1950 年牺牲于朝鲜大南洞,时为中国人民志愿军第二十五军五十八师一一四团二营六连班长,荣立三等功 1 次。

祝永年(1930 年 7 月—1950 年 12 月)

海宁县盐官镇(今海宁市盐官镇)人。1949 年 12 月入伍。1950 年 2 月加入中国新民主主义青年团。1950 年 12 月牺牲于朝鲜咸镜南道,时为中国人民志愿军第二十五军五十七师一七五团政工组员。

何德田(1933 年—1951 年)

福建省云霄县马铺乡(今福建省漳州市云霄县马铺乡)人。1948 年参加革命,后随部队赴朝作战。1951 年在海宁硖石牺牲,时为中国人民志愿军第二十四军第二一六团战士。现安葬在海宁革命烈士陵园。

施企雄(1930 年 8 月—1951 年 5 月)

海宁县许村镇(今海宁市许村镇)人。1950
年 3 月参加革命。1951 年 4 月 22 日,中朝军队为
粉碎敌人在侧后登陆,配合正面进攻,以期在朝鲜
"峰腰部"建立新防线的企图,向敌人发起了第五
次战役。1951 年 5 月,施企雄在第五次战役中光
荣牺牲,时为中国人民志愿军第二十军六十师一
八〇团见习文教。

施企雄

施企雄使用过的眼镜及眼镜盒

陈金松(1924 年 4 月—1951 年 5 月)

又名陈阿金,海宁县硖石镇(今海宁市硖石街道)人。1949 年 12 月入伍,后随部队赴朝作战。1951 年 5 月牺牲于朝鲜,时为中国人民志愿军炮兵第二十一师二〇三团六连驾驶班班长。

陈金松

查传森(1931 年—1951 年 10 月)

海宁县袁花镇(今海宁市袁花镇)人。1949 年参加革命,1950 年加入中国新民主主义青年团。1951 年 10 月牺牲于嘉善县干窑区(今嘉善县干窑镇),时为青年团嘉善县干窑区委员会副书记。

查传森

沈品炎(1928 年—1952 年)

海宁县长安镇(今海宁市长安镇)人。1948 年 12 月参加革命。1952 年牺牲于朝鲜,时为中国人民志愿军第一七二团三营机炮连战士。

褚岳明（1931 年 6 月—1952 年 2 月）

海宁县长安镇（今海宁市长安镇）人。1948 年 10 月参加革命，后随部队赴朝作战。1952 年 2 月牺牲于朝鲜。

李占林（1926 年 2 月—1952 年 4 月）

又名李长林，海宁县斜桥镇（今海宁市斜桥镇）人。1948 年 10 月在锦州光荣起义。后随部队赴朝作战，1952 年 4 月牺牲于朝鲜平安北道龟城郡，时为中国人民解放军第四野战军第五十司令部无线电连接机员。

李占林

徐鸿新（1932 年—1952 年 4 月）

海宁县袁花镇（今海宁市袁花镇）人。1950 年 10 月入伍，同年加入中国新民主主义青年团，后随部队赴朝作战。1952 年 4 月 29 日晚在朝鲜瑞兴郡执行任务时遭敌机轰炸而光荣牺牲，时为中国人民解放军志愿军战士。

徐鸿新

吴克臣（1930 年 8 月—1952 年 8 月）

又名张志光，海宁县周王庙镇（今海宁市周王庙镇）人。1949 年 5 月参加革命。1950 年 4 月加入中国新民主主义青年团。1952 年 8 月在上海市因枪走火而不幸牺牲，时为上海市公安总队第三团二营营部通讯员。

吴克臣

吴克臣入团志愿书

周六毛（1925 年—1952 年 9 月）

海宁县斜桥镇（今海宁市斜桥镇）人。1949 年 10 月入伍，后随部队赴朝作战。1952 年 9 月，为击退可能对我军进行正面进攻的敌军，我志愿军共六个军在 180 公里的阵地上先向敌军发起了第一阶段的战术进攻。1952 年 9 月 20 日，周六毛在这场保卫开城的战斗中牺牲，时为中国人民志愿军第四十军一一八师三五二团九连副班长。

石金生(1928 年 6 月—1952 年 9 月)

海宁县斜桥镇(今海宁市斜桥镇)人。1951
年 3 月入伍,1952 年 9 月在舟山嵊泗因船触礁而
牺牲,时为中国人民解放军海军舟山基地嵊泗巡
防区机帆兵。

石金生

沈　岩(1928 年 12 月—1952 年 10 月)

又名沈宇昌,海宁县硖石镇(今海宁市硖石
镇)人。1950 年 5 月入伍,1952 年 1 月加入中国
新民主主义青年团。10 月牺牲于朝鲜长安泗,时
为中国人民志愿军 781 部队二大队五小队排长。

沈　岩

胡永荣(1929 年 2 月—1952 年 10 月)

海宁县硖石镇(今海宁市硖石镇)人。1951
年 7 月参加革命。1952 年 10 月在玉环县鸡山岛
牺牲,时为华东公安第十七师五十团三连战士。

胡永荣

朱福荣(1926 年 3 月—1952 年 10 月)

海宁县郭店乡(今海宁市郭店镇)人,中国共
产主义青年团团员。1949 年 10 月入伍,后随部
队赴朝作战,曾荣立三等功 1 次。1952 年 10 月
牺牲于朝鲜开城守备战中,时为中国人民志愿军
第四十军一一八师三五四团一营三连战士。

朱福荣

朱嘉华(1933 年 1 月─1953 年 1 月)

海宁县丁桥镇(今海宁市丁桥镇)人。1949年 7 月入伍,10 月加入中国新民主主义青年团,后随部队赴朝作战。1953 年 1 月牺牲于朝鲜,时为中国人民志愿军高炮第十四营五连话务员。

朱嘉华

沈有根(1928 年 5 月─1953 年 3 月)

又名沈有才,海宁县周王庙镇(今海宁市周王庙镇)人。1948 年 10 月参加革命,后随部队赴朝作战。1953 年 3 月牺牲于朝鲜上浦坊,时为中国人民志愿军第四十七军一四一师四二三团九连班长。

沈有根

何章富(1921 年 8 月─1953 年 3 月)

又名何富章,海宁县周王庙镇(今海宁市周王庙镇)人,中国共产党党员。1948 年 10 月参加革命,后随部队赴朝作战。1953 年 3 月牺牲于朝鲜望海山,时为中国人民志愿军第四十军一二〇师三五八团四连战士,荣立三等功 1 次。

滕甫达(1931 年—1953 年 3 月)

海宁县袁花镇(今海宁市袁花镇)人,中国新民主主义青年团团员。1951 年 1 月入伍,后随部队赴朝作战。1953 年 3 月牺牲于朝鲜,时为中国人民志愿军第二十三军六十九师炮兵团六连见习文教。

滕甫达

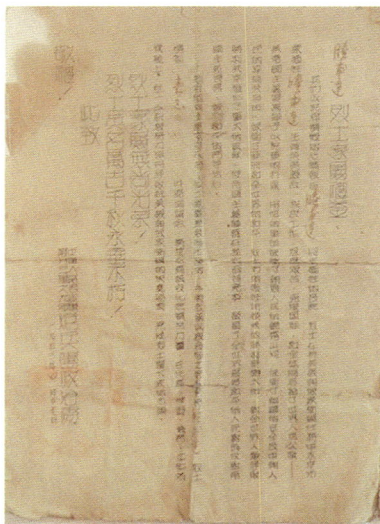

滕甫达生前所在部队写给其家属的信件

章　骅(1925 年 5 月—1953 年 5 月)

海宁县(今海宁市)人。1950 年 9 月参加革命,后随部队赴朝作战。1953 年 9 月牺牲于朝鲜,时为中国人民志愿军第二十三军政治部对敌工作宣传员。

章　骅

汤妙成(1921 年 11 月—1953 年 6 月)

又名汤阿毛,海宁县盐官镇(今海宁市盐官镇)人。1951 年 8 月参加革命。1953 年 6 月在福建省福州市牺牲,时为上海市公安总队第三团九连战士。

许洪仁(1920 年—1953 年 7 月)

又名许阿伍,海宁县硖石镇(今海宁市海洲街道)人。1947 年参加革命,后随部队赴朝作战。1953 年 7 月牺牲于朝鲜,时为中国人民志愿军第二十四军七十二师二一五团排长。

周燕城①(1924 年—1953 年 7 月)

萧山县(今杭州市萧山区)人。1948 年 2 月参加革命,后随部队赴朝作战。1953 年 7 月 12 日牺牲于朝鲜,时为中国人民志愿军第二二〇团四连战士。

周燕城

宋兆麟(1927 年 4 月—1954 年 11 月)

海宁县长安镇(今海宁市长安镇)人。1949 年参加革命,后随部队赴朝作战。1954 年 11 月牺牲于朝鲜,时为中国人民志愿军 6316 部队四连战士。

宋兆麟革命烈士证明书

---

① 浙江省民政厅编《碧血丹心——浙江烈士英名录(嘉兴 绍兴卷)》(浙江省人民出版社,2014 年 9 月,第 22 页)将该烈士登记为海宁烈士,但该烈士非嘉兴籍,且未在嘉兴牺牲,本书依然予以收录。

周国钧（?）

生卒年不详。海宁县（今海宁市）人。牺牲于朝鲜，时为中国人民志愿军第二十军六十师一八〇团见习文教。

卢宗春（?）

生卒年不详。海宁县（今海宁市）人。1942年6月参加革命，牺牲于朝鲜，时为中国人民志愿军第二十军六十师侦察连连长。

汤宝昌（1930年8月—1955年1月）

海宁县许村镇（今海宁市许村镇）人。1951年1月入伍。1955年1月牺牲于福建省晋江县，时为上海市公安总队第二团九连战士。

张许仁（1931年7月—1955年1月）

海宁县许村镇（今海宁市许村镇）人。1950年12月入伍，曾荣立二等功1次。1952年，张许仁光荣地加入中国新民主主义青年团。当时仍有国民党残匪盘踞在一江山岛，为了彻底消灭国民党在大陆的残匪，确保一江山岛的安稳和人民生活的和平安定，中国人民解放军在1月发出了解放一江山岛的命令。1955年1月18日，张许仁在解放一江山岛战斗中冲锋在前，奋勇杀敌，不幸中弹牺牲，时为中国人民解放军海军舟山基地登大三分队枪帆员。

张许仁

张永根(1932 年 3 月—1955 年 3 月)

海宁县许村镇(今海宁市许村镇)人。1950 年 4 月入伍,曾荣立二等功 1 次。当时盘踞在台湾岛上的国民党残部不时派飞机轰炸和骚扰大陆沿海地区,妄图干扰和破坏和平建设。1955 年 3 月 29 日,在福建省连江县又有数架敌机前来侵犯,张永根同志接到战斗命令,立即驾机飞上天空,与敌机展开了激烈的战斗,在激战中不幸牺牲,时为中国人民解放军 1005 部队枪帆兵。

张永根

马兆林(1932 年 5 月—1955 年 7 月)

海宁县黄湾镇(今海宁市黄湾镇)人。1951 年 2 月参加革命,为空军旅大市(今旅顺和大连市)登沙丘三界场油料保管员,同年光荣加入中国新民主主义青年团。马兆林在部队仍不忘对家里的弟弟妹妹进行帮助和教育。他在给弟弟的信中写道:"好好学习,我想(知识)一定(会)很丰富的,也可去买书来看看,我建议你看几本人物故事,先看浅的,看得倒不在于多,而需要对你有一定的作用。多看报纸也很重要,在尽可能的范围内应该多关心它。"1955 年 7 月 17 日,马兆林同志在辽宁省金县(今大连市金州区)第六区登沙河光荣牺牲。

马兆林

陈元松(1931 年 1 月—1956 年 3 月)

海宁县袁花镇(今海宁市袁花镇)人。1951年 1 月入伍,为中国人民解放军西南军区第三通讯团二营五连班长。陈元松在部队表现积极,思想上进,艰苦工作争着做,有险有难抢着上。陈元松于 1953 年光荣地加入了中国新民主主义青年团,荣立三等功 1 次。

陈元松

1956 年 3 月 20 日,陈元松在四川省普格县(今属四川省凉山彝族自治州)平息叛乱的战斗中进入深山,他面对群匪毫不畏惧,为掩护战友而勇敢机智地与土匪周旋,击毙了十多名土匪,最后光荣牺牲。陈元松牺牲后,遗体安葬在四川省昭觉县(今属四川省凉山彝族自治州)烈士陵园右区五排二十三号。

李锦荣(1937 年—1956 年 7 月)

海宁县周王庙镇(今海宁市周王庙镇)人。1955 年 12 月参加革命。1956 年 7 月在江苏省川沙县(今属上海市浦东新区川沙镇)执勤时牺牲,时为中国人民解放军 0472 部队一连战士。

李锦荣

林关浩(1930 年 12 月—1957 年 6 月)

海宁县硖石镇(今海宁市海洲街道)人。1955
年参加革命,为中国共产党党员。林关浩担任中
共海宁县硖石乡党支部副书记时兢兢业业,工作
上认真负责,言行上踏实稳重,往往什么事都抢在
前面干,从不叫苦,从不计酬,把自己的一切完全
投入到工作之中,把自己的一切毫无保留地交给
了党和革命工作,被群众誉为"革命的老黄牛"。
1957 年 6 月 2 日,林关浩在狮岭乡(今海昌街道
狮岭社区)参加体力劳动时负伤而牺牲。

林关浩

戴阿兴(1936 年 10 月—1958 年 7 月)

海宁县长安镇(今海宁市长安镇)人。1956
年 12 月入伍,为中国人民解放军驻镇江市石头岗
9263 部队 3 分队上等兵炮手。1958 年 7 月 15 日
在江苏省南京市江宁县(今江苏省南京市江宁区)
侯家塘军事演习中不幸牺牲。

戴阿兴

顾永康（1941 年 2 月—1965 年 1 月）

又名孙文卿，海宁县丁桥镇（今海宁市丁桥镇）人。1961 年 9 月参加革命。1962 年加入中国共产党。1965 年 1 月牺牲于云南省禄丰县（今属楚雄彝族自治州）黑井区，时为中国人民解放军 8710 部队二十二分队代理副排长，荣立三等功 1 次。

顾永康

平志根（1938 年 9 月—1966 年 4 月）

海宁县许村镇（今海宁市许村镇）人。1958 年 1 月入伍。1966 年 4 月 16 日，在甘肃省兰州市遭匪徒袭击，中弹牺牲，时为中国人民解放军 8064 部队战士。现安葬于甘肃省兰州市烈士陵园五墓区三排十四号。最初安葬时墓体为土墓，墓碑由中国人民解放军第一医院所立。2010 年，国家发改委拨专项资金，将土墓改造为红色花岗岩墓体。

平志根

哀子兴(1935 年 4 月—1966 年 4 月)

　　海宁县长安镇(今海宁市长安镇)人。1954
年毕业于南京气象学院,后为中国气象局研究所
统计员。哀子兴工作极为负责,1958 年 9 月被中
国气象局评为"社会主义建设积极分子"。1966
年 4 月 28 日,哀子兴在河北省盐山县(今沧州市
盐山县)韩集公社参加"四清"工作时被害牺牲。

哀子兴

张关友(1944 年—1966 年 7 月)

　　海宁县新仓镇(今海宁市新仓镇)人。1962
年入伍,1965 年加入中国共产党。张关友在部队
严于律己,积极上进,曾荣立三等功 1 次。1966
年 7 月牺牲于四川省乐山县(今乐山市),时为中
国人民解放军 8817 部队排长。

张关友

孙永华（1938 年 8 月—1971 年 2 月）

海宁县硖石镇（今海宁市硖石镇）人。1956 年 9 月入伍，加入中国人民解放军 411 部队。孙永华入伍后积极向上，表现优秀，曾荣立三等功 1 次。1962 年 1 月加入中国共产党。1971 年 2 月牺牲于北京市新卢沟桥。

孙永华

尤新甫（1950 年 12 月—1972 年 3 月）

海宁县丁桥镇（今海宁市丁桥镇）人。1971 年 1 月参加革命。1972 年 3 月在山东烟台战备训练中不幸牺牲，时为中国人民解放军济字 505 部队十五分队战士。

尤新甫

肖　牧（1921 年 10 月—1973 年 4 月）

又名姚逸凡、姚逸风，海宁县袁花镇（今海宁市袁花镇）人。1940 年 10 月参加革命，11 月光荣加入中国共产党。1973 年 4 月在上海七医大附院去世，时为中国人民解放军浙江军区金华军分区副政委。

李松标（1958 年 10 月—1977 年 10 月）

李松标

海宁县长安镇（今海宁市长安镇）虹金村人。入伍前，李松标是一个积极好学、力求上进的青年，1974 年 4 月，被党组织批准加入中国共产主义青年团。此后，他更加严格地要求自己，时时处处为公众利益着想，是虹金村青年的好榜样。1976 年 3 月积极响应祖国的号召应征入伍，成为中国人民解放军 8052 部队一名光荣的战士。来到部队，他虚心好学，积极工作，连续两次受到嘉奖。1977 年 10 月 20 日，李松标在河南省宜阳县（今河南省洛阳市宜阳县）国防战备施工中牺牲。

计张顺（1930 年 6 月—1978 年 1 月）

计张顺

海宁县丁桥镇（今海宁市丁桥镇）人。1951 年 6 月参加革命。1953 年进入中国人民解放军第二航空学校学习。1957 年 4 月加入中国共产党，生前任海军航空兵第三师五团司令部领航部主任。计张顺同志从事飞行事业 24 年来，承担并完成了各种气候条件下的飞行任务，飞行时间长达一千多小时。计张顺同志对革命工作一贯兢兢业业，勤勤恳恳，参加过无数次战斗，承担侦察外国船只、战斗演习、调查"跃进号"等光荣任务。

计张顺同志在部队刻苦学习马列主义、毛泽东思想，认真改造世界观，能坚持原则，敢于和错误思想、不良倾向做坚决的斗争。他处处关心别人，在回家探亲时也不闲着，不管是晴天还是雨天，天天帮助嘉兴宣公桥的过往船只拉纤。在经济上，无论是部队的同事，还是地方老百姓，他都给予无私的帮助。在家中主动抚养几个兄弟，非常孝顺父母。

在部队里，他热爱航空飞行事业，刻苦钻研飞行技术。在计张顺身患眼球玻璃体混浊、白内障等疾病的情况下，组织上多次要求他停飞，可是他恳切要求治疗,积极求飞。为了实现这一目标,他积极锻炼身体,为了提高耐力,每天坚持长跑,不久便恢复了飞行。为了适应现代条件下的战争,积极练习飞行技术,他谦虚好学,不怕苦不怕累,不怕飞行公式的复杂,牺牲大量的休息时间,计算和编印了供训练用的莱阳地区日出日落时间表。就在他牺牲前的一个晚上,这个表格被发到了每一个飞行员的手中。他非常关心领航办公室的建设,改编了领航、侦察等军事教材。他政治责任心强,在组织部队飞行工作上一贯认真负责,一丝不苟,发现问题及时解决,在海军航空兵的建设上呕心沥血,献出了自己毕生的精力。

1978 年 1 月 7 日,计张顺同志在山东莱阳进行军事学习时,驾驶苏式重型轰炸机,后因飞机失事,壮烈牺牲,为中国海军航空兵的建设做出了巨大贡献,把自己的一生献给了海军航空事业。现安葬在嘉兴革命烈士陵园内。

马良松(1959 年 11 月—1979 年 5 月)

海宁县袁花镇(今海宁市袁花镇)人。1979 年 1 月参加革命,为中国人民解放军铁道兵第二师六团八连战士。1979 年 5 月 4 日,在山西省凤坪岭 2 号隧道施工时因公牺牲。

杜建忠(1960 年 1 月—1979 年 6 月)

海宁县盐官镇(今海宁市盐官镇)人。杜建忠平时在村里是个上进心强、政治素质好的青年。除干好农活外,他还为集体做过许多好事,他乐意帮助别人,热心为大家办事,1977 年 9 月光荣加入中国共产主义青年团。1979 年 1 月入伍,为中国人民解放军 86848 部队战士。1979 年 6 月 21 日,在福建省福州市部队驻地因触电而不幸牺牲。

杜建忠

曲　红(1958 年 10 月—1979 年 9 月)

曲　红

海宁县硖石镇(今海宁市硖石镇)人。入伍前曲红就立志要让自己成为雷锋式的人物,平时他生活朴素,刻苦好学,时时处处均严格要求自己。1973 年 3 月,曲红光荣地加入了中国共产主义青年团,成为青年中的一名先进分子。1978 年 4 月应征入伍,为中国人民解放军炮兵第六一〇团指挥部驾驶员。到部队后,曲红更是严于律己,虚心向老战士们学习,吃苦在前,冲锋在前,荣立三等功 1 次,连续受到部队嘉奖 2 次,被评为模范共青团员、学雷锋标兵。面对成绩与荣誉,他不骄傲不自满,一如既往地参加学习和训练,甚至比以前更用功,更刻苦地学习技术、参加训练。1979 年 9 月 4 日,在福建省晋江县(今福建省泉州市晋江市)执行军事演习任务时,曲红为抢救战友而献出了自己宝贵的生命。

陈亦芳(1938 年 11 月—1980 年 9 月)

陈亦芳

海宁县红旗公社(今海宁市马桥街道)人。1957 年 12 月参加革命,在部队,陈亦芳刻苦锻炼,严格要求自己。1960 年 1 月加入中国共产党。转业到地方工作后,担任斜桥镇人民武装部副部长。在地方,他仍旧以军人的标准要求自己,坚决执行上级的各项政策与指示,认真努力地熟悉新的工作,深入细致地做好民兵骨干队伍建设和每一次训练工作。1980 年 9 月 23 日,在丁桥汽车站西侧海塘组织民兵进行手榴弹实弹投掷时,为排除险弹,保护在场民兵的生命安全,陈亦芳光荣牺牲。

董德鑫(1935 年 2 月—1980 年 10 月)

海宁县盐官镇(今海宁市盐官镇)人。1953年 7 月参加革命。1958 年 3 月加入中国共产党。曾担任过小学校长,后因组织需要而调任狮岭公社人民武装部工作,生前为人民武装部部长。

他全身心投入工作,很少顾及家庭及个人利益。他女儿宋晓农在《献给父亲的祭文》[①]中写道:"爸爸留给我们最深的印象,便是他很少能跟我们在一起,似乎从来没有假日。爸爸妈妈两地分居,我们三兄妹都跟妈妈住在县城。爸爸很少回家——爸爸没有节假日,那是因为常常在节假日主动留下来值班而让别人回家团聚。爸爸工作地点在盐官,紧靠着钱塘江,每年抗台抗洪,他总是在最危险的地方,这已成了惯例。1977 年时就已查出身体有病需住院治疗,但他总觉得放不下工作而一拖再拖,直至 1980年春,病愈出院,本有一个星期的休息,他却第二天就上班了。"

董德鑫

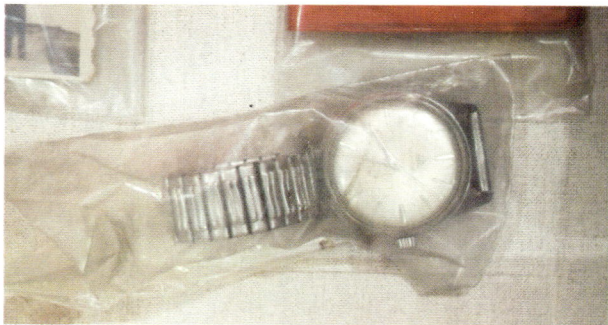
董德鑫使用过的手表

1980 年 10 月 17 日,这是董德鑫同志组织民兵训练的最后一天,这一天他还托人将他买好的一块肉捎到家里,说中午一家人聚餐。但就在这天上午,狮岭横山民兵集训投弹时,一民兵失手将手榴弹投在身边,为排除险弹,保

---

① 宋晓农.献给父亲的祭文//《钱江晚报》.见证《钱江晚报》创刊二十周年文粹艺文卷[M].杭州:浙江教育出版社,2006:21.

护其他在场民兵的安全,董德鑫同志毫不犹豫地在刹那间选择了死亡——他当即将那人按倒在地,自己用身体扑上去盖住了将要爆炸的手榴弹而光荣牺牲。英雄牺牲后,英雄的妻子以她的坚强写下了自己的悼念心曲:"我为有你这么一个无私无畏的丈夫而感到自豪!"董德鑫生前的 500 多位亲朋好友及群众闻讯赶来参加追悼会。董德鑫烈士现安葬于嘉兴革命烈士陵园。

周旭辉(1963 年 10 月—1981 年 10 月)

周旭辉

又名周奇康,海宁县(今海宁市)人。1963 年 10 月 10 日出生于上海,曾求学于上海天山五村小学、东方中学,毕业于上海玉屏二中,8 岁戴上红领巾,15 岁参加中国共产主义青年团,历任队、团干部。平时刻苦学习马列著作和自然科学知识,一生热爱党、热爱祖国、热爱社会劳动。爱憎分明,团结同学,作风正派,品学兼优,处处以雷锋的献身精神为榜样,多次被评为"三好积极分子""三好学生"。

1981 年 10 月 30 日,他在家准备高考,一名脱逃盗窃犯为逃避公安人员的追捕,闯入他家。在关键时刻他为了维护国家和人民的利益,临危不惧地与罪犯进行英勇搏斗,不幸光荣牺牲。中华人民共和国民政部、上海市人民政府批准周旭辉为革命烈士。中国共产主义青年团上海长宁区委授予其"优秀共青团员"光荣称号。

周 炜(1969 年 6 月—1993 年 8 月)

周 炜

海宁县许村镇(今海宁市许村镇)人。余杭良渚化肥厂工人,1990 年 11 月参加革命。周炜参加工作后,勤勤恳恳做事,扎扎实实工作,1993 年 8 月 15 日,为排除工厂毒气事故而牺牲于余杭良渚。1993 年 8 月 30 日被中国共产主义青年团余杭县委员会授予"余杭县新长征突击手"荣誉称号。

陶斌堃(1914 年—1949 年 10 月)

平湖县城关镇(今平湖市当湖街道)人。嘉兴新塍镇税务所工作人员,1949 年 10 月牺牲于桐乡濮院镇。

陶斌堃

黄金源(1919 年 10 月—1950 年)

平湖县前进乡(今属平湖市当湖街道)人。1948 年参加革命。1950 年牺牲于四川省青龙场,时为中国人民解放军第四野战军战士。

吴继生(1936 年 7 月—1950 年 8 月)

平湖县黄姑镇黄姑乡(今平湖市独山港镇)人。1950 年加入中国新民主主义青年团。1950 年 8 月牺牲于平湖,时为平湖县黄姑海塘民兵队副队长。

吴顺荣(1928 年—1950 年 10 月)

平湖县当湖镇(今平湖市当湖街道)人。1948 年 6 月参加革命,后随部队赴朝作战。1950 年 10 月牺牲于朝鲜,时为中国人民志愿军第二十军六十师一七八团五连战士。

曹星奎(1926 年—1950 年 10 月)

平湖县黄姑镇黄姑乡(今平湖市独山港镇)人。1949 年入伍,后随部队赴朝作战。1950 年 10 月牺牲于朝鲜,时为中国人民志愿军第四十军一二〇师三五八团四连战士。

张金玉(? —1950 年 10 月)

平湖县新埭区(今平湖市新埭镇)人。1949 年 1 月入伍,后随部队赴朝作战。1950 年 10 月牺牲于朝鲜上甘岭战役,时为中国人民志愿军第六十四军一九〇师五六八团五连副班长。

朱石银(? —1950 年 11 月)

平湖县(今平湖市)人。1948 年 8 月参加革命,后随部队赴朝作战。1950 年 11 月 29 日牺牲于朝鲜,时为中国人民志愿军第二十军六十师一七八团战士。

柴吉英(? —1950 年 11 月)

平湖县(今平湖市)人。1950 年 11 月牺牲于朝鲜咸镜南道,时为中国人民志愿军第二十军五十九师一一七团战士,荣立二等功 1 次。

陆宝昌(1920 年—1950 年 12 月)

平湖县广陈镇(今平湖市广陈镇)人。1948 年 7 月参加革命。1950 年 12 月牺牲于朝鲜咸镜南道,时为中国人民志愿军第二十七军八十一师二四一团一连战士。

王今夫(1921 年—1950 年 12 月)

平湖县广陈镇(今平湖市广陈镇)人。1948 年参加革命,为中国人民解放军第六十四师八十八团五营机枪手。1948 年 6 月在战斗负伤后回家养伤，于 1950 年 12 月因病重逝世，后被批准为革命烈士。

曹阿七（1923—1951 年）

平湖县钟埭乡（今平湖市钟埭街道）人。1947 年 3 月参加革命。1951 年牺牲于辽宁省，时为中国人民解放军第四野战军某部一连三排战士。

俞恩炘（1910 年 5 月—1951 年 4 月）

别名叔原，平湖县新埭镇（今平湖市新埭镇）人。1933 年 2 月毕业于上海复旦大学土木工程系，4 月，去安徽省公路局从事测量工作。1938 年 5 月，因安徽沦陷，随交通部公路局去武汉又转成都，1939 年去康滇公路工作，1940 年到乐西公路工作，1941 年任乐西公路泸沽段分段长。抗战胜利后，与平湖同乡徐以枋等到上海市公务局工作，任工程师，曾主管上海市打浦桥某市政排灌工程，兼管打浦桥某碎石厂，后提升为副总工程师。1946 年，妻子张庆新带着两个孩子到上海定居。

俞恩炘

1949 年 5 月，上海解放，市军管会分期分批举办留用人员学习班，俞恩炘此时有机会系统学习了革命理论，如毛泽东著作、大众哲学等一些革命理论书刊，深感接触革命太晚，决心脱胎换骨，参加革命。1949 年夏秋，东北老解放区已全面开始建设工作。俞恩炘毅然决定带全家离开上海，志愿参加东北建设，在东北公路管理总局任工程师。

1950 年 10 月，抗美援朝开始，东北公路管理总局组建了"中国人民志愿军公路工程总队"，入朝后担负配合前线部队抢修公路、桥梁，清除运输线的障碍物，支援前线军需物资运输等任务。俞恩炘参加了"中国人民志愿军公路工程总队"，任第二大队五中队副中队长、工程师。

1951 年 2 月，中国人民志愿军军部决定撤销"中国人民志愿军公路工程总队"，改组成三个大队，由后勤部直接领导。3 月 7 日，俞恩炘所在的五中队改编为第一大队第七中队，大队部准备请他任中队长，但在调动途中俞恩炘不幸得了伤寒。后病情加重，大队部决定让他离队治疗，并于 28 日，将他移送到铁原郡北马场面五里亭进行治疗。4 月 2 日上午 8 时，敌人发现五里亭目标，用野马式战斗机轮番轰炸，扫射五里亭，还投下大量燃烧弹，全村仅有的几间房屋顷刻就燃烧起来。医护人员连忙赶去扶俞恩炘，这时他不知哪里来的力气，猛地下炕用手一推医护同志，大声喊："不要管我！快些救护其他病人。"说完，他自己就跟跟跄跄地向门口冲去。他刚冲出门口，突然，敌机一阵低飞轰炸、机枪扫射，俞恩炘的右小腿被炸碎，左腿膝盖下中两弹穿孔，鲜红的热血染红了他倒下的那块土地……

战友们来到他的身边，呼唤着他的名字，马上进行急救。但他终因流血过多，抢救无效，光荣地献出了自己宝贵的生命。

葛昭新(？—1951 年 4 月)

平湖县（今平湖市）人，中国共产党党员。1948 年 11 月参加革命，荣立二等功 3 次、三等功 5 次。1951 年 4 月牺牲于朝鲜古南山，时为中国人民志愿军第二十六军七十七师二二九团一连战士。

沈金生(1930 年 12 月—1951 年 12 月)

平湖县全塘乡（今平湖市全塘镇）人。1951 年 4 月入伍参加革命。1951 年 12 月牺牲于定海县（今舟山市定海区）六横岛，时为中国人民解放军海军舟山基地海岸炮团第八连战士。

朱　菲(1929 年—1951 年 12 月)

女，平湖县城关镇（今平湖市城关镇）人。1950 年 3 月入伍，同年加入中国新民主主义青年团，后随部队赴朝作战。1951 年 12 月牺牲于朝鲜，时为中国人民志愿军后方勤务司令部第四分部十六大站文化助教。

沈金法(1929 年—1951 年 12 月)

又名钱关生，平湖县南桥乡（今平湖市新埭镇南桥乡）人，原籍海宁县（今海宁市）。沈金法家境十分贫穷，全家人靠父亲打短工、母亲讨饭过活。

1934年闹灾荒，母亲外出讨饭逃荒，流落到了平湖县南桥乡洋圩村，和当地早年丧偶的农民钱阿二成了家。15岁那年，五个姐弟相继病亡，二姐、三姐做了童养媳，他一个人无法生活，一路讨饭到平湖找到了亲娘，改名钱关生。不久，继父又因病去世，沈金法在钱家除母亲外，还有弟妹三人，家境也是十分贫困。1948年秋，他为生活所迫被卖了壮丁，用卖壮丁的钱给母亲与弟妹度日。1949年5月，沈金法所在国民党部队起义，他参加了中国人民解放军。在人民军队的培养下，沈金法进步很快，不久就加入了中国共产党，当时他还给母亲写信，督促弟妹要上学，好好学习。

1950年，为了响应"抗美援朝、保家卫国"的号召，沈金法参加了中国人民志愿军，随部队赴朝作战，任志愿军第十二军三十一师九十一团三营营部通讯员。1951年12月，在朝鲜的第五次战役中，沈金法所在部队参加了朝鲜鹰峰山战斗，突然营部通往团部的电话打不通了。沈金法主动要求去排除故障。他冒着枪林弹雨去查线，发现电话线已被炸断，线缺一截时，他当机立断，将电话线的断头处剥去外皮，用铜线一头缠住自己右手食指，另一头用左手拉住，以自己身体接通了通往团部的线路，保证指挥战斗的命令准时下达，取得了战斗的胜利，但他自己却献出了宝贵的生命，时年22岁。中国人民志愿军三十一师政治部因沈金法英勇顽强，不顾一切完成任务，嘉奖特等功1次。

张桂生（1929年—1952年）

平湖县全塘镇（今平湖市全塘镇）人。1949年11月参加革命。1952年在朝鲜战场上失踪，时为中国人民志愿军第六十七军某部二连二排战士，后被追认为烈士。

钱呀武（1923年—1952年）

平湖县新仓乡（今平湖市新仓镇）人。1949年9月参加革命。1952年在朝鲜战场上失踪，时为中国人民志愿军第五十四军一三五师四〇四团二连战士，后被追认为烈士。

毛阿在(1922 年—1952 年 4 月)

平湖县胜利乡(今平湖市当湖街道)人。父母均为勤劳憨厚的农民,毛阿在的童年和少年时代是在不幸和痛苦中度过的,年幼时因父母还不起租米而被赶出家乡流浪到嘉兴新丰乌桥垦荒抵租,3 年后才回到平湖,因上无片瓦、下无寸地,只能借住在胜利乡曹兑一村一个好心人家里。12 岁时,毛阿在就给人家做长工,以减轻家中负担。1942 年,父亲因常年劳累过度离世,母亲给人家做佣人,哥哥给人打杂,一家三口相依为命。1948 年 11 月,毛阿在被迫到国民党部队当兵,从此再未回过家乡。

1949 年 4 月,毛阿在所在部队被解放,后毛阿在参加中国人民解放军,从此走上了革命的道路。参加了战斗后,他给家乡的亲人写了离家后的第一封信,信中诉说了在国民党部队的苦难,以及参加革命后的思想感受,又汇报了战斗胜利的喜讯,并向家乡的亲人们表示:"我要一次又一次立功。"他曾先后参加解放南昌、海南岛等战斗。在每次战斗胜利后,他总是马上写信把喜讯告诉家乡的亲人,与亲人共享欢乐。他和战友们一起,在敌人的枪林弹雨中冲锋陷阵,为中国人民解放事业做出了自己的一份贡献。

1950 年 6 月,毛阿在响应赴朝参战的口号,积极报名参加中国人民志愿军,抗美援朝,保家卫国。被批准后,即随部队踏上朝鲜战场参加战斗。1951 年春,毛阿在在战斗中受重伤,被送往后方医院治疗,基本痊愈后,部队派他在后方做卫生工作,但他一再要求继续到前线参战。部队首长被他的顽强斗志所感动,1952 年,他被批准重返前线继续战斗。1952 年 4 月,毛阿在参加了他一生中最后一次大战——金鸡山战役。在这次战役中,他献出了宝贵的生命,把满腔的热血洒在了朝鲜金鸡山上,时年 30 岁。

范根荣(1928 年 8 月—1953 年)

平湖县前港乡(今平湖市前港镇)人。1948 年 2 月参加革命。1952 年在朝鲜失踪,后被追认为烈士,时为中国人民志愿军第二十军五十八师一七二团六连战士。

戈以林（1929年—1952年6月）

平湖县秀溪乡（今平湖市新埭镇）人。父亲戈宗法在平湖县立初级中学任教，并担任校长职务。受家庭熏陶，戈以林从小聪明好学，7岁开始上学，17岁念完初中后，考上省立嘉兴中学（现嘉兴一中），一直是个品学兼优的学生。1949年5月，嘉兴、平湖解放，中国人民解放军第三野战军第九兵团在嘉兴各中学开展参军动员工作，正在读高二的戈以林在解放全中国的革命浪潮的鼓舞下，于9月，未及告别父母，毅然投笔从戎，参加了中国人民解放军，去松江第九兵团知识青年训练班学习。学习期间，他努力学习政治、军事知识，刻

戈以林

苦进行各种军事技能训练，获得了"学习积极分子"的光荣称号。半年后即编入第三野战军第二十六军七十八师二二三团，任团部文化教员。1950年6月，朝鲜战争爆发，戈以林积极响应号召，报名参加中国人民志愿军。这年冬，他随部队越过鸭绿江，赴朝参战。戈以林英语基础好，入朝后通过短期英语培训，在团部担任英语翻译。在硝烟弥漫的朝鲜战场，敌机的轰炸日夜不停，他在简陋的防空洞和战壕里，从事审讯和教育美国战俘的工作，并在零下40℃的恶劣天气下，冒着敌人的炮火押运战俘。他工作认真负责，出色地完成了上级交给的任务，曾荣立二等功1次。由于长期在十分艰苦的环境中工作和生活，戈以林积劳成疾，不幸得了肺结核病，但他仍坚持工作，以致病情不断恶化。1952年5月，他回国进15陆军医院治疗，终因病情严重，医治无效，于1952年6月2日，在辽宁省锦西县（今辽宁省葫芦岛市）不幸病故，经东北军区政治部批准为烈士。

马金法（？—1952年10月）

平湖县白马乡（今平湖市秀洲区白马乡）人。1951年2月入伍，并随部队赴朝作战。1952年10月在朝鲜上甘岭北60号高地战场上失踪，时为中国人民志愿军第二十七军七十九师二三五团步兵连二排战士，后被追认为烈士。

李耀根（1922 年—1952 年 10 月）

　　曾用名李阿根，平湖县新仓乡（今平湖市新仓镇）人。1948 年 9 月参加革命，荣立大小功各一次。1952 年 10 月牺牲于朝鲜金鸡山战场，时为中国人民志愿军第三十八军一一二师三三四团二连战士。

顾仁龙（1925 年—1952 年 10 月）

　　曾用名顾阿仁，平湖县共建乡（今平湖市独山港镇）人。1948 年 10 月参加革命，1950 年 10 月入党，后随部队入朝作战，荣立大功 1 次，小功 5 次。1952 年 10 月牺牲于朝鲜开城，时为中国人民志愿军第四十军一一八师三五四团一营一连班长。

金耳世（1923 年—1952 年 10 月）

　　乳名阿四，平湖县新埭镇（今平湖市新埭镇）人。自幼家境贫寒，10 岁时丧母，11 岁时入裁缝店当学徒。金耳世在裁缝店好不容易熬过了 4 年学徒生活后，满师回家。他在农村里裁布缝衣，从不计较工钱多少，有就收些，没有也就算了，当地农民都称赞他："小裁缝手艺高，心肠好。"连年的战患，家乡的生活一天比一天困苦。1948 年，金耳世决定出去寻求活路，他告别朋友和父母，拿起行李，来到了上海，被国民党军队抓去当兵。上海解放后，他加入中国人民解放军。

金耳世

　　1950 年 10 月朝鲜战争爆发后，金耳世坚决响应"抗美援朝、保家卫国"的号召，参加了中国人民志愿军，在中国人民志愿军炮兵第七师二十团直属指挥连担任电话兵。他刻苦学习，业务技术能力提高很快，不久就能根据不同情况、不同地形采用不同方法进行放线、收线，以及使用各种接线头。金耳世知道自己所担负工作的重要性，干起工作来总是特别认真，从不马虎。平时他也很注意节约原材料，发现地上有一小节电话线都会珍惜地拾起来，放在自己的工具袋或衣袋里。他说："国家财产就是人民的血汗，一点一滴都要爱护！留着这一小节线，在执行任务时可能派上大用场！"1951年夏天，部队正忙着搞修建工程，金耳世却生病了。他看到别人忙这忙那，自己却闲着，就向排长提出也要去参加修建工程，排长没有同意。金耳世只得待在班里，可他闲不住，烧水给同志们喝，帮排里的战友洗脏衣服，还偷偷地把几十件棉军衣拿到隐蔽的小溪里拆洗干净，改缝成夹衣。

1952年10月，在上甘岭战役打响前，炮兵团直属指挥连要派几个同志去营部帮助工作。金耳世经连部批准，到三营九连查线组参加战斗。10月14日上甘岭战役打响后，一排排炮弹在我阵地爆炸，观测所通往阵地的电话线被打断，金耳世拿着机子跑出查线组，在硝烟呛人、弹片横飞的炮火中低一脚、高一脚地寻找电话线的断头。他接连多处接好断头后，电话线仍不通。他知道观测所到查线组的线是通了，现在就是查线组通向阵地的电话被打断了。他又转回身朝阵地查线去。10月15日，炮兵九连根据上级命令，要狠狠地打击敌人。我军以强大的炮火向敌军炮群猛烈攻击。敌人慌了，赶快集中几个炮群拼命还击。炮弹在阵地爆炸，震得工事上的泥土、石块沙沙地掉了下来，电话线被炸断了。阵地的电话员都焦急地望着排长，要求去查线。这时电话铃突然响了！"喂！九连你们狠狠地打，目标……"九连的炮又猛烈地向敌炮阵地发射，把敌人的炮火压下去了。原来是金耳世冒着敌人密集的炮火接通了电话线。

10月19日，美军妄图把上甘岭一口吞下，疯狂地向上甘岭进攻。金耳世和战友李昌友在查线组等待着新的战斗任务。团指挥部向九连发出了"准备开炮"的命令。突然，送话器传不出声音，听话器也听不到一点声音。排长焦急地说："电话线又被炸断了！"金耳世马上站在连长面前："我去！美国强盗，我们的电话线是炸不断的。"他随手拿起单机和铁钳，带着李昌友跑出坑道。金耳世找到了断线，一看电话线缺了一大截，赶紧从衣袋里把平时收藏的电线接起来，接好第一个线头，在继续向前查线时听到一阵短促而刺耳的呼啸声，敌人又打过来一阵排炮，金耳世的耳朵被震得嗡嗡直响，巨大的气浪把他掀倒在地。他定了一下神，连忙把手中的断线接好，想继续向前跑去，但他用尽力气也站不起来，他看到自己左腿膝盖处已炸断了，鲜血直往外流。他感到剧烈的疼痛，向左一看，发现战友李昌友倒在血泊中牺牲了。金耳世左腿膝盖处被炸断，与大腿之间只剩一根筋连着，鲜血染红了身下的土地。为保证战斗的胜利，金耳世忍住剧痛，咬紧牙关，将炸断的脚捆在大腿下，两手匍匐爬行了20多米，将最后一个断线接通，使指挥部命令传达到连队,及时准确地打击敌人。当战友找到因失血过多已经生命垂危的金耳世时,他说的最后一句话是:"……刚才……接的……线……都……通了……吗?……"金耳世壮烈牺牲后,中国人民志愿军领导机关授予其"特等功臣"称号,并将他安葬在沈阳市北郊抗美援朝烈士陵园。在董必武题词的纪念碑两侧的松林中,安葬着全国著名的特级战斗英雄黄继光、杨根思、一级战斗英雄邱少云、杨连第等 122 位志愿军烈士,金耳世烈士排在第25 位。

周阿大(1924 年 7 月—1952 年 10 月)

平湖县新埭镇(今平湖市新埭镇)人。1949 年 10 月参加革命,后随部队赴朝作战。1952 年 10 月牺牲于朝鲜上甘岭。

倪友根(1923 年—1953 年)

平湖县共建乡(今平湖市独山港镇)人。1946 年 4 月参加革命,后随部队赴朝作战。1953 年在朝鲜战场上失踪,后被追认为烈士,时为中国人民志愿军第四十军一二○师三五九团四连战士。

朱建生(1924 年—1953 年 6 月)

平湖县新庙乡(今平湖市新仓镇)人。1948 年 10 月参加革命,荣立一等功 1 次,小功 1 次。1953 年 6 月牺牲于朝鲜,时为中国人民志愿军第五十四军一三五师四○五团四连战士。

朱咬生(1927 年—1953 年 7 月)

平湖县新庙乡(今平湖市新仓镇)人。父母以种地为生,朱咬生 8 岁开始上学,学习十分勤奋。1937 年因生活所迫而失学,15 岁时开始跟父亲打短工。1947 年 2 月结婚,次年春被国民党政府抓壮丁,被迫在国民党部队服役。

1948 年 9 月,朱咬生在东北战场被解放,他随后参加中国人民解放军,在第四十五军四○四团一连任战士,后任班长。在部队举行的忆苦思甜活动中,朱咬生不断提高自己的政治觉悟,认识到只有消灭国民党反动派,解放全中国,父母妻儿才能过幸福的日子。他思想进步,工作积极,不久就加入中国共产党。1949年5月,朱咬生随部队渡过长江,向中南进军,歼灭了白崇禧部,解放了湘南、湘西地区。战斗中,他不怕牺牲,受到部队嘉奖。1951年8月10日,中国人民解放军第四十五军司令部政治部给其父寄来的嘉奖令称:"……朱咬生同志自参加我军以来,一贯努力为人民服务,获得嘉许。尤以最近在平时工作当中,英勇积极,经评定立两次大功。"之后,朱咬生随部队赴朝作战,任中国人民志愿军第五十四军一三五师四〇四团一营一连副排长。在朝鲜战场上,他目睹了美国侵略军及其仆从军血腥屠杀朝鲜人民的暴行,决心为朝鲜人民报仇。他满怀着对美国侵略军的无比愤慨,勇敢杀敌,又荣立1次大功,4次小功。

1953年,美帝国主义屡次在谈判桌上破坏停战谈判,并在5月初向金城等地的志愿军阵地进犯。志愿军为了打击敌人的嚣张气焰,密切配合停战谈判,狠狠打击敌军,发起了金城战役。7月19日,朱咬生在金城战役中光荣牺牲,时年26岁。

陆阿文(1912年—1953年7月)

平湖县徐埭镇(今平湖市徐埭镇)人。1948年10月参加革命,后随部队赴朝作战。1953年7月牺牲于朝鲜金城,时为中国人民志愿军第五十四军一三五师教导队炊事员。

孙云奎(1933年—1954年4月)

平湖县黄山乡(今平湖市乍浦镇黄山村)人。1951年4月入伍。1954年4月在舟山牺牲,时为中国人民解放军华东海军某部战士。

范林胜(1933年—1954年5月)

平湖县广陈镇(今平湖市广陈镇)人。1951年4月参加革命。1954年5月牺牲于定海海面,时为中国人民解放军1002部队1557支队通讯员。

朱富龙(1923 年 7 月—1954 年 5 月)

平湖县全塘乡(今平湖市全塘镇)人。出生在一户贫苦的农民家庭,排行老三,其父以做长工为生,其哥惨死在日寇的屠刀之下。他未成年即为其父分担家庭重负,尝遍了人间辛酸,受尽了旧社会的摧残剥削。1948 年被国民党乡公所强拉壮丁,备受折磨,后来由家人借钱求人将其保出,但已经骨瘦如柴,还染上了疥疮,殃及全家,直到1949 年平湖解放才得以脱离苦海。

1950 年,全国掀起"抗美援朝、保家卫国"的热潮,朱富龙早年立下志愿,一定要参加中国人民解放军,这一年他如愿以偿,光荣入伍。虽然遭到

朱富龙

家中亲友的劝阻,但他仍一腔热血,一心只想报效祖国。参军后的朱富龙因其身材魁伟强壮,加上一身好水性,被选送至华东军区第三野战军东海舰队1002 部队 1551 支队服役,成了一名中国人民解放军海军战士。在部队,他思想进步、积极工作,努力学习军事、文化知识,很快掌握了各种军事技能,还因文化学习与勤务工作出色而荣立三等功 1 次。

1954 年年初,国民党残余势力不断对沿海渔场进行袭击侵扰。5 月 15日,华东军区海军接到命令后,出动 36 艘登陆舰、炮舰、护卫舰与国民党残余势力激战 3 天。接到命令时,朱富龙并未在参战单中,恰巧一位战友的家属探亲,他为了照顾情况特殊的战友而主动请缨。经过 3 天激战后,朱富龙所在的"瑞金舰"和"兴国舰"由田岙去石浦补充弹药。5 月 18 日 6 时 43 分,两舰返航抵达草鞋屿近海区,遭到 4 架敌机偷袭,我炮舰奋起还击,"瑞金舰"多次被击中。这时,身为炮手的朱富龙虽多处负伤,仍咬紧牙关把一颗颗复仇的炮弹射向敌机。"瑞金舰"在慢慢下沉,可全舰指战员仍坚守战斗岗位,同仇敌忾,英勇战斗,直至战舰沉没。这时,战斗还未结束,在上有敌机轰炸、扫射,下是惊涛骇浪的情况下,朱富龙自信水性好、有体力,为让战友获得生还的机会,毅然将救生圈让给了战友,经过一阵拼搏,终因身已负伤、体力耗尽而不幸牺牲。

朱富龙入伍 4 年,从未回转家门一次,在他的劝慰下,家属也没去过部队一次。朱富龙生前所在部队的首长在给他家属的信中说:"海军战士

朱富龙,在保卫祖国、打击美帝国主义所指使的蒋匪残敌的海战中壮烈牺牲了。为了祖国美好的社会主义,为了祖国每个母亲和孩子的幸福,献出了人生最宝贵的生命!……他是我们很好的一个同志,是人民的好男儿。他曾忠实地保卫祖国,直到献出生命,堪称为祖国最可爱的人,毛泽东的好战士。"

1954年6月4日,华东军区第三野战军司令部、政治部签署批准朱富龙为革命烈士。

徐东林(1928年[①]—1959年7月)

原名徐志坚,平湖县城关镇(今平湖市当湖街道)人。出生于一个小商人家庭。1937年平湖沦陷,徐家开设的小店遭日寇烧毁,从此一贫如洗。徐东林8岁时,父亲因积劳成疾而病故,徐东林和姐姐靠母亲摆香烟摊维持生活。1944年小学毕业后,徐东林到鹉湖补习学社学习,在目睹了日寇的滔天罪行后,他对日寇恨之入骨,在校内拒绝上日语课。第二年,因家中实在无力供其读书而被迫辍学,在家帮母亲摆摊。后来经人介绍到瑞丰德记水果行当职工。

徐东林

1951年,徐东林考入浙江省公安干部学校,后随省公安厅工作队去玉环工作。1952年被分配在温州市公安局市中派出所当民警。他在负责鼓楼、钟楼等3个居委会的工作中,着眼于提高居委会干部的政治、业务素质,规定每周三上午组织他们学习,还亲自上辅导课并听取汇报,研究工作。这3个居委会社会治安好,并在他的指导下成为全区的先进单位。他密切联系群众,热心为居民排忧解难,坚持实事求是,秉公执法,破获多起大案要案,还数年如一日地坚持学习,生活简朴,深受群众好评。在"肃反"中,徐东林亲自周密调查,认真分析研究,终于在群众的协助下,在康宁巷一户人家的暗室里将隐藏达5年之久、血债累累的汉奸王永山捕获。同时,他在待业登记工作中,依靠群众查出一名

---

① 中共平湖县委党史资料征集研究委员会编《平湖英烈》(浙江大学出版社,1991年,第138页)中,徐东林的出生时间为"1929年5月"。

残余反革命分子。

1956 年 4 月,徐东林被调到温州市公安局预审科工作。他在预审流氓吕某一案中,通过追查线索,又发现新的大小线索 18 条,从中查获了 3 名犯罪分子。他还敢于攻破难案,如盗窃犯叶某一直避重就轻,拒不坦白,徐东林多方侦查、取证,并向罪犯及其家属做耐心细致的思想教育工作,叶某在政策感化下,终于缴出了黄金等赃物。1958 年,徐东林预审一名女盗窃案犯时,该犯供述某派出所民警谢某在审讯她时,曾对其进行强奸。徐东林为了维护国法,立即向公安局做了汇报。他根据领导的指示深入侦查核实,谢某在事实面前只得认罪,并受到了法律的严正制裁,从而维护了公安机关执法如山的尊严。

徐东林数年如一日地坚持学习,到 1958 年已完成高中课程。他平时爱好评弹和写作,《温州日报》《情况通讯》《火花》等报刊曾多次发表他的作品。1959 年 1 月,他和王帼英结婚,结婚时只添购了一只皮箱。当妻子怀孕 5 个月时,徐东林只给未出生的儿子买了一条花绒抱被。

1959 年 7 月 16 日,徐东林和公安中队战士陈岩云带领一名在押犯人从永嘉县岩头区搜剿罪证返回温州市途中遇到台风袭击。他们顶风冒雨赶路,在经过楠溪江时被大风刮到江中,被滚滚的江水吞噬,徐东林不幸牺牲。1959 年 7 月,中央人民政府批准徐东林为烈士。温州市公安局召开追悼大会,号召全体公安干警学习徐东林烈士热爱党、热爱人民、秉公执法、廉洁奉公、一生忠诚于公安事业的革命精神。

陆华琦(1941 年 11 月—1966 年 8 月)

平湖县新庙乡(今平湖市新仓镇)人。中国共产主义青年团团员。1964 年 1 月入伍,为中国人民解放军 6383 部队战士。1966 年 8 月牺牲于嵊泗县嵊山岛。

钟　铃(1921 年 2 月—1970 年 7 月)

　　女,原名龚怀瑾,平湖县林埭乡(今平湖市林埭镇)人。出生在一个封建地主家庭。钟玲 8 岁入林埭小学读书,后为躲避匪患被寄养在外婆家。她先后在当湖小学、梯云小学就读,在学校里勤奋学习,喜作文,爱唱歌,也会弹风琴。她平时没有"名门闺秀"的傲气与娇气,不欺弱小也不畏强暴,同学们都和她合得来。

钟　铃

　　1937 年 11 月 5 日,日军在平湖全公亭一带登陆,大肆烧杀抢掠,钟铃被迫中断求学之路。1939 年,母亲病逝,弟弟夭折,妹妹出走,父亲沉迷于抽大烟,无奈之下的钟铃选择冲破封建束缚,开始谋求自食其力的生活。1939 年秋,她到大哥当校长的林埭小学任教。

　　1940 年年初,在抗日民族统一战线的影响下,浙江省战时政治工作队第三大队第五中队(简称"三五队")来到平湖开展抗日救亡工作,钟铃与政工队中的共产党员严昔茵交好,在其帮助下,钟铃思想觉悟提高很快,并向党组织提出要求参加革命的意愿。1940 年 5 月,中国共产党浙西特别委员会根据抗日战争的需要,在"三五队"的基础上建立中共海北地区工作委员会,并发动群众开展"拒缴汉奸顺民地租、移作抗建经费"运动,钟铃踊跃参加,气得父亲在家中大骂她是"吃里扒外"的不肖子孙。1940 年 7 月,钟铃光荣地加入了中国共产党。入党后的她,工作更加积极认真,不久就被调入国民党平湖县战时政治工作队,负责妇女、儿童工作。是年 9 月底,中共海北妇女会在黄姑运港召开全县妇女代表大会,成立了平湖县妇女会,钟铃参加了此次大会。她还参加了"青年阻破突击队",与男青年一起冒着生命危险去破坏日军的交通公路和电讯线路。在斗争中,钟铃不断成长。11 月底,由于中共海北工委负责人于以定被捕,一批党员骨干暴露,不得不迅速撤离海北。钟铃与妹妹考虑到党组织经费困难,转移的盘缠不够,便商议将各自的陪嫁首饰都交给组织,充当撤离人员的路费。12 月上旬,钟铃来到江苏省如皋县掘港镇新四军阵地,被分配到苏中第四区游击指挥部政治部保卫科工作。

1941 年春,钟铃被调往丰里区搞宣传工作。她总是能够与群众打成一片,以自己乐观、活泼、热情的态度感染身边的人,鼓舞群众的抗日热情,还动员群众参军参战。1942 年 10 月,钟铃被组织送往专署财经处会计训练班培训,结业后被分配到丰里区公所当会计。1943 年春,苏中解放区实行"精兵简政",钟铃返回平湖,因一时无法与组织接上联系而在平湖乡下辗转活动。其间,她一边主动联系同样与组织失去联系的青年一起学习,还利用敌人矛盾迫使国民党当局逮捕了鱼肉百姓的伪乡长沈民健,打击了日伪反动派的嚣张气焰。是年夏,伪省教育厅在嘉兴地区举办"小教暑期讲习会",钟玲组织进步教师在"讲习会"上据理驳斥政治教官吹捧帝国主义、灌输反动思想的言论,揭露了日伪的反动阴谋,团结教育了青年教师。10 月,为了寻找党组织,钟铃从乍浦渡江过海去余姚,一番长途跋涉后终于在四明山找到了新四军,并被留在浙东新四军南山指挥部工作。第二年年底,钟铃因病回到平湖就医,当时为了革命工作,她隐避在乍浦乡下教书。

抗日战争胜利后,钟铃在海盐县的王庄桥小学,与丈夫朱士萍工作和生活在一起。1949 年春,为了安定民心、警告敌人,钟铃将油印的《告全县同胞书》《中国人民解放军入城布告》藏在孩子尿布里,抱着孩子步行数十里,并躲过敌人搜查,安全将其送到平湖城关,由城内党员进行张贴,平息了谣言,使群众做好了迎接人民解放军到来的准备。1949 年 5 月 11 日,平湖解放。6 月 1 日,平湖县人民政府成立,钟铃被派驻平湖县邮电局,成为政府代表。1950 年 8 月,钟铃调任嘉兴邮电局负责发行工作,后又调任新塍邮电支局局长。钟玲在工作中一贯兢兢业业,爱护培养青年,关心职工群众,乐意助人,为建设邮电事业倾心尽力。"文革"开始后,造反派将"假党员"等种种"莫须有"的罪名强加在她身上。1970 年 7 月,种种迫害导致钟铃癌症复发,不幸离世。

吴在发(1950 年—1972 年 1 月)

平湖县港中公社(今平湖市广陈镇)人。1971 年 1 月入伍。1972 年 1 月在江苏省苏州市进行国防施工时不幸牺牲,时为中国人民解放军 0783 部队战士。

倪庆生（1944 年—1972 年 6 月）

平湖县城关镇（今平湖市当湖街道）人。中国共产主义青年团团员。1964 年支边，为新疆军区建设兵团农六师第一煤矿职工。1972 年 6 月，山洪暴发，他不顾个人安危，冲在队伍前列，因塌方而不幸牺牲。

高士林（1952 年—1973 年 5 月）

平湖县乍浦镇（今平湖市乍浦镇）人。中国共产主义青年团团员。1973 年 1 月入伍。1973 年 5 月 9 日牺牲于武汉，时为中国人民解放军政治空军 3651 部队战士。

徐士恢（1930 年—1975 年 3 月）

平湖县城关镇（今平湖市当湖街道）人。1952 年浙江大学毕业，被分配至中央广播事业局技术部设计室，从事广播传输科技研究，历任科长、副主任等职。1956 年加入中国共产党。1957 年至 1961 年间，先后出国去越南、蒙古、苏丹、几内亚等参加广播工程建设。1974 年 12 月，率中央广播技术考察组赴赞比亚援建中波转播台。1975 年 2 月因公遭车祸，经全力抢救无效，于 3 月 17 日在卢萨卡中央医院逝世，卡翁达总统向毛泽东主席、周恩来总理以及徐士恢的家属表示深切哀悼。根据卡翁达总统的请求，其遗体安葬在赞比亚中国专家公墓。我国政府追认徐士恢为革命烈士，在京举行追悼大会，并在八宝山麓为他立雕塑像。

肖金根（1955 年 11 月—1977 年 12 月）

平湖县乍浦镇（今平湖市乍浦镇）人。1977 年 1 月参加革命。1977 年 4 月加入中国共产主义青年团。1977 年 12 月在黑龙江安达县（今绥化市安达市）执行战备任务时不幸牺牲，时为中国人民解放军 87162 部队战士。

曹顺根(1962 年 5 月—1985 年 1 月)

平湖县南桥乡(今平湖市新埭镇)人。1962年 5 月出生于一个普通的家庭。1979 年从新埭中学高中毕业,在校时是一名中国共产主义青年团团员。他品学兼优,为人忠厚,还担任班上的体育委员。高中毕业后拜师学习漆艺,很快就学得了一套好手艺,收入颇丰。

1982 年 1 月,一年一度的征兵终于来到了,保卫祖国的崇高责任感在曹顺根心中孕育成熟,他在为家挣钱和为国服役的天平上,毅然放弃赚钱的漆工手艺,选择为国服役。入伍后,进入陆军第四十一师(甲)三团八连,并在训练中获得了射

曹顺根

击、越障等五项全能的优异成绩,被提升为班长。部队调他到萧山农场种田,他毫无怨言,背起背包就走,把它看作第二战场。农场这地方是盐碱地,插秧时,他三只指头插出了血,手脚溃烂,战友们从未听到他叫一声苦! 同时,曹顺根还帮助其他战士劳动,不误农时地完成生产任务。中午,战友们休息,他不睡,在酷暑打猪草,常为食堂挑水、种菜……样样当作分内事,受到部队领导多次表扬和嘉奖。1983 年,他被评为"优秀义务兵"。1984 年,他被调到连队当给养员,其间被誉为"放心给养员"。1984 年 7 月,某部接到赴越参战的命令,但他所在的部队只动员少数兵员上前线,他明知道战争就意味着有牺牲的危险,却多次找领导,表决心,写血书:"头可断,血可流,祖国南疆不可丢!"迫切要求参战。某部把最好的干部、战士输送到参战部队,他被分配在参战某部八连当战士,在 4 个月的临战训练中又取得了优异成绩。同时,他不顾劳累,经常替战友们站岗放哨。1984 年 12 月 4 日,他忍着肚子痛依然坚持执勤,后昏厥在岗位上,不省人事,当他醒来的时候,已经卧躺在云南军区岘山 62 医院的病床上,因患急性阑尾炎动了手术。他身在病房,心却早已飞向了炮火纷飞的战场,病情刚刚好转,他就三番五次地找医院领导、医生要求出院,还常溜到岘山镇打听去前线的军车。领导见他要求上阵地的心情非常迫切,只好在他住院 15 天后让他提前出院。他带着病后虚弱的身体,搭上部队的便车,又步行 1 个多小时辗转来到炮火纷飞的第一线,与同志们战斗在一起,医院开的全休 7 天的证明默默藏下。领导和同

志们劝他下阵地休息,他怎么也不肯,而是坚持和战友们一起,担负起运送军需物资、抢救伤员的任务。他冒着生命危险,一人就往 1072 高地运送军需物资 20 多次,弹药 13 箱……接送伤员 20 多人。

1985 年 1 月 18 日,重雾如磐,越南政府一方面玩弄春节前停火的花招,另一方面加强策划、调兵遣将,妄图拿下我方阵地。曹顺根所在的某部接受了攻占 116 阵地无名 3 号高地的任务。战斗一打响,他和战友们在我军炮火的掩护下,秘密接近 3 号高地山脚,当我军炮火一转移,他和战友们就勇敢地冲向山顶。当曹顺根冲到山顶时,弹片炸伤他的左大腿,顿时血流如注,他踉跄了几下摔倒在阵地上,旁边的战友替他简单包扎后,叫他隐蔽起来,但他坚定地说:"不要管我,我还能战斗。"他背着一挎包手榴弹,以顽强的毅力一挪一挪,十分艰难地向前爬行着,身后却留下一行足有 10 米的鲜红血带。这时他发现左侧敌人的火力点正向战友们射击,他咬牙切齿,但身不由己。"一定要消灭这个火力点,为战友们开通路!"神圣的职责驱使着他,使他竭尽全力支撑着半个身体,又一次顽强地爬在石头上,拼命地投掷了两枚手榴弹。当他再次准备投掷时,一排罪恶的子弹射进了他的胸膛,他为保卫祖国的南疆,洒尽了最后一滴血,献出了年轻的生命。1985 年 7 月,曹顺根被追认为中共党员,记三等功 1 次。这位出生于 20 世纪 60 年代的热血青年,用鲜血和生命向党交出了一颗报国之心,实践了"洒热血保卫边疆,为中华奉献青春"的誓言。

王国华(1962 年 10 月—1985 年 3 月)

平湖县瓦山乡(今平湖市乍浦镇)人。1962 年 10 月 6 日,王国华出生在一户贫困的家庭,长辈们吃苦耐劳、忠厚纯朴的美德,在他的身上得到了继承。他家在沿海地区,曾经几次遭受浩劫,许多父老乡亲就惨死在侵略者的屠刀下。1979 年,王国华毕业于乍浦中学,凭他聪明的头脑、勤快的手脚,不愁没有致富门路,但这位风华正茂的热血青年有着更高的追求,毅然选择了报名参军。1982 年 1 月,他参加中国人民解放军,为陆军第四十一师(甲)二团二连战士。

在部队里搞训练时,他不怕苦、不怕累;学习军

王国华

事技术时,他刻苦钻研;日常生活中,他处处严格要求自己,各方面都进步很快。半年后,他被抽调到师教导队受训,经过 6 个月的标准化严格训练,他在政治素质和军事技术方面都有了明显的提高。在集训结业的 19 项军事技术考核中,他获得了 11 项优秀、8 项良好的优异成绩。从教导师回连队后,他就任副班长。在部队,他刻苦钻研军事技术,处处严格要求自己,进步很快。1983 年夏,在一次野外训练中,由于火热的太阳和剧烈的运动,他脸部长满了红斑,难受得像针刺一样。战友们劝他休息,他说"没关系",反而练得更来劲。

功夫不负有心人,当年王国华被推选为连队军事技术尖子,参加了全团军事技术"十佳"比赛,取得了优异成绩。1984 年 3 月的一天,王国华所在军事技术尖子班在野外为全团做了一次军事技术示范表演。当时天正下着毛毛细雨,担任主发射手的王国华身背 14 斤的火箭炮,要从泥泞的小道爬上险要的主峰。丛生的荆棘在王国华的身上划出了道道血痕,他都默默忍受着,不料他一脚踩空,滚落下来负了伤。训练结束后,连队首长要他休息 1 周,但第二天,当他得知部队要抢修一项工程时,他又顾不上伤痛,跑到工地上,拉板车搬石头、运沙子。

1984 年 7 月,王国华向党支部递交决心书,3 次要求赴越参战,被批准后毅然来到祖国边疆,到前线保家卫国,任某部二连一排通讯员。1985 年 3 月 8 日清晨 5 点多,在老山前线杂草丛生的 1 号无名高地潜伏了 5 个多小时的我军某部二连一排,接到偷袭 156 高地的任务,担任排长通讯员的王国华身背步话机,手握冲锋枪,紧随排长的左右。突然,从西北方向冒出敌人火力点,凶猛地向我方战士射击。子弹扫射在山岩上,溅起一片火星,阻碍了我军的前进。此刻,排长迅速派出两名工兵,前去歼灭,但尚未接近洞口,两名工兵就被子弹击中,牺牲在阵地上。排长随即又派出一名侦察兵,但由于敌军火力密集,侦察兵又负伤倒在阵地上。

此时此刻,地形对我军很不利,人员无法隐蔽,处境十分困难,情况非常危急,面对凶恶的敌人,王国华把生的希望让给别人,死的危险留给自己,主动请战。作为整个阵地"耳目"的王国华,排长是不忍让他离开的,但王国华再三请求,排长只有答应。只见王国华纵身一跃,跳出指挥所,巧妙地躲过了敌人的枪弹,机警地从侧面攀登而上。当越军听到响声,发现有人时,王国华已跃到洞口。他当机立断,将两枚手榴弹掷进洞内,以迅雷不及掩耳之势,打出一排子弹,消灭了顽抗的残敌,抓获一名被炸伤的越军中尉,缴获一部电台,到此,我军夺回了 156 高地。8 时许,越军为配合地面部队的反扑,猛烈炮击我 156 高地,穷凶极恶的越军步兵借着炮火,也疯狂地向我阵地反扑。炮弹反复砸入蔽日的战尘，仿佛整个高地都在颠簸、摇晃。

战斗在激烈地进行，战友在流血伤亡，王国华再次背上步话机，向排长请求上主峰，排长认为主峰危险，不让他去，他却坚持前往，话刚说完，他就冲出洞口。这时，一发罪恶的炮弹打来，王国华身上几处被弹片炸伤，鲜血直流，可他全然不顾，奋力爬上了主峰，观察敌情，及时报告，为我军指示了越军的炮位。很快地，我军就压制了敌人的炮火，打退了敌人的反扑，减少了战友的伤亡，保住了阵地。9时15分，排长正在工事内给王国华包扎伤口，越军的炮火又疯狂地向我阵地打来，敌人开始了又一次反扑，又有两名战友负了伤。见此情景，王国华毅然推开排长，说他了解情况，要再去观察。他迅速爬到洞口顶部观察，一发炮弹在距离王国华几米处爆炸，他被震倒在地，头部、右手、胸部严重负伤，他咬着牙，满身鲜血，艰难地爬起来，用三角巾包扎好伤口，紧靠在石头旁，以惊人的毅力继续观察，报告情况。紧接着，又一发炮弹打来，只听到王国华高喊："排长，目标……"排长问："目标在哪里？"他再也没能回答，卧倒在石头上，左手直指越军的炮兵阵地，光荣牺牲。王国华牺牲后，部队党委追认他为中共党员，并荣记二等功。

姜　洁（1964年8月—1985年9月）

女，平湖县城关镇（今平湖市当湖街道）人。1982年10月参加革命。1984年4月加入中国共产主义青年团。1985年9月19日牺牲于陕西省西安市，时为中国人民解放军空军第十一军航测团司令部战士。

李继文（1974年3月—2007年9月）

平湖市当湖街道人。1993年12月入伍，为中国共产党党员。生前系平湖市公安消防大队副政治教导员兼平湖中队政治指导员，武警上尉警衔。

1996年9月，李继文以优异的文化成绩和过硬的业务技能考入中国人民武装警察部队南京消防指挥学校。警校毕业后，被分配到平湖担任消防中队排长，从一个消防兵成长为一名消防干部。入伍14年，他先后参加灭火救援战斗5000余次，

李继文

李继文在灭火战斗中

抢救遇险群众 280 余人,被誉为"红门拼命三郎"。2000 年被嘉兴消防支队评为优秀共产党员,2002 年 7 月被浙江省武警消防总队评为 2002 年度优秀共产党员,还被评为海盐县 2003 年度校外优秀德育工作者。

2007 年 9 月 13 日凌晨 3 点 18 分,平湖市林埭镇徐家埭集镇的喜福门木门厂发生火灾。接到报警后,李继文和战友们一道火速赶赴现场。3 点 30 分,平湖消防大队到达火场,此时,着火的厂房屋顶已经被大火烧穿,火焰不断向空中翻滚,火势正处于猛烈阶段。经过火情侦查,指挥员李继文确认厂房电源被切断后,立即做出战斗部署。

为加快火灾扑灭速度,阻止火势进一步向相邻厂房蔓延,从而造成更大损失,李继文带领战友们一

共青团浙江省委、浙江省青年联合会追授李继文"浙江青年五四奖章"

起紧握水枪不断向火场推进,对位于火场东北侧正在燃烧的木料堆垛实施正面扑救。此时浓烟和水雾弥漫整个火场,能见度极低。正当消防队员潘志毅和战友们全神贯注地用水枪奋勇灭火时,一根火花四溅的电线向他们迎面袭来。为了不让正在射水的战士受到电线击打,在旁指挥作战的李继文冲了上去,推开水枪手,自己却不幸被强大的电流击中倒地。后虽经全力抢救,但因伤势过重,李继文献出了宝贵的生命。

李继文牺牲后,被共青团浙江省委、浙江省青年联合会追授"浙江青年五四奖章",被公安部追授为"中国人民解放军二级英模",还被评为"浙江骄傲——2007年度最具影响力人物"。李继文烈士现安葬在嘉兴革命烈士陵园内。

陆　英(1921年8月—1949年10月)

原名朱陆英,崇德县洲泉镇(今桐乡市洲泉镇)人。1949年7月底,经当地党组织介绍,陆英报名参加中共崇德县委举办的第一期训练班,8月1日正式入学。训练班结束后,他被分配到崇德县财粮科城关税务组负责城关、留良两个区的税政工作。1949年秋的崇德地区匪特猖獗,流窜在留良区梵山乡一带的匪特到处奸淫掳掠,杀人放火,敲诈勒索,无恶不作。面对如此险恶的环境,陆英不仅没有退却,还加倍努力地工作。他明知留良一带匪患严重,仍要求负责该地区税收。

陆　英

1949年10月1日是中华人民共和国诞生的日子,崇德县人民政府大门口搭起了大型彩牌楼,高高的彩牌楼顶上悬挂着毛主席的彩色画像,面前插着一面鲜艳的五星红旗。彩牌楼四周用细铅丝扎满青翠的柏枝和大红、粉红、橙黄色各式彩花。县政府前安排有哨兵站岗,墙上书写着"庆祝中华人民共和国诞生"的红色大字,门前两边上插着红、黄、蓝、绿等无数彩旗。崇福镇上锣鼓喧天,欢歌高唱,一派喜庆的场面。

清晨,崇德县财粮科城关税务组的陆英和蒋云武两位税务干部按照上级布置的任务到留良区梵山乡高桥镇征收营业牌照税。吃好早饭后,陆英和蒋云武马上背起草绿色背包和行军水壶,急匆匆出发到留良区去收税。

收完税后,两人在高桥油坊吃中饭。当时,有人暗示他们高桥镇上有土匪,要他们小心。与此同时,这里的土匪正在策划一场抢劫。该匪部第二中队的一个小头目陈南山在高桥侦悉陆英、蒋云武的行踪后,便报告匪首吴廷春。吴廷春即派 3 名匪徒,又调第一中队张关荣部的 3 名匪徒,由陈南山带领,到环桥头埋伏。

下午,陆英、蒋云武两人从高桥返回,途经环桥头时,遭到陈南山等 7 名土匪的拦截。这伙人大多身穿当地农民服装,其中有一人拿着手枪,身上穿的是国民党匪军的破旧衣裳。陆英和蒋云武见状,知道是遇到了土匪,便大声斥问:"你们要做啥?"那个身穿国民党军服的家伙说:"我们是国军,你们是什么人?"一挥手,几个土匪饿狼似的扑上来,将陆英和蒋云武按倒在地上,用绳子将他们捆绑起来。土匪从陆英和蒋云武身上搜出了印有"崇德县人民政府"字样的笔记本,发现笔记本上记有收取税款的记录,同时还搜出了税款 50 多万元。土匪将他们拉到离环桥头一里多路的庄里(演教寺旁),吊在一株桃树上拷打,并由"少校指导员"杨子龙审问。这时,陆英大声说:"你们这些土匪听着,今天中华人民共和国成立了,你们已经完蛋了,赶快投降,向人民政府自首。"身穿国民党匪军服的家伙冷笑着问道:"嘿嘿,你们是共产党收税的,那财粮科长叫什么名字? 家住那里?"陆英和蒋云武两位干部谁也不说。过了一会儿,那个匪兵又问:"你们县政府的头头是谁? 住在哪里?"还是无人回答。有几个土匪用步枪枪柄猛打两位税收干部,陆英和蒋云武虽被打得鲜血直流,却仍在大骂土匪。4 时许,土匪恼羞成怒,把陆、蒋两人拖到一个干枯墩里,挖了一个大坑,再用铁耙砸打他们,并惨无人道地将他们推入坑内活埋。

陆英牺牲后,崇德县人民政府于 10 月 28 日在留良区政府驻地扶驾桥为他们举行了数万人参加的追悼大会。中共崇德县委民运长李永才、中共留良区委副书记王立吉、留良区区长赵可增等人出席了追悼大会。会后公审了反革命匪特张厚方,判处其死刑,立即执行,以祭烈士之忠魂。残害陆英、蒋云武两烈士的陈南山、杨子龙、吴廷春等这些土匪也终究逃脱不了灭亡的命运。不久后,人民解放军剿匪时,盘踞在那里的土匪全都落入了法网,受到了严厉的惩处。

沈林坤(1931年—1949年10月)

　　崇德县(今桐乡市崇福镇)人,世代务农。他是家中长子,有一个姐姐、一个弟弟和一个妹妹。他从小与弟弟沈雪庆一起,跟着父母在家务农,由于小时候生过天花,留下一脸麻点,当地人都叫他"麻子林坤"。父母亡故后,兄弟俩相依为命,其时姐姐已出嫁,妹妹从小送给了人家做童养媳。

沈林坤

　　1948年后,国民党节节败退,因兵源不足而大量抽壮丁,18岁的沈林坤被抽壮丁而加入国民党部队,到长江江阴要塞部队当兵。江阴要塞是江阴县长江边的一个乡镇,境内有一座山,当地人叫黄山,山上筑有炮台,山腰有堑壕,山脚有地堡群,是要塞重要的军事设施。沈林坤分配在黄山炮台当炮兵。

　　1949年4月20日晚,中国人民解放军按照中央军委命令,发起了渡江战役。在军队内部中共地下党员唐秉琳的领导下,1949年4月21日夜,江阴要塞国民党军队7000余人发动了反蒋反国民党的战场起义。江阴要塞起义后,编入第三野战军序列的部队,调转封锁长江的炮火,打向了长江南岸国民党军队第二十一军阵地,在江阴一带撕开了国民党军长江下游防线的缺口。随后,中国人民解放军三野第十兵团渡江部队在江阴一带顺利横渡长江,抢占滩头登陆成功,切断了铁路京沪线,取得了渡江战役的重大突破。沈林坤成为一名光荣的中国人民解放军战士,编为第三野战军十兵团二十九军八十七师三五九团机炮连战士。他吃苦耐劳,忠厚老实,打仗勇敢,短短半年时间里,随部队参加了解放上海、杭州的战斗,并随军南下,在解放浙江南部和福建省的几十次战斗中,总是冲锋在前。

　　1949年10月,三野十兵团发起攻打福建大嶝岛战役,这是新中国战争史上第一次渡海战役,其目标是攻下金门岛外围国民党军队据点,为主力部队最后夺取厦门、金门创造条件,进攻时间为10月9日傍晚。

　　10月9日清晨,大嶝岛附近细雨蒙蒙,傍晚大嶝岛上空笼罩着一片浓浓的云雾。19点30分,海水退潮。团长曹国平下达战斗命令,第一梯队两个营奔向海滩,冲向大嶝岛。战士将枪支弹药高高举起,防止进水,在泥泞的海滩上艰难行进。沈林坤所在的机炮连是部队的重火力,推拉着用木板木棍扎成的十多个木排,上面装有重机枪、迫击炮和大批子弹炮弹,在齐膝深的海滩上艰难前进,渐渐地进入了深水港汊。大嶝岛上的敌人发现了涉水进攻的解放军,一时间,地堡工事里的轻重火力像雨点一样射来,妄图阻止解放军的进攻。二营左翼部队在团长曹国平、政委李峰的率领下,在路口一举抢滩登陆。沈林坤所在机炮连是右翼部队。岛上守敌发疯一样集中火力阻止解放军抢滩,一营副营长王志英、连长张继松先后中弹牺牲。机炮连战士推着厚重的木排,冒着敌人的枪弹,在海滩和齐腰深的海湾中奋勇向前,由于行进速度慢、目标大,机炮连战士成为守敌的主攻目标。沈林坤和十几名战友走在木排最前端,用绳子拉着木排,山脚地堡守敌看清是重火力武器,顿时机枪子弹像雨点一样射向木排,沈林坤身中 18 弹,壮烈牺牲。

沈林坤牺牲时才 18 岁,尚未结婚成家,无子女。1949 年 12 月 23 日,三野十兵团司令部、政治部为沈林坤烈士家属颁发了"革命烈属证"。中共崇德县委、灵安区委敲锣打鼓将"革命烈属证"送到周家石桥沈林坤烈士老家,交给了沈林坤的姐姐和弟弟。

张鸣皋[①](1927 年 11 月—1950 年 9 月)

桐乡县梧桐镇(今桐乡市梧桐街道)人。1950年参加中国人民解放军。1950 年 9 月 14 日,牺牲于福建省白叶岭剿匪战斗中。

张鸣皋

---

① 浙江省民政厅编《碧血丹心——浙江烈士英名录(嘉兴 绍兴卷)》(浙江人民出版社,2014 年,第 45 页)登记为"张鸣皋"。

沈坤生(1922 年—1950 年 11 月)

桐乡县民兴乡(今桐乡市乌镇镇)人。1949年1月入伍。1950 年 11 月,牺牲于广西壮族自治区上林县(今南亭市上林县)剿匪战斗中,时为中国人民解放军第四野战军一三三师三九八团三营七连副班长。

沈坤生

沈新民(1929 年—1951 年 4 月)

桐乡县濮院镇(今桐乡市濮院镇)人,是家中二房的长子。祖父、父辈经营的家传百年老店"沈大茂"茶叶店那时已经败落,难以在风云变幻的动荡乱世中存续下去。沈新民的出生虽然给家里带来了欢乐,但也代表此后的生活将更加困难艰辛,所以在给孩子按家中"之"字辈取名"沈之墉"后,父母又为他取了个乳名,叫"辛民"。辛民 8 岁时,父母送他到镇上的观前小学上学。10 岁那年,父亲病故。虽然家里生活更加艰难,但深明大义的沈妈妈还是坚持让孩子完成最基础的初等教育。1943 年夏,辛民刚刚从观前小学毕业,年迈的祖

沈新民

父就托朋友,把辛民介绍到上海杨树浦路的一家水产店去学生意。在上海的这些日子里,辛民第一次接感受到旧中国经受着半殖民地半封建的双重压迫,并看到上海工人阶级队伍的成长壮大和新民主主义革命的影响,因此,他把自己的乳名"辛民"改成"新民"。新民平时住在店里,除了与也在上海学生意的堂兄沈之堂来往外,空余时就阅读一些进步刊物,还喜欢在纸上写几个美术字、画几幅画。

1945 年抗日战争胜利,他用毛笔写了"万众欢腾,庆祝胜利"的大字,贴在房间里。水产店里面有不少蓄着水的池盆,且地面阴暗潮湿,卫生条件不好,沈新民不幸被有毒的蚊虫叮咬,传染上了严重的疟疾,紧接着水产店因经营不善而倒闭,于是沈新民在 1948 年拖着疲惫的病体回到了家乡濮院镇。治疗养病数月后,沈新民又经邻居介绍,到濮院东河头的一家碾米厂做零工。随着国民党军队的节节败退,濮院镇在 1949 年 5 月迎来了解放,穷苦大众从此翻身做了主人。中华人民共和国诞生后,沈新民对美好的生活充满了向往,特别是驻守在镇区的许多年龄跟自己相仿的和蔼可亲的解放军,使沈新民无比羡慕。工作之余,沈新民就去部队驻防处,利用自己会写美术字和画画的特长,帮助部队写标语,做宣传工作,心中很希望能成为他们队伍中的一员。1950 年 2 月 11 日,得知解放军就要离开濮院,镇上驻军将向北转移,沈新民再也忍不住隐藏在心中的想当兵的强烈愿望,情急之下连自己的生活用品也来不及带上,就跟着部队上路了。谁能想到,这一分别,他再也没能回来,最终与家人阴阳两隔。

1950 年 10 月初,中央人民政府和中央军委做出了"抗美援朝、保家卫国"的决策。1950 年 10 月 19 日,在中国人民志愿军司令员兼政委彭德怀的率领下,中国人民志愿军跨过鸭绿江,开赴朝鲜,于当月 25 日拉开了援朝战争的序幕。11 月 1 日,沈新民所属部队奉命开始从山东地区进军到东北临江并进入朝鲜境内,刚入朝的第九兵团 3 个军部署在东、中线,其余 6 个军部署在西线。沈新民所属部队改编成为中国人民志愿军第二十七军后勤汽车队,作战的东部地带则是朝鲜最苦寒的山区,自然条件极其恶劣,许多来自华东地区的南方战士因棉衣单薄而被冻伤,战士们在冰天雪地的战壕里,常常是吃一把冰雪啃一口硬馒头,坚守着阵地。前方战士的物资紧缺,让沈新民深深感到自己作为一名后勤战士所肩负的重任。从 1950 年 10 月 25 日至 1951 年 6 月 10 日,是抗美援朝战争的第一阶段。在这个阶段连续进行了 5 次战略性战役。战争采取以运动战为主,兼与阵地战、游击战相结合的方针。沈新民赴朝时,第一次战役刚结束,第二次战役已经展开。这次战役中志愿军与朝鲜人民军将以美国为首的"联合国军"、韩国军诱至预设战场后,对其突发反击。沈新民与战友都是第一次上战场,当年冬季降临得早,11 月 27 日东线战区普降大雪,积雪超过人膝盖,气温已达零下 30 多摄氏度。沈新民与战友们想的只是前方战士正在浴血奋战,最迫切的就是军需物资的及时提供。没等天气转好,运输车队就迎着漫天风雪向目的地出发。在运输途中,还不时要停下车走出驾驶室,与战友一起清除掉山路凹处,以及近半人高的积雪,沈新民和战友们终于胜利完成了领导分配的第一次任务。接下来又连续运送物资弹药,为前线的需求做好充分的保障。由于物资运输路线长,加上美军的"空中封锁",车队在运输途中困难重重。为减少与敌机的遭遇,沈新民与战友们的车队选择的出发时间大部分是晚上,但还是多次遭到敌机沿路追击轰炸,到 12 月 24 日第二次战役结束,整个后勤运输车队中,有近 40 辆装满物资的汽车在前往东部战线的路上,被美军飞机扔下的燃烧弹炸毁。

第二次战役扭转了朝鲜战局,"联合国军"放弃了平壤、元山等,退至"三八线"以南。胜利的喜悦让沈新民看到了美好的前景。一周后,第三次战役打响,志愿军在朝鲜人民军的协同下,对"联合国军"发起全线进攻,一鼓作气将"联合国军"从"三八线"击退至北纬 37 度线附近,并在占领汉城(今韩国首尔)后,于 1951 年 1 月 8 日停止了战役追击。

中国人民志愿军司令员彭德怀曾多次说过:"抗美援朝的胜利,百分之六十至百分之七十应归功于后勤。"在取得 3 次战役的重大胜利后,志愿军一线部队由于连续作战已相当疲劳,因此指挥部命令一线的主力部队进行休整,准备再进攻。但以美国为首的"联合国军",很快发现了志愿军一线兵力不足、补给非常困难的情况,在 1951 年 1 月 25 日迅速恢复了攻势。志愿军部队马上由休整转入防御,与朝鲜人民军一起,展开了惨烈的第四次战役,除留下一部分兵力在西线顽强抵抗外,集中了 6 个军在东部战线猛烈进行反击,但还是未能打破"联合国军"的主攻方向。沈新民与运输车队冒着炮火,不断穿越在东部咸镜北道的各战斗阵地之间,夜以继日地为前线输送着军需物资。

1951 年 4 中旬,战争已到了关键时刻,胜利的曙光即将来临。战场上,沈新民已习惯于驾驶着车辆,与战友们穿梭在炮火连天、轰炸不断的运输途中。因没有在战场上直接面向敌人作战,他认为根本不存在什么危险,并乐观地把它称为"后方",只希望"努力工作"来为前线服务。这天,沈新民接到的命令是与战友们一起运送一批武器弹药到横城地区附近的阵地上,装载满满的车辆像平时一样准时出发。虽然已是阳春四月,积雪也已融化,但阴冷的天气仍寒气逼人。一路上没听到一声鸟鸣,除了汽车轮子在崎岖不平的山路上发出阵阵刺耳的摩擦声外,非常安静。沈新民驾驶的车辆跑在车队前段,已经行驶到定平县五老里的地界,再过一小时就能安全到达目的地了。就在这时,前方灰蒙蒙的天空中出现了一排黑点。不好,是敌机来了!沈新民迅速环顾一下四周,边上的斜坡光秃秃的,连一棵小树都没有,更不用说其他隐蔽物了。他与前面的车辆立刻加速前冲,拉开与后面车辆的距离,又迅速拉开车与车间的距离,分散敌机对整个车队的袭击。敌机高速向车队俯冲下来,瞬间在前面车辆上空扔下了大量的炸弹。猛烈的爆炸声响起,穿天的火焰把沈新民驾驶的车辆及其他部分汽车连同土坡炸为平地,英雄的血肉之躯顷刻与朝鲜的河山融为一体……

两年后,濮院镇在热烈庆祝抗美援朝的伟大胜利时,从朝鲜战场凯旋的志愿军战士也陆续复员归来。沈妈妈天天盼望离家已 3 年多的大儿能早日回家,但一直不见儿子归来的踪迹,又打听不到任何信息。朴实的沈妈妈想:可能儿子还有好多事情要处理完毕才能回家乡吧。就这样,年复一年,沈妈妈心里越来越着急。1956 年的一天,原桐乡乌镇派出所干部、沈新民的生前战友邓炳乾来濮院镇政府办事,当看到沈新民的革命烈士证书放在文书的台板下时,不由惊叫起来:"这是我的战友啊!这些证书怎么还没送到他的家里?"原来濮院镇政府只知镇上有位叫沈之塘的志愿军战士,却没想到沈之塘早已改名为沈新民。濮院镇委书记、镇长等领导得知情况后,立即动身前往沈家,把那份 1955 年由毛泽东主席签发的中华人民共和国中央人民政府革命牺牲军人家属光荣纪念证、中国人民解放军华东军区暨第三野战军司令部政治部颁发的革命军人牺牲证明书和 180 元的烈士抚恤金,送交到了沈妈妈手中,烈士英魂终于回归到了故乡濮院镇。

谢永明(1917 年—1951 年 7 月)

桐乡县炉头镇(今桐乡市龙翔街道)人。1949 年参加中国人民解放军。1951 年赴朝参战。1951 年 7 月 23 日牺牲于朝鲜,时为中国人民志愿军第二十军六十师炮团副班长。

张正毫(1920 年—1951 年 10 月)

桐乡县炉头镇(今桐乡市龙翔街道)人。1949
年 7 月参加中国人民解放军,抗美援朝战争开始
后赴朝参战。1951 年 10 月 18 日,牺牲于朝鲜西
方山战斗中,时为中国人民志愿军第二十六军七
十八师二三三团七连班长。

张正毫

张正毫用过的木盒

李根生(1931 年 6 月—1951 年 10 月)

桐乡县屠甸乡(今桐乡市屠甸镇)人。1948
年 2 月参加革命,曾先后参加辽沈战役、平津战
役。1948 年 12 月加入中国共产党。1950 年随部
队赴朝作战。1951 年 10 月 16 日,在朝鲜 256 高
地阻击战斗中牺牲,时为中国人民志愿军第六十
七军二〇一师六〇二团二营机炮连战士。

李根生

蒋世炳(1930 年 2 月—1951 年 11 月)

　　四川省奉节县对县乡(今属重庆市奉节县)人,移民转入桐乡。1951 年 6 月入伍,后赴朝参战。1951 年 11 月 26 日牺牲于朝鲜,时为中国人民志愿军第六十八军二〇二师六〇五团战士。

蒋世炳革命烈士证明书

汤子鸿(1925 年—1951 年 5 月)

汤子鸿

　　又名汤志庆,桐乡县梧桐镇(今桐乡市梧桐街道)人。汤子鸿父亲早逝,汤子鸿在家排行最小,有两个哥哥,一个姐姐。一家五口以农事为生,生活比较拮据,后来姐姐出嫁到镇上清明弄的徐家,他过继给叔父汤梅泉。汤子鸿勤劳、朴实,但几亩薄地的收成根本不能使全家人过上温饱的日子。后来,姐姐向汤子鸿建议,家里实在待不下去,不如到外面去闯一闯。1945 年下半年,日本鬼子虽然投降了,但老百姓仍然生活在水深火热之中,为了生计,20 岁的汤子鸿决定到外面去谋生。汤子鸿到外面后,去过许多地方,以帮人家打短工为生,后来辗转到了长江北面,但那里的日子也不好过,就这样过了 3 年,也没有攒下一点积蓄。

· 211 ·

1948 年 11 月,他参加了中国人民解放军,被编入第四野战军第三十八军一一二师,随大军南下,参加了大小几十次战斗,经受了战火的考验。1949 年 5 月渡江战役中,为了减少大部队渡江的伤亡人数,部队指挥员决定先用几条小船趁黑夜偷渡长江。于是,汤子鸿和战友们用七条小船趁黑夜渡江,因为船少目标小,战士们顺利渡过长江,登岸后,控制了长江南岸十余里沿江阵地,以接应大部队胜利渡江,汤子鸿在渡江战役中立了功。1949 年 8 月,汤子鸿所在的第一一二师在广西作战 15 次,俘虏了敌人 5000 余人,还有一名师长被抓获,汤子鸿又立了功。

朝鲜战争爆发后,汤子鸿被编入中国人民志愿军,任第三十八军一一二师高炮营指挥班长。1950 年 10 月,汤子鸿和战友们跨过鸭绿江,他入朝后经历的第一场恶战是松骨峰战役。1950 年 11 月 30 日拂晓时分,第一一二师三三五团一营三连像一把锋利的尖刀,直插敌人背后的松骨峰,还没有来得及修工事,蜂拥南撤的美军第二师就顺着公路过来了。战士们忘记了几天行军的疲劳和饥饿,在美军距阵地只有 20 米的时候猛烈开火,立即打着了一辆汽车和两辆坦克,松骨峰战役就这样开始了。顷刻之间,处在松骨峰最前沿的三连阵地上弹片横飞,大火熊熊。随后,蜂拥而至的美国士兵开始了一次又一次冲锋,但都被英勇的志愿军战士顽强地打了下去。到中午时分,坚守松骨峰的三连 200 多名战士只剩下 80 多人。

汤子鸿所在的高炮营有 18 门火炮,火炮威力大,无论是对空还是协助步兵作战都能发挥其威力,但行军时目标也大,高炮营在行军途中最大的威胁就是敌人的飞机。敌人为了切断我后勤运输保障线,阻止我军重武器运往前线,不断派出飞机对铁路和公路进行轰炸。不仅白天来回轰炸,而且晚上也飞来飞去,沿着铁路线和公路线寻找目标。为了躲避敌机的轰炸,保证大炮的安全,战士们都会在大炮上绑上树枝,一旦发现有敌机,大家就把大炮推到路边,敌机一过,又开始运动。最安全的是晚上行军,发现有敌机,就把所有的灯都关了,一片漆黑。等敌机过了,再亮灯,继续前进。但狡猾的美国鬼子有时会在铁路和公路沿线丢下燃烧弹,把整个大地都照得雪亮,从而发现攻击目标。

炮队的第二大威胁就是特务。当时敌人在朝鲜安插了大批特务,躲在铁路和公路附近的山头上和丛林里,发现有志愿军的队伍、运输队、炮队经过,他们就向天空打信号枪,给敌机指引目标,敌机就来轰炸。这些特务平常穿着当地老百姓的衣服,就是当地的老百姓也无法识别。

1951 年 5 月 7 日,汤子鸿所在的高炮营途经平安南道三登火车站时已经是黄昏了,当时正好有一个火车运输队要在这里卸物资,由改装汽车送往前线。部队首长命令同志们在火车站附近休息就餐,准备等天黑以后再出发。天刚刚黑下来,有运输队在这里卸货的场景就被特务发现了,随着一颗信号弹升上天空,3 架敌机就像幽灵一样飞到了三登火车站的上空,炮营首长见情况紧急,命令战士们帮助运输队装车,让汽车队载着物资尽快撤离。汤子鸿和战友们马上投入到装车的队伍中。不一会儿,敌机就扔下了炸弹。因为有地面特务的指引,敌机投弹的目标非常准确,几颗炸弹都在火车站爆炸。等敌机投完炸弹飞走后,战友们才发现汤子鸿倒在血泊中,已经牺牲了。

中国人民志愿军第三十八军,因为作战勇猛,彭德怀总司令曾电报嘉奖:"第三十八军万岁!"从此,第三十八军就有了"万岁军"的称号,而英雄烈士汤子鸿,就是"万岁军"中的一员。

汤沛德(1926 年—1952 年 10 月)

桐乡县新生乡(今桐乡市濮院镇)人。1926 年 10 月,汤沛德出生在京杭大运河北岸桐乡县永新乡(1949 年 9 月桐乡解放后改称新生乡),汤沛德的父亲名叫汤丁坤,原籍浙江诸暨,因家庭贫寒,于民国初来到桐乡投靠其弟,到桐乡新生乡落户后,因没有土地,以帮大户人家打工为生。汤丁坤夫妇先后生下三儿三女,沛德为二子,一家人挤在 3 间草棚里,过着吃不饱、穿不暖的生活,无奈之下,父母先后将 3 个女儿送人做童养媳。汤沛德 12 岁时开始替大户人家放牛,未曾上过学。

汤沛德

1937 年 7 月,七七事变后,日军发动了全面侵华战争。1937 年年底,日军占领了杭嘉湖,盘踞在大运河北岸的永新笕、妙智、正家笕等地,强拉民工筑炮楼、修工事,把住在运河边上的村民赶走,不让其种庄稼,并筑起铁丝网,当地老百姓愤恨地称其为"沿塘三里白"。住在炮楼里的日军和伪军还经常出来烧杀抢掠,无恶不作。汤沛德家就在永新炮楼附近,他目睹日本兵和伪军经常到处抢掠财物,强暴妇女,沛德幼小的心灵埋下了仇恨侵略者的种子。汤沛德自小喜欢习武,每天早晨锻炼身体,几年时间就练就了一副好身体。到十六七岁时,汤沛德已长得人高马大,浓眉大眼,炯炯有神,更是一把劳动的好手,肩挑两百多斤的担子也健步如飞。汤沛德不但力气大,而且勤奋,一些大户人家都喜欢汤沛德帮其做工,家里生活条件逐渐有所改善。谁知好景不长,日本鬼子刚投降不久,国民党军队就在各地抓壮丁,他们看到身体壮实的汤沛德,便强行把他带走当了兵。

1949年5月,汤沛德所在的国民党部队被解放军收编,于是,他成了一名解放军战士,不久担任了班长。1950年10月,抗美援朝战争开始。1951年3月,汤沛德赴朝参战,任中国人民志愿军十五军四十五师一三五团排长,参加了举世闻名的上甘岭战役。1952年的抗美援朝战场呈现了敌我双方僵持不下的态势。这时,以美国为首的"联合国军"策划了一场一年以来规模最大、以五圣山上甘岭地区为主要进攻目标的"金化攻势",他们将这次"金化攻势"的代号定为"摊牌行动",预计以200人阵亡为代价,在5天内全胜。五圣山、斗流峰和西方山一线,是整个抗击以美国为首的"联合国军"的关键。"联合国军"先后投入6万人的兵力,倾泻了190万发炮弹和5000枚航空导弹,志愿军也陆续投入兵力4万余人,发射炮弹40万发。战斗激烈程度实属罕见,特别是炮兵火力密度超过二战最高水平。

上甘岭战役举世闻名,涌现出了黄继光、秦庚武等无数英雄战士,汤沛德就是和他们在一个战壕里的战友。在炮火中,汤沛德多处受伤,最后双腿被炸断,在卫生员给他包扎的时候,他还在用冲锋枪向敌人射击。上甘岭战役历时43天,最后以"联合国军"惨败而告终。

1953年3月,部队派人来到英雄的家中,送来汤沛德的遗物和军功章,家乡的亲人才知道汤沛德为了保家卫国,已经献身于异国他乡。

朱文荣(1921年10月—1953年7月)

桐乡县崇福镇(今桐乡市崇福镇)人。朱文荣排行老三,从小淳朴善良,为人忠厚老实。1942年,21岁的他与25岁的徐义珍结婚,当时家境贫寒,又值国难,婚后的日子十分艰辛。某村人觊觎他家房子,于是设圈套借钱给他,并唆使朱文荣参与赌博,妻子以及亲友多次规劝无效。结果,思想单纯又老实巴交的朱文荣债台高筑,还不出钱,不得不把祖上传给他的房子卖掉,用于还债。抗战结束,解放战争开始。为了扩充兵源,约1945年下半年,国民党在当时的崇福镇和临近的虎啸、上

朱文荣

市、芝村一带拉壮丁,在别人的威逼引诱下,朱文荣被迫参加国民党部队。

渡江战役胜利后的 1949 年 5 月 3 日,解放杭州的战役打响。拂晓时分,中国人民解放军第六十二师一八五团翻越五云山,占领二龙山北侧高地。此后,担任主攻大桥任务的二营五连向六和塔的国民党守军发起了进攻,又向大桥北端桥头堡发起攻击,控制了大桥北端,切断了敌人南逃的通道,接着顺利地占领了钱塘江大桥。此时尚在国民党部队效力的朱文荣没能逃过钱塘江大桥,就在这次战役中被我军俘虏。经过部队的政治思想教育,朱文荣加入中国人民解放军,转而打击国民党在大陆的残余势力。中华人民共和国成立后,朱文荣一直在部队炮兵连服役。他有一定的文化基础,能自己写信,他时时思念家人,多次给家里寄信。信中说,自己在解放军队伍里,顽强打击国民党,因表现不错,受到两次立功表扬。

抗美援朝开始,他响应祖国号召,毅然报名。知道自己即将奔赴朝鲜,出发前约 1 个月,他又一次也是最后一次给家里写信,既说明自己将去朝鲜参战,又表达了无限的思念之情。

1953 年 2 月,朱文荣所在的第五十四军赴朝参战。他抱着痛击侵略者、誓死保家卫国的强烈愿望,在部队领导的指导和培养下,面对极其残酷的战斗环境,英勇作战,多次参加大型战役,表现出大无畏的革命英雄主义精神。7 月 4 日,志愿军第二十兵团司令员杨勇、政委王平在龙门山前方指挥所布置夏季战役的第三次进攻,即金城战役。杨勇知道,第五十四军战士虽然大多是新入朝的,但战士们士气旺盛,信心百倍。杨勇讲了发起金城战役的意义和部队部署,炮兵司令员讲了炮兵的分配与步兵协同问题。7 月 13 日晚 9 时整,一声攻击令下,金城前线 1000 多门大炮吐出串串火光,划破夜空,以排山倒海之势,铺天盖地地向敌阵地猛烈轰击。7 月 17 日,敌人开始全线反扑,军长丁盛立即命电台向第五十四军一三五师领导发电:"为了惩罚帝国主义及其走狗李承晚集团,支持朝鲜人民的正义事业,保卫新生的伟大祖国,我们要勇往直前,人倒旗不倒,直到取得最后的胜利!"

此时,第五十四军一三五师四〇四团已坚守阵地四昼夜,共击退敌人八师、六师、十师主力 11 个营的百余次进攻,歼敌 3195 名。由于战斗异常激烈和残酷,四〇四团伤亡也很大。

7 月 20 日 3 时,四〇四团又组织一连、九连以及朱文荣所在的二营机炮连兵力,向被敌人占领的高地发起了猛力攻击。志愿军战士士气高涨,越战越勇,仅战斗了 27 分钟,便夺回 4087 等前沿一线阵地。至此,志愿军已攻占金城川地区全部阵地。在这次战斗中,朱文荣与战友们并肩作战,听从指挥,密切配合步兵部队英勇杀敌,面对装备和兵力远远强于我方的敌军,毫不畏惧,不幸于金城南4087高地里川洞壮烈牺牲。

朱金林(1930年—1954年3月)

桐乡县河山乡(今桐乡市河山镇)人。朱金林8岁那年,日本鬼子占领了杭嘉湖,烧杀抢掠,无恶不作。一次,朱金林的母亲拎了一篮鸡蛋到集市上去卖,刚到集市,只见一些卖菜的挑起担子都跑了,朱金林的母亲也不知道是怎么回事。这时,一个鬼子司务长就到了跟前,眼镜片闪着幽光,盯住了鸡蛋。鬼子让朱金林母亲把鸡蛋一个一个放进伙夫的箩筐里,母亲等着鬼子付钱,谁知鬼子径自走了,母亲急了,一把抓住鬼子的担子,鬼子司务长回身一脚,把母亲踢倒在地,扬长而去。一边的朱金林才12岁,见鬼

朱金林

子抢了鸡蛋还打人,便要上去拼命,鬼子"哇"地叫了一声,拔出了刺刀,旁边的人连忙把朱金林给拉住了。朱金林恨死了鬼子,几天后的一个早晨,他拿了一个皮弹弓,守候在路边的麦地里,等那个鬼子司务长带伙夫下了含山,刚到路口,朱金林借着麦子的掩护,拉长弹弓,照着鬼子司务长狠狠地弹了过去,"啪"的一声,卵石击中了鬼子的左眼,要不是鬼子戴着眼镜,一只眼珠就废了。

河山地理位置独特,为三府五县的交界处,于是成了抗日武装活动的主要地方,附近几个县政府都流动在这一带,当时人们称之为"挑担县政府"。日本鬼子为了防备河西边的抗日武装,便在含山塘桥至五龙桥的地段上用铁丝拦起了"篱笆",于是,一道篱笆隔开了两个世界。朱金林用弹弓伤了鬼子,他怕鬼子报复,便在当天夜里扭断铁丝,钻过篱笆,逃到了河西。

没多久,日本鬼子就投降了,但内战又开始了。1946年,朱金林16岁,家里3个弟兄中,他被抓了壮丁,开赴山东一带。1948年10月,朱金林在一次战斗中被解放军俘虏,参加了中国人民解放军,被编入第四十五军一三五师四〇五团,一路南下打到了广东。

1950 年 6 月,朝鲜战争爆发。中国人民为了保家卫国,组织了志愿军,跨过鸭绿江开赴朝鲜,抵御侵略军。1952 年 10 月,中国人民解放军第四十五军奉命在广东惠阳整编组建,将第四十五军和第四十四军合编成第五十四军。第五十四军组成后,即奉中央军委命令,准备入朝作战。经过动员教育和出征准备,第五十四军于 1953 年 1 月由广东惠阳北上。朱金林加入的是中国人民志愿军第五十四军一三五师四〇五团二营一机炮连。机炮连是步兵营的附属部队,主要以重武器增强步兵的火力,机炮连的武器装备既有重机枪,也有火炮。

1953 年 5 月 2 日深夜,第五十四军先头部队入朝,一辆辆草绿色军车满载着士兵,借着月色悄悄穿过中朝边境,直奔被志愿军收复的平壤。23 岁的朱金林和战友们一起,踏上了"抗美援朝、保家卫国"的征程。之前,他和战友们一起上交了遗书,将姓名、部队番号甚至自己的血型写好,缝在内衣夹层里。5 月中旬,第五十四军各部先后进驻平壤附近地区,负责阻击"联合国军"在西海岸登陆,以及在平壤地区进行反空降作战。西海岸保卫战打响了,"联合国军"为了抢滩登陆,除了炮击,还出动飞机丢汽油凝固炸弹,阵地上浓烟滚滚,火光冲天,一发发炮弹掀起尘土,志愿军战士伤亡很大。朱金林和他的战友们在炮火的掩护下,把一批又一批"联合国军"士兵撂倒在海岸边,粉碎了"联合国军"一次又一次的疯狂进攻,守住了西海岸。

6 月下旬,第五十四军奉命由西海岸开赴金城前线,配属第二十兵团参加夏季反击战役。7 月 13 日夜,志愿军第二十兵团发起了金城战役。朱金林所属第一三五师由庆坡山向梨船洞、金城川之敌发起攻击。7 月 19 日至 24 日,著名的金城反击战核心战役正式开始,这是中国人民志愿军抗美援朝的最后一战。第五十四军配合第二十兵团向敌人发起了全线反击,志愿军经过六天六夜苦战,攻占了梨船洞、芦洞里等阵地,金城之战,志愿军大胜。三天后,1953 年 7 月 27 日,"联合国军"终于耷拉了脑袋,于板门店在《朝鲜停战协定》上签了字。朝鲜停战以后,第五十四军即在西起桥田里,东至北汉江地段担负"三八线"前哨阵地的守卫任务。为防止敌人撕毁停战协定重新挑起战争,部队投入了紧张的战备施工。经过几个月的艰苦奋战,构筑了大量的坑道、火力点、掩蔽部、防空洞、堑壕、交通壕、反坦克壕及各种掩体、火炮和坦克阵地等,还修建了一条军事公路,使阵地更加巩固,为长期防御、粉碎敌人的进攻创造了条件。同时,搭建了大量的简易营房,改善了战士的生活条件。第四〇五团指挥部建在一座小山包旁边,朱金林所在连负责团指挥部的警卫任务。

1954年3月24日晚上,朱金林负责三岔口的哨位,大约11点钟,钟排长来查哨,通知他第二天凌晨4点钟会有人来换岗。朱金林披着披风,卧在隐蔽处,黎明前的寒风吹来,他看了看腕上手表,3点40,还有20分钟,该换岗了。忽然,他看见一个黑影一闪,便喝问:"口令?"因为他知道,换岗的时间还没到,正在这时,身后一个黑影扑了上来,紧接着又蹿上来几个人,夺下了他手里的枪。"不好,敌人要偷袭团指挥部!"朱金林想起排长说的话,知道韩国拒绝在协定上签字,他想喊,但一双手掐住了他的喉咙,朱金林一阵窒息,右手下意识地摸到了皮带上拴着的手榴弹,这是一枚"光荣弹",就是碰到危急的时候,和敌人同归于尽的。朱金林的手指勾住了手榴弹的弦,一用力,手榴弹冒出了一股白烟,那几个家伙想不到朱金林会拉手榴弹的弦,吓得松开手,转身想跑,随着一声轰响,几个人滚倒在地。听到爆炸声,战士们冲了出来,随着一阵冲锋枪的扫射,剩下的几个敌人倒在了枪下。朱金林的热血,染红了"三八线"上的土地,他牺牲后半个月左右——1954年4月中旬,第五十四军奉志愿军总部命令,将金城地区防务移交朝鲜人民军,部队移防至元山北玉坪里、文川、龙潭里、高原、永兴地区,担负守卫东海岸的任务。

1955年3月,第五十四军又将东海岸防务移交朝鲜人民军,调防至上端洞、宣川、古邑、定州、下端地区,守备西海岸。1958年5月、7月和10月,第五十四军作为最后一批离开朝鲜的志愿军,奉命分三批回国。烈士英灵,永远留在了异国的土地上。

吕炳荣(1928年12月—1955年5月)

桐乡县虎哨乡(今桐乡市崇福镇)人。吕炳荣出生在一户贫苦农民家里。中华人民共和国成立之初,百废待兴。吕炳荣和广大翻身农民一样喜气洋洋,热情高涨,建设家园。这年,吕炳荣遵父母之命,与当地农村姑娘王金娥结婚,后生一儿一女,村上同龄人十分羡慕吕炳荣。

1950年5月,政府发出征兵号召。这时吕炳荣心里非常矛盾,他既想响应号召参军,又担心家里,他是这个家的顶梁柱,没有了他这个壮劳力,可怎么办啊?吕炳荣的两个哥哥都在旧社

吕炳荣

会因病得不到医治而去世了,在他父母眼里,他已经是唯一一能照顾他们的儿子了。而自己的两个孩子和妻子,也需要他这个父亲和丈夫。而且,旧中国长期的战争灾难,已给人们的内心留下当兵的恐惧感,村上的同龄人都劝他不要参军。然而,吕炳荣是一位勇敢明理、求上进的年轻人,他虽然舍不得离开家里的老小和妻子,但懂得新中国来之不易。如果大家都不去参军,谁来保家卫国?这个朴素的道理,渐渐在吕炳荣的思想中占据主导地位,他认识到有国才有家,他更相信党和政府会照顾他家里。

忠孝不能两全,他最终说服了父母和妻子,怀着愧疚之心,向老父母三鞠躬,安慰妻子,抱抱女儿,亲亲儿子,告别了父老乡亲,踏上了光荣的从军之路。吕炳荣参军仅 2 个多月,还在桐乡新兵营训练时,他 4 岁的儿子吕洪江溺水夭折。这一噩耗犹如晴天霹雳,吕炳荣心如刀绞。完成了 3 个月的新兵训练后,吕炳荣与战友们一道被分配到部队,驻地上海,他以军人特有的坚强意志克服了丧失幼子的痛苦,积极投身到紧张的政治、文化学习和军事训练中,站岗、放哨、巡逻……他充满了军人的气质,很快成为连队骨干,立了功,被提升为副班长,2 年后又被提升为班长。在部队的出色表现使他多次获得表彰和奖励。平时在来往的家书中,吕炳荣鼓励妻子从痛失幼子的阴影中走出来,并劝妻子说:"我们还年轻,等退伍回来再生儿子也不迟。"

1953 年春天,王金娥随本村的吕炳荣战友去探亲,夫妻俩几年不见,格外亲热。这次相会,吕炳荣很高兴,心中充满着对将来美好生活的遐想。按常规,他第二年可以退伍回家了。当时,中华人民共和国诞生虽已有 4 周年,抗美援朝战争也已结束,但福建前线仍然枪炮声不断,小战时有发生。1953 年秋天,部队开赴福建前线驻防,抵御台湾当局和外国军事势力的骚扰与挑衅,保卫社会主义革命和建设。

1955 年 5 月,在一次炮战中,身为班长的吕炳荣不畏枪炮,带领战友英勇还击敌人,守护前线阵地。然而不幸的是,吕炳荣被敌炮击中,弹片从腰带正中穿进吕炳荣腹部,吕炳荣应声倒下,只是声音含糊地喊了几声:"我的家,我的家……"开始时伤口没有流血,等卫生员赶到,解开他的腰带时鲜血却汹涌而出,无法止住,心脏也慢慢停止了跳动,吕炳荣壮烈牺牲在福建前线战场上。随后,部队将吕炳荣生前遗下的 19.56 元津贴寄回给家属,吕炳荣牺牲时年仅 27 岁。

陈锦观(1920年—1958年3月)

桐乡县梧桐镇(今桐乡市梧桐街道)人,祖籍绍兴。童年时的陈锦观十分懂事乖巧,从小就能做农活,是父母的好帮手。1937年,日军发动全面侵华战争,占领了杭嘉湖一带,他们凶恶残暴,拉劳工、抢粮食,面对疯狂的日本鬼子,陈锦观心里充满了愤恨。1940年年初,20岁的热血青年陈锦观决定离开家乡,他告别家人,去寻找抗日队伍。在寻找抗日之路的过程中,陈锦观一边打零工、做短工,一边四处打听抗日队伍。其间,他也曾遇到过一些自称的"抗日游击队",但他发现这些打着抗日旗号的,实际上并不抗日,所以都没有留下来。一天,刚出门想去上工的陈锦观在路上遇到了正在抓壮丁的国民党,由此成了一名国军士兵。起先,陈锦观以为只要穿上军装拿起枪,就能保家卫国,但事实却并非如此。日本鬼子宣布无条件投降后,陈锦观以为可以和平了,但他没有想到,内战又开始了。不久,陈锦观的部队到了东北,和解放军作战,但很快败退。1947年,陈锦观所在的国民党军队驻守山海关,准备和人民解放军作战。

陈锦观

一天清晨,陈锦观头戴钢盔,挎着冲锋枪,站在山海关城楼上站岗。这时,一名连长来查哨,这名连长不知从哪里捡了一顶钢盔,走到陈锦观面前,随手把钢盔往陈锦观的头上一扣。陈锦观头上戴了两顶钢盔,沉甸甸的,但他不敢把钢盔拿下来,只好忍着,等连长下了城楼,陈锦观才长出一口气,正想把钢盔拿下来,忽然,一声枪响,陈锦观只听得一声闷响,脑袋猛烈一震,一股强大的冲击力把他击倒在地,并把他从城楼石级上掀了下去。陈锦观滚下城楼,重重地摔在地上,失去了知觉。他醒来后,发现自己躺在医院里。原来,解放军攻打山海关,狙击手瞄准了城楼上哨兵的脑袋,一声枪响,总攻开始,子弹准确地击中了陈锦观的脑袋,但万幸的是,因为陈锦观头上戴着两顶钢盔,子弹击穿了第一层,被阻在了第二层,但强大的冲击力,把陈锦观击倒,使其从城楼石级上滚了下来。而随着解放军的攻击,陈锦观的同伴们谁也没顾得上救他,直到战斗结束,解放军攻下了关隘,才发现昏迷不醒的陈锦观,于是把他送到医院抢救。

伤愈后,陈锦观参加了中国人民解放军,随着解放大军南下,参加了淮海战役,渡过长江,解放上海……

上海解放后,出于身体原因,陈锦观被分配到中国人民解放军江苏省川沙县(今属上海市浦东新区川沙镇)兵役局任助理员。当时兵役局的具体工作是选拔新兵,补充到南下的解放大军。在工作中,陈锦观仍然发挥敢打敢拼的冲锋精神,努力做好每一项工作。他为部队挑选新兵,送他们入伍,完成上级领导布置的每一项任务,并多次获得上级领导与战友们的好评。1958 年年初,陈锦观因积劳成疾和旧伤复发而一病不起,于 3 月 5 日病逝于上海的医院。

李宝法(1935 年 9 月—1959 年 7 月)

桐乡县骑塘乡(今桐乡市高桥镇)人。1955 年初冬,中国人民解放军部队到李宝法的家乡招兵。只有 20 岁的李宝法积极响应国家号召,以翻身解放报党恩的满腔热血报名参军。12 月,李宝法告别家乡,踏入军营。经过一番新兵整训后,1956 年 3 月,李宝法加入中国海军 3937 部队,成为南京军区边防十支队三营十七连的战士,驻上海浦东南汇县(今属上海市浦东新区)。在军营,李宝法不怕苦,不怕累,刻苦训练基本功。比如,每天 5 公里的急行军训练中,李宝法不仅达到教官的质与量要求,还自加压力,多背物品负重行

李宝法

军。进行射击训练时,李宝法也是如此,除了完成规定的射击训练外,还苦练单手持长枪技术,悬挂重物瞄准,射击移动目标,并力求枪枪精确命中。不到半年功夫,李宝法的射击技术排在全连战士的最前列。在军营,李宝法积极参加各种军事比武和军体比赛,成绩突出。

1956 年 10 月,南京军区在上海江湾开展军事大比武活动,规定一个排挑选一名代表参加比武。李宝法和王阿康均因为训练有素、本领过硬而被所在排选上。比武期间,李宝法表现出众,200 米障碍跑、射击、木马、低姿匍匐、越野急行军等,几乎每个项目都拿到优秀成绩。尤其是射击,枪枪命中靶心,弹弹无虚发,成为比武场上的耀眼新星,从而荣获南京军区颁发的"英雄射击手"称号,并记三等功 1 次。两年后,李宝法所在连

队移防舟山嵊泗列岛中的太湖岛,李宝法被编入 0445 部队 1 支队 8 连(加强连)炮兵排。由于军政素质优良,表现出色,李宝法被提拔为班长,同时晋升为中士军衔。

成为中士班长后,李宝法更成了所在连队的排头兵。海岛守备连队的战士军事基本功主要集中在泅渡、射击、投弹、刺杀、格斗、爆破等方面。为了更好地给战友们进行技术示范,李宝法首先自己苦练加巧练,练就杀敌真功夫。有一次,上海慰问团前来海岛慰问部队官兵,部队给慰问团进行军事汇报表演,李宝法因为技术过硬而再次被八连选上,除了参与集体军事素质表演外,李宝法还被点名做双枪射击、擒拿格斗、匍匐前进等项目的单体现场展示,精彩的表演和过硬的技术赢得一片喝彩和掌声。

为建设舟嵊海防要塞,免遭外敌海上入侵,李宝法带领战友们,怀着保卫新中国的满腔热忱,奋力投身到一系列的土工作业中,晴天一身臭汗,雨天一身泥浆,他们紧握钢钎钻山洞,抢起铁铲打坑道,双手接力运泥石,修筑炮台射击眼,总是提前完成上级下达的海防工事任务。为此,李宝法班多次得到上级表扬,李宝法本人被公认为连里的标杆班长。作为班长,李宝法不仅带头苦练,而且对战友爱护有加。比如,部队长期驻防海岛,交通困难,间隔多日才有海运物资船只来岛,此时必有大量的部队战备物资和士兵私人物件需要接驳和搬运。李宝法每次总是抢着去海边接驳,往返搬运。李宝法曾学过理发,便经常利用业余时间替战友们义务理发,久而久之,李宝法被战友们誉为"贴身理发员"。

1959 年春,为了培养一批优秀的基层军事教官,从而提高海防官兵综合军事素质,加强中国东海海防建设,防御蒋介石反攻大陆,南京军区决定从基层选拔一批业务尖子到基地集训,然后再回到海防前线,担任连队军事教官。南京军区要求每一个连选拔一名优秀者进行集训。1959 年 6 月,李宝法作为八连(加强连)的不二人选,被派往海军上海松江集训基地进行突击训练。集训期间,李宝法天天起早贪黑,除了认真参加规定的集中训练,还额外加训。其中一项训练是游泳,包括潜水憋气、长距泅渡、水中格斗等。李宝法常常独自顶着如火骄阳,不顾黄梅季多雨闷热,在基地内的露天河段摸索和练习,水里进,水里出,一会儿似"水中蛟龙",一会儿如"浪里白条",高强度备战,严要求训练。

1959 年 7 月 8 日,李宝法一如往常,继续投身训练场。在测试实绩时,李宝法因前期集训体力严重透支,这次又竭尽全力,突然下肢抽筋,沉入河底,不幸牺牲,时年 24 岁。李宝法牺牲后,部队党委结合他的表现,批准他为革命烈士，同时追记二等功 1 次。在征得部队首长批准同意后，1961 年，他的大哥和一帮乡亲将装殓着李宝法遗体的棺木从松江烈士陵园迁出，将他护送还乡，复葬家族墓地。

倪松林（1920[①] 年 6 月—1960 年 1 月）

桐乡县河山乡（今桐乡市河山镇）人，出生于一个贫苦农民家庭。家中没有田地，1937 年冬天，日本鬼子占领了河山一带，烧杀抢掠，无恶不作，后来还抓了不少村民，让他们搬砖运石匠，在大运河东岸的含山上修了碉堡，"大好河山"遭受日本鬼子的铁蹄践踏。一次，日本鬼子抓住倪松林，要他带路到吴兴去，倪松林见这群鬼子兵都背着枪，知道他们要去杀人，便带他们沿着河岸兜圈子，说这里没有过河的桥，兜了大半天也没能过河，鬼子兵气得哇哇叫，最后用枪蒲头（枪托）把倪松林打了一顿。

倪松林

1949 年 5 月，崇德县（今桐乡市崇福镇）解放。经过土地改革，倪松林和村民们分到了土地，他怀着对共产党的深厚感情，积极从事农业劳动，他除了自己种田，还经常帮助村上缺少劳动力的乡亲。中华人民共和国成立后，乡政府有什么事，他都积极参与，受到了干部、村民们的一致好评。1953 年，倪松林被评为崇德县劳动模范，同年，他响应党的号召，发动村里农民成立了互助组。1955 年，在合作化运动中，倪松林又担任了河山乡群新合作社社长，并光荣地加入了中国共产党。1957 年冬和 1958 年春，倪松林带领社员大搞农田基本建设，在生产中，他处处带头，深得社员们拥戴。1958 年 10 月，实现人民公社化，把中华人民共和国成立初期的石门区，再加上羔羊乡、安兴乡的一部分，组成了石门人民公社，由山东南下干部杨正业担任石门大公社党委书记，倪松林担任石门人民公社河山管理区第七大队党支部

---

① 浙江省民政厅编《碧血丹心——浙江烈士英名录（嘉兴　绍兴卷）》（浙江人民出版社，2014 年，第 47 页）中，倪松林的出生时间为 1920 年 6 月，桐乡市退役军人事务局编《桐乡英烈》（吴越电子音像出版社，2019 年）中，倪松林烈士的出生时间为 1919 年 6 月。此处采用《碧血丹心——浙江烈士英名录（嘉兴　绍兴卷）》中的说法。

副书记。

1959年夏,第七大队分设为两个大队,倪松林担任王家弄大队党分支部书记。倪松林在担任农村基层干部期间,不仅以身作则,艰苦奋斗,积极工作,努力完成上级布置的各项任务,而且敢于坚持原则,大胆地管教落后分子。王家弄生产大队王家浜小队有一个叫冯毛狗的,好逸恶劳,懒惰成性,不但长期不参加集体生产劳动,还经常偷拿集体的劳动果实。倪松林多次做冯毛狗的思想工作,要求他改邪归正。冯毛狗不仅不思悔改,反而视他为眼中钉,经常扬言"要杀几个干部"。

1960年1月14日,天气寒冷,北风凌厉,小雨中还夹着雪,但在倪松林和其他大队干部的带领下,社员们还是清晨出早工去挑河泥。倪松林发现,出早工的队伍中没有冯毛狗的影子。小队长冯进进告诉他,出早工时他叫过冯毛狗,但冯毛狗没有理他。回家吃过早饭,倪松林和生产大队长倪阿毛分头去检查出工情况,当时王家弄大队和西面吴兴一个生产大队正在合造一只机埠,机埠建造在含山脚下,倪松林正要到含山去察看机埠的建造情况,而去含山,正好要经过王家浜冯毛狗的家。

冯毛狗曾几次扬言说:"一家人拼死拼活做生活,还吃不饱肚皮,迟早要杀几个干部!"所以村民们也多次提醒倪松林,要他当心,但倪松林总以为自己行得端坐得正,不会出事。他走过冯毛狗家门口时,见大门关着,知道冯毛狗上午也没有出工,因为农村习惯是,家里不管有人没人,都不会关大门的。于是,倪松林上前推开大门,这时冯毛狗正把平时偷来的稻谷用"桑柴拳头"舂谷皮,倪松林见灶头上还冒着热气,揭开镬盖一看,煮的是一锅粥,谁知这时穷凶极恶的冯毛狗从靠墙的橱顶上拿出一把早已磨好的柴刀,狠命一刀砍在倪松林的后脑上。中午,社员冯春来找倪松林,说是河山管理区通知倪松林去区里开会,要传达文件,但找不到人,下午还是没有找到,到了晚上,倪松林还是没有回来。第二天一早,一些干部和老人聚在倪松林家里,不一会儿,公社党委书记杨正业也赶到倪松林家,一听倪松林还没有找到,又听大家都怀疑他可能遭了冯毛狗的毒手。最终,大家在属吴兴县地段的朱塘港找到了倪松林的尸体,并找到了已砍缺口子的柴刀,冯毛狗终于低下了脑袋,交代了杀害倪松林的经过。

倪松林被坏分子杀害的消息一传开,乡亲们悲痛万分,他们从四面八方赶来,为这位好干部送行。倪松林下葬那天,大雪连绵,纷纷扬扬,河山大地,银装素裹,使烈士的葬礼更显得庄重肃穆。1960年1月29日,浙江省人民政府批准倪松林为革命烈士。两个月后,冯毛狗被公审后枪决。

姜子祥(1941 年 1 月—1962 年 3 月)

　　桐乡县虎哨乡(今桐乡市崇福镇)人。姜子祥是家中长子,下面还有一个弟弟,叫姜叔坤,兄弟俩相差 3 岁。由于爷爷、母亲身体不好,常年卧病在床,全家生活重担都压在父亲一人身上。中华人民共和国成立后,为了扫除文盲,农村兴起夜学之风。姜子祥聪明好学,劳动积极,思想上进,1957 年,年仅 16 岁的他就当起了生产队的助理会计兼记工员,负责生产队里的农船出租等事务。工作上,姜子祥认真负责。

姜子祥

　　中华人民共和国成立初期,我国工农业都比较落后,尤其是农业生产所需的化肥,更是非常缺货。为解决化肥短缺的问题,广大农民发挥聪明才智,把人畜粪便、草木灰、河道污泥等作为农作物肥料,称为"积肥运动"。作为生产队助理会计,姜子祥承担起负责检查人畜粪便质量、登记农户上交肥料数量的工作。他认真负责,不怕脏不怕臭,经常蹲在生产队的大粪坑边,检查、登记肥料的质量、数量,从不叫一声苦,不喊一声累。1958 年,姜子祥考入留良公社农业中学,被分配在虎哨管理区分校学习。学习期间,姜子祥如饥似渴地吸收文化知识,并积极参加各种劳动,甚至为了边学习边劳动,他把家里的铁锄带到学校,便于利用学习空余时间来参加劳动。

　　1960 年,19 岁的姜子祥应征入伍,成了一名光荣的人民解放军战士。他告别新婚的妻子与亲人,来到舟山群岛的大衢岛 7206 部队 1 分队 1 小队驻防。当时的舟山群岛正处于抗敌前线。入伍后的姜子祥克服了海岛生活的不适应,苦练军事本领,努力工作,积极上进,很快成为部队新兵集训中的标兵。据姜子祥在家信中谈及,他刚到海岛时,由于生活环境不同,饮食不习惯,人一下子瘦了很多,但是凭着一腔报国热血和对部队生活的热爱,他渐渐适应了部队的生活规律与饮食习惯。姜子祥训练很刻苦,同样一个动作,别人操练 1 遍,他要操练 5 遍甚至 10 遍,一定要做到最好、最标准为止。射击训练时,握枪的手磨破了直流血,他也从未放弃过一次训练。正是凭着这股韧劲,没过多久,姜子祥就因为业务出色而成为班中骨干,并被提拔为副班长。

1962年,台湾与大陆的关系再度紧张。从1962年年初开始,台湾国民党当局便进行战争动员,从各个方面积极准备对大陆沿海地区进行大规模军事冒险行动的部署。1962年1月1日,蒋介石发表"元旦文告",鼓吹全面动员,迎接"复国"战斗,并采用小股武装登陆袭扰、海上袭扰、空中窜扰等三种主要形式进行破坏骚扰活动。姜子祥部队所在的舟山群岛,正是对敌前沿阵地,他所在的班更是承担着一项光荣而危险的任务,那就是守卫岛上的弹药库。除了日常带领班里战士备战操练外,保卫弹药库安全更是身为副班长的他心中的一件大事,无论自己值岗与否,姜子祥每天都要亲自查岗,一丝不苟。面对复杂形势,部队首长再三对守卫弹药库的姜子祥所在班的战士强调,一定要提高警惕,防止敌特分子破坏,还提醒大家,敌特十分狡猾和残忍,不久前就有兄弟连的连长被假装成渔民的敌特暗杀的事件发生。

1962年3月5日,人们还沉浸在新春的欢快气氛中。夜里,海岛上风雨交加,天气寒冷,副班长姜子祥像往常一下,带领战士们在海岛周边巡逻,回到营房已过半夜,他躺下只眯了一会儿,就又起床开始查岗去了。时针此时已经指向凌晨4点,早岗虽然不是姜子祥值班,但是作为一名认真负责的副班长,他深深懂得,越是看似平静的日子,越不能麻痹大意,尤其是在天气恶劣的日子里,对于最为重要的弹药库,他更是不能放松警惕。当时天还没有放亮,海岛上除了风声和雨声,人们都还在沉睡之中。姜子祥披着雨披,背着钢枪,凭着对地形的熟悉,一个岗哨一个岗哨地查过去。然而,不幸的事发生了。那晚,杭州籍新兵王宝发在弹药库岗哨值勤。他看到一个黑影向他走来,便按照要求发出询问:口令?可是由于风雨大加上天黑,姜子祥的口令回复过去时,新兵王宝发没有听清,他心情紧张,以为是敌人,就扣动了扳机,一声枪响,姜子祥倒在血泊之中,不幸牺牲。

陈　功（1914 年 5 月—1962 年 5 月）

陈　功

　　桐乡县梧桐镇（今桐乡市梧桐街道）人，祖籍江苏泗阳。1940 年 11 月参加革命，跟随父亲陈校在苏北宿迁地区打游击。陈功担任通信员，主要任务是侦察敌情、搞情报，他在侦察时，机动灵活，化装巧妙，因此，他的侦察任务总是完成得非常出色，为部队打击侵略者做出了贡献。自 1943 年后，陈功在黑龙江军区六纵队任参谋，直至抗日战争胜利。1946 年，陈功参加了闻名中外的四平保卫战。1947 年 5 月，陈功光荣地加入了中国共产党，后因身体原因，在我解放军第四野战军某部任参谋，负责后勤事务工作。

　　在解放战争时期，陈功参加了淮海战役，主要负责后勤事务工作，他带领后勤保障队组织和发动民工，给前线作战的部队源源不断地送去军粮军装和武器弹药。在此过程中，陈功虽然身体有病，但他总是默默地克服着，为淮海战役的胜利做出了自己的贡献，因此荣获"淮海战役纪念"军功章。解放战争"三大战役"胜利结束后，陈功参加了著名的渡江战役，在此战役中，陈功表现突出。战争结束后，他荣获了"渡江胜利纪念"军功章。之后随部队南下作战，分别参加了解放嘉兴、杭州、金华的战斗，后经兰溪、江山、常山，进入江西玉山、上饶、余干，一直南下往西，进入鹰潭、赣州、抚州，到福建三明、福州城外郊区，直至 1949 年 8 月 17 日福州解放。陈功从此由部队转业到地方工作，担任福建省冶金工业厅总务组长。在这一任期内，他工作十分繁忙，加上福建地处靠近台湾，是蒋介石集团所谓"反攻大陆"攻击目标的最前沿，当时，国民党军时不时地向福建境内投掷炸弹，给人民群众的生命财产安全造成了极大威胁。因此，部队决定全面备战，地方有力配合，其中陈功所在部门和部队关系尤为紧密。为有力配合部队备战，陈功更是没日没夜地工作着，虽然曾经在部队医院治疗过一段时间，但他并没有放下手上的工作，而是边治病边工作，耽误了有效治疗，从而导致病情加重，最终因积劳成疾，医治无效，于 1962 年 5 月 24 日病逝。1983 年 6 月 28 日，中华人民共和国民政部追授他为革命烈士。

宋月清(1941年—1967年3月)

桐乡县高桥乡(今桐乡市高桥镇)人。父亲名叫宋福荣,母亲名叫高福英,夫妇俩先后生下5个儿子,分别是月州、月清、月忠、月康、月林。因宋父双目失明,只靠母亲一人起早摸黑劳作,收成微薄,一家人终年食不果腹。为了维持生计,宋月清小小年纪便尝遍了人间的屈辱和冷暖。

1949年5月,红旗飘到了大安坝。8岁的月清,高兴地和村里的小伙伴一起,来到开设在当地尼姑庵的初小班学习。他聪明活泼,学习用功,深受老师喜爱。正当他如饥似渴地接受知识的滋

宋月清

润,互助组合作化运动开始开展,月清家缺少劳力,急需帮手,他只能依依不舍地辞别学堂,放下书包,和兄长、母亲一起下地种田。劳动使他早早地养成了朴实节俭、吃苦耐劳、勤劳能干的优良品质。

1958年,各地大炼钢铁,月清走出家门,来到办在高桥集镇东市梢的小高炉,工作半年后,又转到高桥铁器社学艺。见月清体格健壮,有一副好身板,师傅便分派他做打对头步(擎大铁榔头)的工种。月清勤奋好学,又肯吃苦耐劳,一年多下来,精湛的打铁手艺深受同行的赞赏。

1960年3月,19岁的宋月清报名参加了解放军,经过政审、体检,他光荣入伍,告别家人赴上海军营,在解放军6537部队高炮二师四团服役。3个月的新兵训练后,宋月清被分到了二营六连炊事班,干起了"火头军"的行当。炊事班的工作繁忙而细致,每天都要起早贪黑,与锅碗瓢盆为伴,整天围着灶台转。柴米酱醋盐,酸甜苦辣咸,炊事班平淡的生活,却要做出不平淡的味道。部队对伙食保障抓得严,炊事员就要对自己严格要求。刚来炊事班的月清,待了没几天就有种"本领恐慌"感。他平时一休息下来,就捧着班长给的"秘籍"耐心研究、细心琢磨,硬是靠一点一滴练出了好手艺。不久,香软爽口的面食他会制作,香气四溢的菜肴他也会炒烩,在灶台前得心应手。由于在部队表现出色,宋月清于1961年加入中国共产党,还担任了炊事班班长。作为班长,他身先士卒,苦活累活总是抢在前头,样样工作搞得有声有色,多次被部队评为"五好战士"。4年后,宋月清超期服役,仍留在部队。1966年,宋月清已超期服役3年多。当时,国际形势风云突变,美

帝国主义于 1964 年在越南挑起了"北部湾事件",悍然对越南发动侵略战争。胡志明主席请求中国支援,于是毛泽东主席决定向越南提供全面无私的援助。根据中越两军协议和 1965 年 7 月 14 日越军总参谋部的请求,中国人民解放军一批又一批的工程兵、防空兵,先后从友谊关出发入越作战。宋月清所属的 6537 部队三十二支队,是第四批入越作战的高射炮兵部队,由空军高炮二师师部辖本部 3 个团及配属的海军高炮两个营、陆军高炮一个独立营组成。部队于 1967 年 1 月 4 日出征,赴越南谅山地区,担负新建的克夫至太原铁路线的防空作战任务。宋月清被分在三十二支队三〇四大队二中队,担任炊事班长,任务是为前线战士提供可口的饭菜,保障前线战士的饮食安全。

随部队来到前沿阵地后,精心察看地形,选择炊事班落脚地点,构筑野炊厨房,搭建防空隐蔽伪装,宋月清样样抢在前。为了防止敌机的轰炸、袭扰,野炊要做到不见炊烟、不见明火。白天做饭不能漏烟,要在掩体内把野炊厨房堵得严严实实,烟全闷在屋子里,把炊事员们呛得满脸鼻涕眼泪。后来,宋月清发明了"无烟灶",就是在厨房外安装一根长管子,沿坑道把烟引到远处散开。他还在锅灶周边插上许多小管,让炊烟贴着坑道壁消散。因为做饭洗菜,总是有人进进出出,夜晚火光很容易被敌人发现,他就创造了"双层门"的办法,无论出还是进,总有一扇门是关着的,火光就不容易被发现了。炮火炸不掉锅灶,环境再险恶也灭不了他们的炊烟,宋月清带领这批火头军,坚强地做好前沿战士的后盾。他带领炊事兵们,在"一切为了前线"的号召下,想尽办法改善前线战士的伙食:煮米饭、蒸烙饼、做糖包,每天做出可口的饭菜。为了让前线的战士吃上热乎的饭菜,宋月清和战士们把做好的饭盛放进铁皮桶里,装进条筐,用草、棉花包裹好,插上树枝伪装,不辞劳苦地送往前沿阵地,一天早晚送两趟。为了防备敌机轰炸,宋月清每天都要先去侦察地形、探路,以应对美国飞机的空袭,两天之内不走一样的路。往前线送饭时,总是尽量多去一些人,多做些饭菜,多准备几副担子。即使在路上被炸坏了一副,还有备用,也能保证饭菜一定送到前线。就这样,一晃两个多月过去。

1967 年 3 月中旬,战况吃紧,美国飞机白天、黑夜轮番轰炸,炸了防空兵,再炸工程兵,铁了心想把新建的克夫至太原铁路炸毁,掐断这条生命线。3 月 15 号,由于敌机封锁了周边地区,炊事班已连续 3 天无法送一趟饭上高炮阵地,前沿战士只能靠吃压缩饼干、喝冷水来充饥、解渴。宋月清和炊事员们看在眼里,急在心里,下决心尽快解决部队吃饭问题。

这天下午,宋月清亲自带领突击送饭小组,冒着生命危险,要把饭菜送到前沿阵地每个战士手中。他们把小筐改为大筐,过去是多人上前沿,这次缩减为 3 人,以尽量减小伤亡。路上,遇到敌机轰炸扫射,他们立即卧倒隐蔽,途中遭到敌人炮击,就跳入掩体。敌人炮击一停,等敌机离开,他们立刻沿着战壕,爬起来向阵地跑。和美国飞机几轮斗智斗勇后,3 人已来到距前沿阵地不到 300 米的一片开阔地前。宋月清说:"这里最危险,我们拉开距离分散过去!"说完,他自己第一个快速冲了出去。谁料此时,敌人四架 F-105 战斗轰炸机鱼贯临空,又快速俯冲过来投掷炸弹。轰炸的激烈程度,超出了所有人的预期,顿时,坡地上硝烟滚滚,弹片横飞,如同狂风暴雨。由于无处避让,宋月清腹部、大腿数处先后被弹片击中,鲜血染红了阵地前的泥土。26 岁的宋月清,为了中越人民的安宁,在援越抗美战场上英勇献身,后被授予三等功。这位功勋卓著的炊事班长,现长眠在越南谅山省有陇县明山烈士陵园。

劳春毛(1944 年—1967 年 5 月)

桐乡县上市乡(今桐乡市崇福镇)人。1963年春节刚过,中国人民解放军 6537 部队来桐乡招新兵。时年 19 岁的小伙劳春毛争着报名参军,来到了上海警备区第七十八团三营服役,在部队农场从事农业劳动 1 年多。种田、种菜、养猪等农活虽然枯燥又辛苦,但劳春毛懂农业技能,又能吃苦耐劳,入伍第一年就被评为"五好战士"。以后,劳春毛连续 4 年被部队评为"五好战士"。

1965 年,劳春毛奉调驻守浦东营房,进行军事训练。上级通知有新的任务下达。不久南京军

劳春毛

区成立专职工程兵团,劳春毛因参加过打坑道、挖隧道等工兵技术训练,被抽调到新成立的工程兵团。劳春毛被任命为副班长,不久任班长,随部队去安徽蚌埠。劳春毛所在的工程兵团在蚌埠修筑营房,打夯、开沟、挖坑道。劳春毛作为班长,身先士卒,苦活累活总是抢在前头干,并荣立三等功 1 次。时值国际形势风云骤起,美帝国主义在中国南部邻国越南挑起了"北部湾事件"。1965 年 2 月 10 日,北京举行了 150 万人的声援越南大型集会。1966年 10 月,劳春毛所在的南京军区工程兵团被调往援越的最前线越南清华省。工程兵的主要任务是从事坑道作业,打山洞、挖坑道。劳春毛是工程兵

师九连三排的一名班长,他担任风钻手,在山洞里钻岩掘进,顶着弥漫的石粉烟灰,听着震耳欲聋的风钻声,艰难地在山岩中连续操作,出色地完成上级下达的任务。1967 年年初,战争形势十分吃紧。美帝国主义的轰炸机,每天飞临我军战斗工事上空,扔下了数以百吨的重磅炸弹,妄图炸毁我军的工事坑道。劳春毛和战友们对美军的这种狂轰滥炸已习以为常,等美军飞机飞走后,操起风钻继续干活,累了就去山脚下的隐蔽草棚中歇一会儿,草棚也被炸弹气浪炸毁了好几次。在施工过程中,劳春毛因劳累过度,已连续几天吃不下睡不好,但仍坚持天天在山洞中操风钻开坑道。

1967 年 5 月 10 日凌晨 2 时许,排长下命令让劳春毛与哨兵对调位置,离开施工岗位去站岗,让他休息一下以恢复体力。离开了火热的战斗第一线,几天的体力透支让劳春毛感到身体疲劳和不适,但作为一名老兵和班长,劳春毛在哨兵岗位始终提高警惕,注意观察。突然,劳春毛发现附近山头上有人在照手电筒,不远处的天空中来了几架超音速鬼怪式轰炸机。劳春毛发现特务在为敌机发信号,立即大声高喊:"敌机来了,快隐蔽!"瞬间,铺天盖地的重磅炸弹自天而降,爆炸声震耳欲聋,坑道、工事周围一片火海。敌机轰炸后,通讯员立即向连长报告,来不及隐蔽的 4 名装运石块的战士、哨兵劳春毛被敌机炸伤。连长带了一排排长李渭荣和卫生队立即赶赴现场抢救。在哨兵岗位上,一个巨大的泥块下,劳春毛卧倒在地,脸色惨白,喷出的大口鲜血,染红了地面。因爆炸掀起的气浪把几百斤重的泥块压到劳春毛身上,他内脏受了致命伤,抢救无效而英勇牺牲。

蔡松明(1941 年—1969 年 8 月)

桐乡县虎哨乡(今桐乡市崇福镇)人。蔡松明出生在一户贫苦农民家庭,兄弟姐妹 6 个,他排行第五。由于兄弟姐妹多,家底薄,生活过得很艰难。

1968 年,蔡松明积极响应国家"保家卫国"的号召,报名参加了征兵体检。4 月,经过严格的政治审查和体检,蔡松明光荣地加入中国人民解放军,成为 6309 部队的一名战士,驻防在江苏。蔡松明入伍后,认真学习,刻苦钻研军事技能。为了让家人放心,他每个月都要写一封信寄回家里,向

蔡松明

家人汇报自己在部队的学习、军训等情况。那个时代是学习毛主席著作的特殊年代,蔡松明曾多次被评为"学习毛主席著作积极分子"。同时,他严格要求自己,积极参加各项军事素质训练,样样项目达标,好多项目达到优秀。蔡松明入伍第一年就被评为"五好战士"。参军后,他一直以党员标准要求自己,并向党组织递交了入党申请书。

1969年8月,蔡松明所在部队接到上级指示,从苏州调防平望,因为有大量军需物资要从水路运输。蔡松明主动向领导请缨,随船押运物资去新驻地。8月19日下午,狂风大作,倾盆大雨,船只在颠簸中行进,当行驶到河面宽阔地段时,风雨更狂,乌云满天似黑夜,船只经不住连续的颠簸,一部分物资被狂风吹入水中,蔡松明和几位战士为了抢救落水物资,毅然跳入水中,船上的战友们用绳索、竹篙展开施救。落水的物资被打捞上船,几名战士也被救上船,但蔡松明被水流卷走了。部队及时组织了搜救队,但因为雨大水急,没有找到蔡松明,直到第三天,才打捞到蔡松明的遗体。蔡松明的家人接到部队通知,在公社干部的陪同下,到部队迎回了他的骨灰。不久,蔡松明被评为革命烈士。

徐继康(1954年6月—1974年11月)

桐乡县濮院镇(今桐乡市濮院镇)人。徐继康小时候家里缺少男劳力,生活压力很大,小学毕业就不得不辍学,在生产队参加劳动。他勤劳肯干,聪明好学,很快成了队里的一把劳动好手,无论是田里的活,还是地里的活,样样精通,深得生产队长和队员们的赞赏和夸奖。徐继康不仅在村里助人为乐,在家中更是个勤快的爱家、爱父母的好儿子。在接兵部队的领导要来带队出发的前一天,他硬是给家里劈好了很多柴火,尽可能地让父母少劳累一些。

徐继康

1973年1月,徐继康光荣入伍,加入了中国人民解放军6012部队,部队驻地在南昌市新建县石埠乡(今南昌市新建区石埠镇)。到了部队后,他被分配到部队饲养场养猪,他就在养猪班努力干了起来。养猪这个工作又脏又累,但他一有空时就认真学习毛主席著作《为人民服务》。半年后,部队领导调他去炊事班,在炊事班,徐继康更是认真做好炊事员的本职工作,丰富饭菜花样,部队领导看到他干一行爱一行,工作勤勤恳恳,是部队里的好苗子,便有意培养他。

1974 年 9 月,徐继康光荣地加入了中国共产党,还当上了炊事班班长。徐继康在部队这个大熔炉里不断地锻炼成长,把炊事班工作做得有声有色。虽然他有参军打仗立军功的情结,但他把这个愿望埋藏在心里。

1974 年 11 月 20 日一早,他去南昌采购物资,司务长有事要和他一起出去,因此部队派了一辆车送他们去南昌。当汽车经过八一桥时,他们看到桥上有一辆三轮车侧翻在地,一位搬运工人被车子压住了,动弹不了。人民的军队爱人民。他们马上下车过去,把受伤的搬运工人从车子下救出来,抬到自己车上,送到医院。吃过午饭,徐继康又因部队有事需去南昌,这次他是乘公共汽车去的,回来时想到晚上要值班,由于那几天天气有点冷,就想先去宿舍拿件军大衣。他让司机把车停在宿舍外的公路边。而宿舍在公路对面,正当他想绕过车头过马路时,一辆车速很快的面包车从后面开来,从他们的车旁边擦过,把正要过马路的徐继康撞倒在地,一下子撞出了八九米远,徐继康不幸身亡。

袁明坤(1957 年 8 月—1977 年 4 月)

桐乡县虎哨乡(今桐乡市崇福镇)人。袁明坤家有 5 个兄妹,他排行老二。"穷人的孩子早当家",袁明坤从小跟着哥哥去割草,还跟着母亲去田地里捡拾粮食。1965 年 9 月,袁明坤进入店街塘村小学读书,每天放学后,书包一放,第一件事就是帮助母亲干活。在边劳动边学习的岁月里,袁明坤一天天长大了。1968 年暑假,刚读完小学三年级,袁明坤便辍学务农,在干农活的过程中他练就了壮实的身体。在生产队里,他爱劳动,爱在家乡的土地上尽情地耕耘,

袁明坤

样样农活都抢着干,几年中他被评为队里的生产能手,曾多次获得公社、大队颁发的奖品。

1976 年春季征兵工作开始了,他报名参了军,告别了饱含热泪的父母、哥哥、弟弟和家乡的父老乡亲,随同桐乡籍 90 名战友,到达云南省石屏县(今属红河哈尼族彝族自治州)左所村新兵训练基地,开启了他的军营生活。

在新兵连的学习和训练中,袁明坤为了练就过硬的军事技能,与战友一起在训练场上摸爬滚打,挥洒汗水,经受磨炼,较好地完成了训练任务。1976年5月8日,新兵训练结束后,他被分配到中国人民解放军第二炮兵80504部队一营一连,驻守在北京市海淀区西山车耳营,执行第二炮兵机关的营建任务。他在工作中无私无畏,默默奉献,无怨无悔地为国防建设流血流汗。袁明坤在部队里始终坚持高标准严要求,尊重领导,团结同志,勤奋刻苦,好学上进,努力完成各项工作任务,很快从一名普通老百姓成长为一名合格军人,多次受到营连的表扬和嘉奖。

1977年3月30日,袁明坤奉命执行部队调防任务,他发扬不怕苦、不怕累的优良传统,始终任劳任怨,连续奋战在工作的第一线。其间,他和战友们在北京奉命随车运送物资,返回部队时,他主动让其他战士先上车,自己最后一个上车。途中,汽车突然发生故障,袁明坤被抛出车外,撞在路旁的大树上,不幸身负重伤,经部队医院全力抢救无效,于4月1日上午光荣牺牲,年仅20岁。同年4月,中国人民解放军第二炮兵后勤部政治部批准袁明坤为革命烈士。80504部队举行追悼大会,缅怀他的先进事迹,并号召部队全体官兵学习袁明坤烈士敬业爱岗、任劳任怨的工作精神。

吴金根(1957年9月—1979年2月)

桐乡县炉头镇(今桐乡市龙翔街道)人。吴金根上有两个姐姐、两个哥哥,下有4个妹妹,由于家中人多,只靠父母在生产队里起早贪黑劳动,因此吴金根尽管热爱上学,学习成绩优秀,但在考上初中后只读了半年书,就不得不辍学,跟着哥哥、姐姐们帮家中干农活,挣工分。

1976年2月,全国征兵工作开始,已年满19岁的青年吴金根热血沸腾,报名参了军,成了一名光荣的中国人民解放军战士。吴金根这批新兵被分到中国人民解放军驻广西53572部队。入伍后,吴金根被挑选到机枪连当了一名机枪手。他向连长认真学习机枪的原理,练习机枪拆卸组装,刻苦训练成为机枪手必学的点射、扫射、抬射、压射技术,苦练杀敌本领。作为新兵,他在全团的一次机枪射击比赛上,夺得了

吴金根

第二名的好成绩,受到了部队领导的多次表扬,不久后便加入了中国共产主义青年团。

1978 年年底,越南当局突然掀起了一浪高过一浪的反华浪潮,不断地挑起中越边界冲突,大肆侵占蚕食我国边界领土,驱赶枪杀我边境居民,我国决定对越南当局进行自卫反击。命令传达到吴金根所在部队时,战士们早已对越南当局这种反华行径忍无可忍。与其他战友一样,吴金根一再向部队领导申请,要求第一批上前线参战,并获得批准。1979 年 2 月 16 日晚上,吴金根郑重地写下了入党申请书。

1979 年 2 月 17 日凌晨,我方炮火在同一时间铺天盖地倾泻在敌方一个叫同登的小镇外围,同登是越南最靠近广西凭祥中越边境的一个重镇,相距广西边境我方一侧只有三公里,越军在短短三公里纵深的边境线上,布满了数不清的地雷,我军猛烈的炮火不但要摧毁他们坚固的防御工事,还要摧毁引爆地雷,从中开出一条相对安全的道路,以减少我方进攻部队伤亡。十分钟后,炮火开始延伸,进攻开始了。吴金根和战友们在炮火的掩护下,冒着随时可能踩响没有扫除的地雷的危险,在坎坷不平的弹坑中跳跃着,奋不顾身地向 549 高地穿插前进。途中,许多战士的衣服被荆棘钩破了,手上、身上划出道道血痕,血肉模糊;有的战士鞋跑丢了,但仍踩着锋利似狼牙的乱石向前急进;有的战士脚跑烂了,沙石灌进伤口,针刺般地疼痛。炮火过后,大量残余的敌人从山洞中、沟壑里爬出来,机枪、冲锋枪、自动步枪、手榴弹,各种我国援助他们的武器一齐开火,组成了一张张火力网,身旁不断有战友中弹倒下。突然,一个敌人隐蔽的火力点封锁了吴金根部队前进的道路。为了能使部队准时到达目的地,吴金根作为机枪手,不顾自己的生命安全,勇敢、奋力地端起机枪,狠狠扣动扳机,枪口马上吐出一串串愤怒的火舌,向敌人的火力点猛烈扫射,很快就把敌人疯狂的火力压制了下去。吴金根的火力点成了敌人的眼中钉、肉中刺,成了一定要拔掉的目标。刹那间,脚边的泥土不时被射来的子弹掀起一个个洞孔,此刻,吴金根早已把个人的生死置之度外,他双眼通红,忽然,一颗子弹钻进了他的大腿,一个趔趄,他侧跪在了地上,机枪也摔到一旁。后面的战友马上匍匐上前,把他拖下来放上担架,要把他送下高地。吴金根急得一边挣扎,一边大喊:"放我下来,我还能战斗!"说着,一个翻身滚下担架,从裤子上撕了一条布扎紧伤口,抱起机枪,拖着伤腿,又投入到残酷的战斗中去。不幸,又一颗罪恶的子弹飞来,击中了他的腹部,因伤势过重,吴金根经抢救无效,壮烈牺牲,为祖国献出了宝贵的生命,时年 22 岁。战斗结束后,为表彰吴金根的英雄事迹,部队党委根据他生前的要求和战斗中的功绩，决定追认他为光荣的中国共产党党员，并追记三等功。

王有法（1955 年 9 月—1979 年 2 月）

桐乡县崇福镇（今桐乡市崇福镇）人。1970年小学毕业后，王有法为减轻父母负担，放弃了升学的愿望，来到船上劳动。1976 年 3 月入伍，被分配在南京部队某部炮兵连，并加入了中国共产主义青年团。1978 年，越南黎笋集团背信弃义，奉行反华政策，不断进行武装挑衅，制造流血事件。王有法怀着捍卫祖国南疆的激情，多次请求奔赴前线。经上级批准，王有法被调至广西前线解放军 53570 部队八分队，任炮兵班班长，并于1978 年 12 月入党。

王有法

1979 年 2 月 17 日对越自卫反击战打响后，王有法奉命带领炮兵班配合部队穿插，摧毁了敌人的两个火力点，为大部队开辟了通道。当天下午又配合九连攻打 438 高地右侧的无名高地，摧毁敌人大部分火力点，九连迅速占领该高地。2 月 20 日，王有法又奉命带领炮兵班配合步兵某连攻打 339 高地。他指挥全班英勇战斗，摧毁了敌人一个火力点，同时以猛烈的炮火支援步兵夺取高地。在坚守高地的战斗中，步兵排长身负重伤，已经失去了指挥能力，此时，王有法挺身而出，指挥战斗。步

王有法荣立一等功的纪念章

兵、炮兵紧密配合,沉着、机智地打退了敌人的多次疯狂反扑。2 月 22 日,上级命令王有法率部转移,途中,他不幸中弹,身负重伤。为了掩护战友转移,他忍着剧痛,用冲锋枪向蜂拥而上的敌群扫射,最后身中数弹而壮烈牺牲。为了表彰他的战绩,部队党委对王有法追记一等功。

王国友(1956 年 2 月—1979 年 2 月)

桐乡县新生乡(今桐乡市濮院镇)人。8 岁开始上小学,在学校他读书勤奋,成绩非常优秀,可惜"文革"期间,学校几乎瘫痪,王国友初中毕业后,没有继续上高中。初中毕业后,王国友被选为生产队出纳员,不仅要管好生产队的现金收支,每天还要为参加集体生产劳动的社员们记好出勤工分。

1976 年 3 月的一天,王国友得知征兵的消息后,马上报名要求参军当兵。17 日,还不满 20 周岁的王国友如愿以偿,穿上了草绿色军装,成为一名光荣的中国人民解放军 53570 部队八分队的一员。

王国友

1979 年 2 月 17 日清晨 6 点 25 分,驻守在同登外围的越军还在睡梦中,突如其来的炮火把越南守军轰炸得晕头转向。王国友所在的参战部队是第四九三团三营,他们这个营负责穿插,以切断同登越军的南逃路线。战斗打响后,王国友和战友们先是隐蔽在一米多高、杂草丛生的山沟里,待炮兵炮击(每次约 15 分钟)后快速前进,这样在山沟里行走了数十公里。由于每名战士都要负重 40 多斤装备,一天下来,战士们个个疲惫得两腿如同灌了铅似的,但他们又个个精神抖擞,只想着如何阻止敌人逃跑。为防止部队被越军发现,使穿插受阻,部队在傍晚时分开始休整。2 月 21 日,即同登战役打响的第 5 天,在同登外围 339 高地上,战斗仍然打得极为艰苦、激烈。王国友不顾敌人的疯狂阻击,机智敏捷地匍匐前进,他在前行途中,右腿被越军的多颗子弹击中,身负重伤,但他忍着剧烈的疼痛,猛然端起手中的枪,向敌军猛力扫射,打死了 3 名敌军,并摧毁敌军的一个火力点。最终,王国友因流血过多而壮烈牺牲,时年 23 岁。

王国友牺牲后,1979 年 8 月,部队党委追认他为中国共产党党员,并荣记二等功。

张锦泉(1955 年 8 月—1979 年 3 月)

桐乡县梧桐乡(今桐乡市梧桐街道)人。张锦泉是家中的长子,为人忠厚老实。8 岁进入亭子村小学读书,14 岁进入当地梧桐公社初中读书,毕业后回到生产队务农,还做起了义务喇叭手,负责提醒生产队队员出工。在生产队,他劳动积极,总是抢着干重活累活,还利用休息时间修理农具。很快,积极肯干的张锦泉就被推荐担任操作班长。担任班长后,他更加以身作则,常常早出晚归,深受大家喜爱。

张锦泉

1976 年 3 月,张锦泉应征入伍,被分配在南京 53570 部队二营四连。在部队,他遵守纪律,团结同志,处处严格要求自己,且表现突出。1977 年 12 月加入中国共产党,不久又被提升为副班长。

1979 年 2 月 17 日对越自卫反击战打响后,张锦泉怀着保卫祖国的坚强决心,不怕牺牲,冲锋在前,奋勇杀敌。3 月 1 日,在攻打谅山外围的长形高地时,张锦泉所在的班担负主攻任务。他和班长一起指挥战友,冲到前沿时,遭到敌人密集火力的猛烈狙击。张锦泉挺身而出,灵活机智地冲到敌人火力点前,向敌人投去两枚手榴弹,端起冲锋枪猛烈扫射,消灭敌人两个机枪火力点,打死打伤多名敌人,扫除了前进中的障碍。

第二天,张锦泉所在的四连受命攻打谅山主峰高地,一排为主攻,二排在右侧高地助攻,三排为预备队。战士们火速靠近主峰,当时因天气大雾,能见度不到 20 米,走了 4 个多小时后,一排已接触到敌人,发现是敌人一个团的指挥所,立即与敌人接战交火。受到敌人火力压制,前进受阻,连长命令三排从右侧过河穿插接近敌人,助一排攻击敌人。当时,敌我兵力悬殊,越军有六七百人,而我方只有二个排的兵力 60 人左右。三排接战后,连成三路向 13 号高地发起了突然攻击,激烈战斗了近十个小时,伤亡严重。在敌人的密集火力下,战友们不断倒下,张锦泉愤怒无比,为了减少战友的伤亡,情急之中,他突然从隐蔽的战壕里挺身立起,犹如雄狮猛虎般,手持机枪朝敌人的火力点猛烈扫射,呼啸而去的子弹带着勇士的愤怒打哑了敌人的火力。挺身扫射的张锦泉为战友们攻打主峰高地扫除了障碍,却成了另一个敌人火力点扫射的目标,突然,一梭子弹穿入了他的胸膛,血从后背喷出。

子弹无情地打断了他的脊梁骨,他的双手却仍托着机枪,用尽生命的最后力气扫射。张锦泉倒在了异国他乡的土地上,光荣牺牲了,战后部队党委为张锦泉追记二等功。

唐学根(1964 年 4 月—1988 年 3 月)

桐乡县民兴乡(今桐乡市乌镇镇)人。曾就读于民兴乡中心小学,自幼便把张思德、雷锋作为自己的榜样,并一心想要参军入伍,为国效力。初中毕业后,唐学根念及父母年迈体弱,家中贫困,主动提出停止读书,便没有进入高中读书。他经常背着箱子,走家串户地卖冰棒以贴补家用。后来,唐学根又学木工,不久又进入炉头水泥厂学电机技术。

唐学根

1984 年 10 月,唐学根加入中国共产主义青年团,11 月便应征入伍,参加中国人民解放军39376 部队。不久,唐学根转入无线电专业,只有初中文化的他,凭借自己顽强的毅力和刻苦学习的精神,通过了各项考核,在 1985 年 6 月以优秀的成绩毕业于师机务教导队,后进入定检中队当上了一名无线电通信员。

1986 年 10 月,在师里举办的专业技术岗位比赛中,唐学根取得了第二名的优异成绩,成为所在部队的业务技术标兵,受到师部嘉奖。1987 年 7月,唐学根所在的中队党支部计划发展他为中国共产党党员,后因故耽搁,但他并未因此背包袱,而是继续用党员的标准严格要求自己。3 年里,由于业务技术的精湛和对待工作的一丝不苟,唐学根为飞机电台排除了 280 多次故障,保证了飞机的飞行安全。

1988 年 3 月 9 日下午,唐学根和战友奉命到陕西省武功县(今陕西省咸阳市武功县)锣鼓村火车站接探亲归队的战友沈柏明。由西安开往宝鸡的 531 次客车徐徐停靠在锣鼓村车站月台前。有几位下车的旅客绕过车尾走向对面的月台。但谁也没想到的是,由西开来的 2146 次货车飞一般驶来,火车司机发现铁轨上的旅客时,便接连鸣笛。

尖利的汽笛声惊动了站在月台末端的唐学根,他连忙向铁轨上的旅客跑去,一边还大声喊叫:"快躲开! 火车来了!"有几位旅客听到叫喊声后,纷纷离开了。然而有一位抱着小孩的妇女,正专注地低头和孩子说话,丝毫没有意识到即将到来的危险。火车呼啸而来,唐学根像离弦之箭般地奔过去,用尽全力推开了妇女。火车虽然采取紧急制动,但巨大的惯性使列车仍然轰隆隆地向前冲去。妇女和孩子得救了,唐学根却被撞了出去……唐学根就这样牺牲了。

　　3月18日,兰州军区空军政治部批准他为革命烈士,兰州军区空军党委追认他为中国共产党党员,并追记一等功;5月11日,兰州军区空军政治部授予唐学根烈士"模范共青团员"称号。

吕松华(1969年6月—1999年6月)

　　桐乡县洲泉镇(今桐乡市洲泉镇)人。自小为人老实,不善言谈。1988年6月,吕松华听说湖州市德清县公安局在招收经济民警。起初,吕松华怕家里不同意,于是,他瞒着家里人,抱着试试看的想法,一人独自赶到德清县公安局应聘。没想到,应聘非常顺利,吕松华通过面试及体检后,成为德清县公安局的一名经济民警,被分配在德清县属企业新市丝厂工作。

　　1999年6月27日,德清县境内已经连续下了好几天的大雨,新市丝厂厂区内涝十分严重,考虑到其他同事外出抗洪,原本休息的吕松华坚持

吕松华

要求晚上加班。晚饭后,吕松华和同事到门卫室休息,刚坐下就听到有人喊:"抓贼呀,有人偷车……"吕松华跑出门卫室循声望去,发现职工宿舍前有一男子正准备骑上刚撬开的自行车逃跑,他二话没说,有如百米赛跑选手冲刺般,直奔那个偷车贼而去。

　　说时迟,那时快,吕松华扑过去一把扭住那偷车贼时,偷车贼丢弃了车子,掏出一把尖刀,凶狠地冲吕松华喊道,如果吕松华胆敢多管闲事,他就捅死吕松华!如果这话是对普通人吼叫,多数人会被吓倒,可那偷车贼吓错了对象,他面对的是我们的英雄吕松华。吕松华不顾偷车贼的恐吓,英勇地和偷车贼展开了搏斗。那偷车贼见尖刀都吓不倒吕松华,就照准吕松华的胸部一刀捅过去,吕松华被凶残的偷车贼捅了一刀后,胸口血流如注,可他却强忍着剧痛,与凶犯进行殊死搏斗。他咬紧牙关,一把抓住偷车贼的衣袖,

威严地警告凶犯投案自首,否则会得到法律的严惩!在搏斗中,吕松华的鲜血快流尽了,但他仍牢牢地抓住凶犯的衣袖不放,嘴里还在警告着凶犯。那凶犯见有人往这边跑过来,两脚用力一蹬,拼了命地往厂外逃,没想到,那凶犯的衬衫被拉破了,只听见"嘶——"的一声,凶犯的衣衫后背从下摆开裂到了领子上,于是,那凶犯干脆脱掉破衬衫,光着膀子逃出厂区。

人们立刻把吕松华送到了医院,虽然医生们竭尽全力进行抢救,可吕松华终因失血过多,光荣牺牲。1999 年 11 月,吕松华被浙江省公安厅追记一等功。

朱　萍(1925 年 6 月—1950 年)

海盐县官堂乡(今海盐县秦山街道)人。1948 年在新武镇参军,生前为中国人民解放军第四十七军一四〇师四一九团侦通连战士。1950 年,朱萍在湖南省衡阳县(今衡阳市)湘西剿匪战斗中光荣牺牲,时年 25 岁。

王孔满(？—1950 年 3 月)

海盐县海塘乡(今海盐县西塘桥街道)人。1946 年 12 月 4 日参加中国人民解放军,生前为中国人民解放军第二十二军某连副班长。1950 年 3 月 24 日,在舟山战役中光荣牺牲。

陶仁法(1904 年—1950 年 9 月)

曾用名王天仁,海盐县海塘乡(今海盐县西塘桥街道)人。1950 年 9 月,解放军进驻海塘村帮助部队工作,陶仁法因公牺牲,时为海盐县海塘村行政小组长。

吴　诚(1929 年—1950 年 11 月)

海盐县武原镇人。1943 年 9 月由伯父介绍到嘉善东门外米店当学徒,由于受尽米店老板的剥削,在 1948 年离开米店。1949 年 1 月,在湖南参加中国人民解放军。吴诚离店后没有回家,所以家里人不知吴诚的下落。1949 年 5 月海盐解放,吴诚所在部队驻防在上海龙华,后调防罗店,到了 6

月,吴诚才给家里寄信。1950 年,吴诚响应国家号召,加入中国人民志愿军,成为首批抗美援朝的战士。11 月 30 日,吴诚在朝鲜富顺里长津湖战役中不幸牺牲,时年 21 岁,为中国人民志愿军第三野战军第二十六军六十师一七九团看护员。

陈忠庭(1922 年 4 月—1950 年 12 月)

海盐县澉浦镇人。1947 年加入中国人民解放军。生前为中国人民志愿军第二十军五十八师一七三团战斗组长。1950 年 12 月 28 日在朝鲜咸境南道战斗中光荣牺牲,时年 28 岁。

吴再行(1930 年 1 月—1951 年)

海盐县沈荡镇人。1949 年 8 月在海盐县应征入伍,生前为中国人民志愿军司令部通信科报务员。1951 年抗美援朝时牺牲于朝鲜,时年 21 岁。

王金法(1917 年—1951 年 8 月)

海盐县富亭乡(今海盐县武原街道)人。1948 年 11 月参加中国人民解放军。1950 年,参加抗美援朝战争,在战斗中荣立三等功 1 次。1951 年 8 月在朝鲜五圣山战斗中光荣牺牲,时年 34 岁,为中国人民志愿军第二十六军七十七师二二九团二营六连战士。

张振清(? —1952 年 5 月)

海盐县人,中国共产主义青年团团员。参加革命时间不详。1952 年 5 月牺牲于朝鲜,时为中国人民志愿军第二十军六十师教导连战士。

叶维坤(1933 年 10 月—1953 年)

海盐县齐家乡(今海盐县沈荡镇)人。1953 年 9 月参加革命。1953 年牺牲于朝鲜,时年 20 岁,为中国人民志愿军某地炮兵观测员。

杨福根(1934 年—1953 年 1 月)

海盐县六里乡(今海盐县澉浦镇)人。父亲去世后,杨福根的母亲改嫁到长川坝徐家木桥,他出生在长川坝徐家木桥(永明六队交界)牛桥村。由于生活困难,杨福根只能出去讨饭,到六里集镇一个叫杨宝全(女)的人家里,因杨家没有小孩,杨宝全便留他为子。1950 年,杨福根在海盐应征入伍,1953 年 1 月在抗美援朝战争中光荣牺牲,时年 19 岁,为中国人民志愿军第二十三军六十七师二〇〇团九连战士。

吴炎均(1932 年—1953 年 6 月)

海盐县沈荡镇人。参加抗美援朝战争,于 1953 年 6 月 14 日牺牲在朝鲜战场,时年 21 岁,为中国人民志愿军某部战士。

孙三明(1933 年—1953 年 7 月)

又名孙山明,海盐县六里乡(今海盐县澉浦镇)人。祖父以经营糕饼杂货店为生,不料杂货店毁于大火。孙三明父亲孙勉之继承了其父的经商头脑,到上海宏大书店当学徒,后与人在上海合资开办明善书局,并在上海站稳了脚跟。母亲则在家乡一边务农,一边照顾儿女。孙三明上有两个哥哥,下有一个妹妹(后夭折)。大哥常与父亲在上海,孙三明和二哥相处较多,也更为亲密。幸亏父亲精明能干,母亲勤勉务农,孙三明兄弟的生活环境较好。

孙三明

1937 年,“八一三”淞沪会战爆发后,上海成为日本帝国主义与西方列强争夺中国的场所。上海人民惊恐不安,明善书局的生意日益难做,孙三明兄妹和母亲在家乡海盐也是终日躲躲藏藏,提心吊胆地过日子。1939 年,海盐形势更加恶劣,母亲只好带着子女到了上海,一家人终于得以团聚。这样过了几年,母亲农忙时回乡种地,父亲带着孩子在上海,孙三明也终于开始上学。在上海,他接触到了各种抗日的呼声,见过很多抗日活动,“保家卫国""誓死不做亡国奴"的口号在年幼的孙三明心中留下了种子。1944年，父亲重病，书店经营情况恶化，母亲要留在上海照顾父亲，大哥已经从业，妹妹不幸病故，孙三明只得和二哥中断学业，回到乡下投奔姨妈。此时11岁的孙三明已经十分懂事，常帮助姨妈分担重活。为了减轻姨妈的负担，二哥经人介绍到平湖县新埭镇东鼎湖酱园当学徒，孙三明则继续留在姨妈家。1946年，父亲病故，母亲回到家乡，孙三明也回到母亲身边。不久，经亲友介绍，17岁的二哥到上海申新纺织第九厂工作。由于大哥已经在上海工作，家庭经济逐步走出父亲重病以来的低谷。13岁的孙三明终于可以继续他早已中断了的学业，到澉浦镇上的城南小学读书。在那里，孙三明开始逐渐了解和关心国家大事，特别是解放战争的爆发及形势的发展。1948年夏，孙三明小学毕业后进入海盐县立初级中学读书。他十分关心时事政治，关心国家的前途命运。此时，解放区传来种种振奋人心的消息，三大战役胜利更是深深地鼓舞着孙三明，尽管自己仍处在被白色恐怖包围的国统区，但他一直坚信，全国解放指日可待。

1949年5月7日，中国人民解放军第二十三军六十七师某部进入县城，不费一枪一弹便宣告海盐解放。海盐解放使海盐的历史完成了一次重大转折，也使孙三明的思想性格发生了重大变化。他变得异常兴奋、激动，他下定决心，一定要参加中国人民解放军。他多次向驻扎在县城的解放军部队表达自己想要参军的意愿，但一次次被回绝。终于，在这一年的11月，孙家收到了孙三明从浙东解放军部队寄来的信，他参军了。1950年6月25日朝鲜战争爆发，10月19日中国人民志愿军跨过鸭绿江，开赴朝鲜战场。从此，孙三明所在的部队也开始了入朝参战的准备工作。到部队后，孙三明的工作曾有过几次变动。一开始，部队领导看他年纪小，又有点文化，就让他到文工团去搞文艺，但他的普通话太差，不行！后来，部队安排他到炮兵团去当炮兵，又因为他身材矮、力气小，也不行！最后，部队送他到卫校学习，安排他当卫生员。部队生活的磨炼，使他看到了自己的不足，也明确了奋斗的方向。他进卫生学校后，就暗暗下定决心要好好学医，争取当一名出色的部队卫生员。1951年7月底，孙三明从卫校毕业后归队，当时他的年龄是18岁，身份是中国人民解放军第三野战军第九兵团二十三军六十七师二〇〇团一营三连卫生员。

1952年9月5日起，孙三明所在的中国人民志愿军第二十三军经过安东，渐次进入朝鲜境内。在部队里，条件极为艰苦，饥渴、劳累时刻折磨着他，但战斗不息，抢救不止，他要和战友们一起坚持到战斗的最后胜利，坚持到抢救任务的最后完成。他咬紧牙关,不停搜寻着一个又一个抢救的目标。然而,就在抢救伤员的过程中,孙三明不幸中弹,倒在了血泊之中,牺牲在胜利的前夕。战友们流着泪掩埋了他的遗体,那一年,孙三明还不满 20 岁。

陈宗德(1927 年—1953 年 7 月)

海盐县百步乡(今海盐县百步镇)人。1951 年 3 月入伍。1953 年 7 月 13 日牺牲于朝鲜战场,时年 26 岁,为中国人民志愿军二〇〇师五九八团战士。

王文荣(1922 年—1953 年 7 月)

又名王文章,海盐县官堂乡(今海盐县秦山街道)人。1949 年 2 月参加中国人民解放军。1951 年 1 月加入中国共产党。1953 年 7 月 24 日在朝鲜金城前线光荣牺牲,时年 31 岁,为中国人民志愿军第五十四军一三五师四〇三团炮一连给养员。现安葬在朝鲜江原省金城县瑞云里河更区 6084 高地。

张关林(1927 年 1 月—1954 年 5 月)

海盐县六里乡(今海盐县澉浦镇)人。1951 年 1 月加入中国新民主主义青年团,2 月入伍。1954 年 5 月 18 日,在浙江舟山东海海面,我军指挥舰"瑞金号"与敌舰作战时,张关林光荣牺牲,时年 27 岁,为中国人民解放军第一〇八二〇支队七〇三小队(华东军区温台大队)战士。

冯金荣(1932 年—1955 年 8 月)

海盐县官堂乡(今海盐县秦山街道)人。1951 年在海盐县应征入伍。1955 年加入中国共产党。1955 年 8 月,在福建省惠安县(今泉州市惠安县)崇武镇东门外的一次夜间巡逻中,遭遇一股从海上来的武装匪徒,激战中冯金荣光荣牺牲,时年 23 岁,为中国人民解放军 3715 部队二分队副班长。

张小官（1940 年—1961 年 10 月）

海盐县石泉乡（今海盐县通元镇）人。1960 年 8 月在余杭县（今杭州市余杭区）应征入伍。1961 年 10 月 16 日在舟山老虎山牺牲，时年 21 岁，为中国人民解放军 9204 部队①三十一分队六小队战士。

徐福根（1940 年—1965 年 5 月）

海盐县澉浦镇人。1960 年参加工作。1965 年 5 月 20 日在埃及开罗国际机场因飞机失事而遇难，时年 25 岁，为对外贸易部干部。

张志诚（1943 年 8 月—1968 年 8 月）

海盐县海塘乡（今海盐县西塘桥街道）人。1963 年 1 月在嘉兴医专应征入伍，同年加入中国共产主义青年团。1968 年 8 月在福建省福安县（今宁德市福发县）执行任务中因公牺牲，时年 22 岁，为中国人民解放军驻福建省福安县一三四野战医院少尉司药员。

---

① 《浙江省烈士英名录》为 204 部队，根据笔者在海盐县史志办查到的资料显示为 9204 部队，此处采用海盐县史志办的资料。

金根官（观）① （1948 年—1969 年 11 月）

海盐县六里乡（今海盐县澉浦镇）人。1969
年 3 月在海盐应征入伍。1969 年 9 月 9 日加入
中国共产主义青年团。金根官同志在部队期间，
刻苦学习，积极工作，苦练杀敌本领，多次受到部
队领导的表扬。1969 年 11 月 6 日，金根官随部
队在安徽省霍邱县（今六安市霍邱县）执行任务时
光荣牺牲，时年 21 岁，为中国人民解放军浙江舟
山 6545 部队五一分队战士。

金根官

许金观（1952 年—1973 年 7 月）

海盐县富亭乡（今海盐县武原街道）人。1971
年 1 月在海盐县应征入伍，同年加入中国共产主
义青年团。1973 年 7 月 8 日在淳安县中队修整
操场时因公牺牲，时年 21 岁，为杭州警备区淳安
县中队战士。

许金观

钱志明（1954 年—1980 年 3 月）

曾用名朱志明，海盐县齐家乡（今海盐县沈荡镇）人。1975 年 12 月在
海盐县应征入伍。1976 年加入中国共产党。钱志明在部队能刻苦学习，积

---

① 浙江省民政厅编《碧血丹心——浙江烈士英名录（嘉兴 绍兴卷）》（浙江人民出版
社，2014 年，第 54 页）录入为"金根观"。

极工作,听党的话,服从组织分配,热爱本职,吃苦耐劳,作风正派,团结同志,受过四次嘉奖,深受干部和战士的好评。1980 年 3 月 1 日,钱志明在黑龙江省虎林县(今黑龙江省鸡西市虎林)不幸牺牲,时年 26 岁,为中国人民解放军 87102 部队七十六分队班长。

戴建林(1955 年 6 月—1985 年 8 月)

海盐县武原镇(今海盐县武原街道)城南村人。城南村小店营业员。1985 年 8 月 25 日为保卫本村小店财产而壮烈牺牲,时年 30 岁。

沈诚华(1975 年—1995 年 6 月)

海盐县秦山镇(今海盐县秦山街道)人。1995 年 6 月 16 日在广东省湛江市海军陆队五公里训练中不幸因公牺牲,时年 20 岁,为中国人民解放军海军陆战队战士。

徐　河(1925 年—1950 年 9 月)

嘉善县魏塘镇(今嘉善县魏塘街道)人。毕业后做泥工和户籍员,1948 年 8 月参加革命,9 月加入中国共产主义青年团。中华人民共和国成立时为小学教员。1950 年 9 月 12 日因公殉职,时年 25 岁,时为中国人民解放军陆军第二十三军新华书店会计。原葬于上海市金山区枫泾镇王圩村,2001 年 10 月迁移至嘉善县善西公墓。

徐　河

毕仁峰（1925 年—1950 年 12 月）

　　山东省文登县（今威海市文登区）人。小学毕业后在家务农，1944 年 11 月参加区中队，后被编入中国人民解放军华东野战军九纵队十三团，曾参加济南战役、淮海战役、渡江战役和解放上海的战斗。1946 年加入中国共产党。1950 年，随中国人民志愿军第二十七军八十一师二四三团参加抗美援朝战争，任副连长，同年 12 月牺牲于朝鲜（外地转入，由嘉善县填发证书）。

毕仁峰

戴根生（1917 年—1950 年 12 月）

　　嘉善县丁栅村（今嘉善县姚庄镇丁栅社区）人。1949 年 9 月参加革命，荣立三等功 1 次。1950 年 12 月牺牲于朝鲜，时年 33 岁，为中国人民志愿军第三十九军一一六师三四八团炮一连排级炮教员。

乐　骥（1930 年—1951 年 6 月）

　　嘉善县魏塘镇（今嘉善县魏塘街道）人。小学毕业，12 岁到上海五金手工店当学徒，13—17 岁在肉店当学徒、职工。嘉善解放后到湖嘉公学（中共嘉兴市地委党校和中共湖州市委党校的前身）学习，毕业后被分配到中共嘉善县委当通讯员，1950 年任南信乡副乡长，1951 年任里泽乡人民政府乡长。1951 年 6 月，在里泽乡（今魏塘街道）青龙庵开群众大会后，不幸落河牺牲，时年 21 岁。

乐　骥

蒋爱仁(1921 年—1951 年 10 月)

嘉善县天凝镇人。1947 年 6 月参加革命,荣立二等功 1 次。1951 年 10 月牺牲于朝鲜,时年 20 岁,为中国人民志愿军第四十七军一三九师四一六团二连战士。

孙克孖(1926 年—1952 年 5 月)

嘉善县魏塘镇(今嘉善县魏塘街道)人。读完初中后到嘉兴读高中,后考入上海圣约翰大学。1945 年加入中国共产党。1948 年被推荐与国民党上海市市长吴国桢进行谈判,不料被捕,后经党组织营救,孙克孖被无罪释放。释放后奔赴延安,后参加过淮海战役,又在中共中央中南局政策研究室任干事。1952 年年初,调到上海市卢湾区搞"五反"工作,任材料组组长,后调老闸区(今属上海市黄浦区)任"五反"工作队小队长。同年 5 月 21 日在调查五反材料时不幸吐血身亡,因公殉职,时年 26 岁。

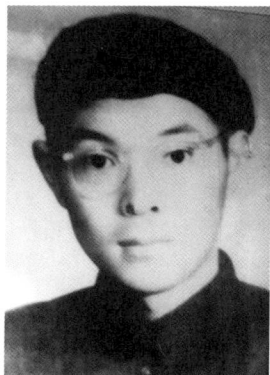

孙克孖

陈汉良(1933 年—1951 年 10 月)

嘉善干窑乡(今嘉善干窑镇)人。儿童时在干窑初级小学读书,16 岁至 17 岁在上海青浦朱家角当学徒,后失业在家。1951 年 1 月参加中国人民志愿军,同年 6 月随第六十七军二〇一师六〇二团一营三连赴朝参战。1951 年 10 月,牺牲于朝鲜金洞阻击战中,时年 18 岁。

陈汉良

芦惠法（1926 年—1951 年）

嘉善县魏塘镇（今嘉善县魏塘街道）人。1949
年 1 月 7 日入伍，后在中国人民解放军淞沪警备
司令部当通讯员。抗美援朝开始后，上海警备部
队抽调芦惠法等战士编入中国人民志愿军某部赴
朝参战。1951 年 9 月在朝鲜失踪，1962 年 4 月被
追认为烈士。

芦惠法

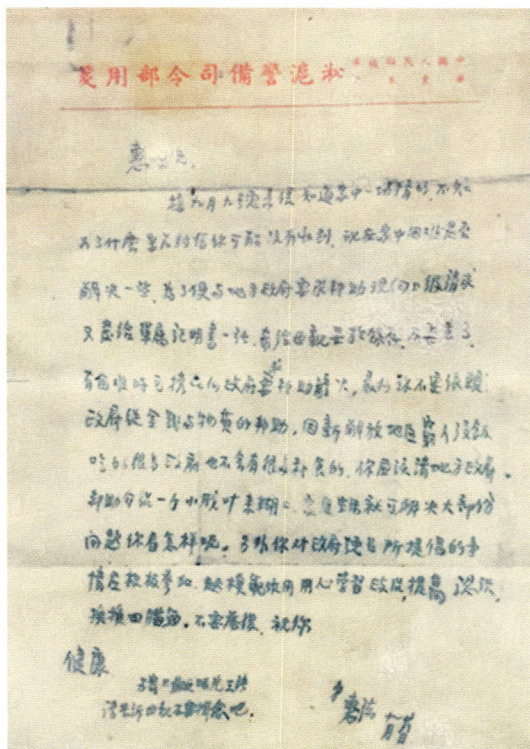

1951 年 9 月 28 日，芦惠法生前写给哥哥的最后一封信

范德金(1927 年—1952 年 1 月)

嘉善县罗星乡(今嘉善县罗星街道)人。9 岁至 14 岁读小学,17 岁被国民党抓壮丁当兵。1948 年 10 月参加革命,为中国共产党党员。1952 年 1 月牺牲于朝鲜,时年 25 岁,为中国人民志愿军第六十四军一九〇师五七〇团二连副班长。

范德金

申成保(1932 年—1953 年 2 月)

江苏省南通县(今江苏省南通市)人。幼年生活贫苦,讨过饭,后在香店做雇工。1949 年 5 月被国民党抓壮丁当兵,同年 5 月被收编入中国人民解放军。抗美援朝开始后,随中国人民志愿军步兵第二十三军第六十九师二〇五团三营九连赴朝鲜前线作战。1953 年 2 月 6 日牺牲于朝鲜,时年 21 岁(外地转入,由嘉善县填发证书)。

申成保

胡 斌(1932 年—1953 年 3 月)

原名胡治中,嘉善县西塘镇人。小学毕业后,在百货商店当学徒,17 岁考入县立初级中学西塘分部读书。1949 年 9 月参加中国人民解放军,曾参加解放舟山群岛的战斗。1953 年随部队编入中国人民志愿军第二十三军六十七师二〇〇团,任政治处副排级文印员,荣立三等功 2 次、四等功 1 次。1953 年 3 月牺牲于朝鲜铁原郡,时年 21 岁。

胡 斌

李 霁(1932 年—1953 年 4 月)

女,又名李昌庭,嘉善县西塘镇人。1947 年 7 月毕业于县立初级中学西塘分部,同年秋考入江苏省立松江女子中学高中师范科。李霁好学上进,刻苦努力。嘉善解放时积极组织回镇同学开展庆祝解放宣传活动。1949 年 9 月,参加入驻本县的中国人民解放军第二十三军六十七师文工团,后被提升为班长,担任见习分队副文化教员等职,参加中国新民主主义青年团。1952 年随部队赴朝作战。1953 年 4 月 6 日在前线慰问演出时,遭敌机轰炸,严重受伤,经抢救无效而牺牲,时年 21 岁。李霁安葬于朝鲜江原道铁原郡蒐花洞,生前荣立三等功 1 次、四等功 3 次。李霁的爱人钱明是中国人民志愿军某部炮兵营营长,也牺牲在了朝鲜前线。

李 霁

杨守箴(1933 年—1953 年 4 月)

又名杨进财、杨大观,嘉善县魏塘镇(今嘉善县魏塘街道)人。13 岁前读小学,14 岁在嘉兴鑫记绸庄当学徒。1949 年 10 月参加中国人民解放军,任文化教员。1950 年解放舟山后驻防舟山岛。1951 年,随中国人民志愿军第二十三军六十七师一九九团二营赴朝参战,任营部文书。1953 年 4 月牺牲于朝鲜战场,时年 20 岁。

杨守箴

刘根孝(1914 年—1953 年 6 月)

江苏省金坛县(今江苏省常州市金坛区)人。儿时在初级小学读书,14 岁到上海自行车行当学徒。1944 年随车行迁至南通,在车行做职工,经常和新四军便衣队联系并参加活动,6 月在南通北曲港正式入伍。先后任战士、班长、上士、司务长。抗美援朝开始后,在中国人民志愿军第二十四军后勤部管理科任上士,立二等功、三等功各 1 次。1953 年 6 月牺牲于朝鲜江原道,时年 39 岁(外地转入,由嘉善县填发证书)。

刘根孝

叶　聪（1932 年—1954 年）

　　女，又名叶彩然，嘉善县魏塘镇（嘉善县魏塘街道）人。初中毕业，1949 年 9 月参加中国人民解放军文工团。1950 年加入中国新民主主义青年团，随中国人民志愿军第二十三军六十七师政治部赴朝参战，任缮写员、会计等职。1954 年《朝鲜停战协定》签订后，叶聪在执行任务时，因夜间巷顶倒塌而牺牲，时年 22 岁。

叶　聪

张在荣（1923 年—1955 年 12 月）

　　嘉善县俞汇乡（今嘉善县姚庄镇）人。入伍前务农、做木工。1951 年 3 月参加中国人民解放军海军 1024 部队，为炊事员，曾荣立三等功 1 次。1955 年 12 月牺牲于福建省东山县（今福建省漳州市东山县），时年 32 岁。

张在荣

姚勇常(1933 年—1956 年 11 月)

嘉善县枫南乡（今嘉善县惠民街道）人。12岁开始上学。1949 年 6 月参加湖嘉公学第一期学习。1949 年 8 月被分配到嘉善县干窑区公所工作。1950 年 1 月参加中国人民解放军 6006 部队 16 支队 1 分队，先后任学员、文书、少尉参谋，为中国共产党预备党员，荣立三等功 1 次，小功 1次。1956 年 11 月，在北京市昌平区台头庄军事实弹演习中不幸因公牺牲，时年 23 岁。

姚勇常

许品华(1935 年—1957 年 11 月)

嘉善县干窑镇人。少年时在干窑读书，16 岁至 20 岁在江苏省金山同盛桐油瓷器店当学徒。1955 年 3 月在金山应征入伍，在新兵连当战士，同年 4 月在中国人民解放军 9062 部队六连先生任炮手、中士炮长，为中国共产党预备党员。1957年 11 月，牺牲于福建省厦门市集美侨英乡叶眉村，时年 22 岁。

许品华

王惠春(1937 年—1960 年 4 月)

绍兴县(今绍兴市)人。小学毕业后务农。1954 年 8 月参加革命,为地方国营嘉兴养鱼场技工,1959 年被评为厂先进生产者。1960 年 4 月 22 日,为了支援外地水利工程建设,在昌化县太阳公社修建龙王桥水库,不幸被卷入漩涡而牺牲,时年 23 岁。

王惠春

邹明甫(1937 年—1961 年 7 月)

嘉善县洪溪乡(今嘉善县天凝镇)人。入伍前在家务农。1959 年 3 月入伍,中国共产主义青年团团员,荣立三等功 1 次。1961 年 7 月于舟山岙底村国防施工中牺牲,时年 24 岁,时为中国人民解放军 9253 部队七小队上等兵。

邹明甫

刘永才（1936 年—1962 年 8 月）

嘉善县魏塘镇（今嘉善县魏塘街道）人。初中毕业。中华人民共和国成立初期，少年刘永才看到解放军处处为人民服务，就想要当解放军。1954 年夏天，洪水侵袭杭嘉湖，刘永才闻知凤桐乡（今魏塘街道）农民王连兴为防洪水涌进堤岸，用身体堵住缺口，保全了 1600 亩稻田的事迹，就怀着激动的心情写了作文《一个勇敢的人》，文中写道："……我要以王连兴为榜样，以后遇到任何困难，一定要向他学习……"1956 年 3 月，刘永才应征入伍。入伍后，他时时严格要求自己，连年被评为"五好战士"，立功受奖 30 余次，历任战士、文

刘永才

书、班长、文化教员、副排长。1958 年 7 月加入中国共产党。1962 年上海市公安总队二团一连驻川沙县高桥公社。8 月 1 日夜，狂风暴雨席卷了上海市，导致大水泛滥。刘永才所在的部队已经抢救了余家宅的一部分社员，但仍有部分社员被困在天灯港，刘永才和排长杨锡武带领 18 个战士跑步前往天灯港救人。刘永才和战友们相继跳入水中救人，社员被救起后仍有两名战友在水中与风浪搏斗，就在刘永才向战友划过去的时候，一个巨浪向他扑来，时年 26 岁的刘永才不幸牺牲，牺牲时任上海市公安总队第二团一连副排长。刘永才烈士现安葬在上海市高桥烈士陵园。

章明祥（1933 年—1963 年 12 月）

　　嘉善县干窑公社（今嘉善县干窑镇范泾村）人。从小读书，后在家务农。1951 年 8 月参军，1957 年 1 月加入中国共产党，荣立三等功 1 次。1963 年 12 月牺牲于舟山市定海县（今舟山市定海区），时为中国人民解放军 6363 部队少尉测绘员。

章明祥

赵金海（1931 年—1967 年 3 月）

　　浙江省富阳县新桐乡（今杭州市富阳区新桐乡）人。从小讨饭，后给人放牛。1951 年 2 月参加人民解放军。1956 年复员，到浙江省公安厅嘉兴运河农场砖瓦石厂当办事员。1967 年 3 月 26 日在龙卷风和冰雹袭击中，因奋勇抢救国家财产而光荣殉职。

赵金海

苏　源（1914 年—1972 年 11 月）

广西壮族自治区南宁地区天等县（今广西壮族自治区崇左市天等县）人。1940 年 8 月参加革命。1946 年 3 月加入中国共产党。入伍后在抗日战争、解放战争和祖国四化建设各个时期，都为党和人民做出了贡献。任中国人民解放军 32260 部队司令部副参谋长，参加革命几十年，一直廉洁奉公，以身作则，吃苦在先，享受在后，处处做士兵的表率，在革命战争年代积劳成疾。曾获中华人民共和国三级独立自由勋章和三级解放勋章。离休后于 1972 年 11 月因患脑溢血抢救无效而病故，时年 58 岁。根据有关革命老同志在战争年代积劳成疾可批准为烈士的规定，苏源被批准为革命烈士，现安葬于嘉善县善西公墓（外地转入，由嘉善县填发证书）。

苏　源

张　涛（1928 年—1973 年 8 月）

湖南省邵阳地区洞口县（今湖南省邵阳市洞口县）人。1946 年 7 月参加革命。1947 年 2 月加入中国共产党，曾荣获华中南解放纪念章一枚，荣立三等功 1 次、四等功 2 次。抗美援朝期间获抗美援朝勋章 1 枚、中朝纪念章 3 枚。1973 年 8 月 27 日，由于因公致残的眼病复发，病情恶化，急送上海市海军医院，抢救无效而病故，时年 45 岁，时为中国人民解放军陆军第六十九师后勤部卫生科科长（外地转入，由嘉善县填发证书）。

张　涛

黄玉林(1958 年—1976 年 7 月)

嘉善县惠民乡(今嘉善县惠民街道)人。初中毕业后务农。1976 年 3 月应征入伍。同年 7 月,在备战施工的坑道中不幸牺牲于河南省洛阳市,时年 18 岁,时为中国人民解放军 80512 部队 50 分队战士,牺牲后被追认为中国共产主义青年团团员。

黄玉林

周永林(1958 年—1977 年 10 月)

嘉善县陶庄公社(今嘉善县陶庄镇)人。初中毕业后在家务农。1976 年 3 月应征入伍,为中国共产主义青年团团员。1977 年 10 月,因爆炸事故牺牲于河南省洛阳市,时年 19 岁,为中国人民解放军 80512 部队战士。

周永林

王春生(1956 年—1977 年 10 月)

嘉善县丁栅乡(今嘉善县姚庄镇)人。初中毕业后在家务农。1976 年 3 月应征入伍。1977 年 4 月加入中国共产主义青年团。1977 年 10 月,在国防备战施工中不幸牺牲,时年 21 岁,为中国人民解放军 80512 部队战士。

王春生

钱增荣(1954 年—1978 年 11 月)

嘉善县西塘镇人。初中毕业。1973 年 1 月应征入伍,为中国共产党党员。1978 年 11 月在国防备战施工中牺牲于河南省宜阳县(今河南省洛阳市宜阳县),时年 24 岁,为中国人民解放军 87442 部队排长。

钱增荣

卓蓓驰(1975 年—2001 年 4 月)

卓蓓驰

嘉善县魏塘镇(今嘉善县魏塘街道)人。1993年 7 月从南昌铁路成人中等专业公安学校毕业后,被分配到上海铁路公安处巡警队工作,担任一级警员。在工作了半年多后,他就郑重向党组织递交了入党申请书。心中有了目标,卓蓓驰工作学习更有劲了。在从警一年后的思想小结中,他写道:"当一名人民警察,可能会流血牺牲,我既然选择了这个神圣而庄严的职业,就无怨无悔。"

2000 年 11 月 1 日下午,巡警队在上海站南二出口处开展查堵工作。民警小褚突然发现一名旅客腰间插着手枪,就大喊一声:"有枪!"一旁的卓蓓驰猛扑上去,将嫌疑人死死压在身下,在其他民警协助下很快将此人制服,并从其身上查获一支自制的土枪。

卓蓓驰家住嘉善,每天上下班来回需 3 个多小时,但他从未因路远而迟到早退。只要工作需要,一个电话他就会以最快速度归队。有时因办案通宵加班,第二天队领导便让卓蓓驰乘下午 3 时半的火车提前回家休息,可他执意要和同志们一起把工作做完。就在牺牲前一天,他还参加了一个打击偷扒列车货物的集中行动,和另一位民警一起抓获 4 名违法人员。待他乘火车回到嘉善家里已是半夜,可次日一早,他又准时出现在上海站的查堵岗位上。短短的两年时间,卓蓓驰先后抓获各类犯罪嫌疑人 41 名,其中公安部"网上逃犯"2 名;解救被拐妇女 2 名;查获假币 5.9 万余元、三唑仑 85 粒、罂粟壳 1000 克、淫秽光盘 385 张、管制刀具 70 把。由于工作出色,卓蓓驰被上海铁路公安处评为先进工作者并受到嘉奖。

从警之前,卓蓓驰在上海铁路分局第二工务段工作。当时,单位里 200多台对讲机没人负责修理。一发生故障,只能送到上海去修,不仅费钱费时,而且耽误工作。卓蓓驰看在眼里,急在心里。他自费买来图书,利用业余时间钻研,很快掌握了对讲机的维修技术,主动揽下了单位里 200 多台对讲机的维修和保养工作。卓蓓驰还曾设计出一种"双音道口报警器",解决了道口员无法区分上下行列车的苦恼,荣获上海铁路分局颁发的"技术改进成果奖"。穿上警服后,他不但虚心向老同志学习,而且自学中国人民公安大学本科的"公安信息管理"专业。在一起参加工作的新民警中,他是业务技能进步最快、成绩最突出的一个。在巡警队,卓蓓驰被战友们称为"电脑博士",这是因为几年来他利用业余时间钻研电脑,取得了"计算机应用"专业的大专文凭。尤其令人称道的是,他主动将电脑知识耐心传授给战友。在他的辅导和带动下,巡警队学习氛围浓厚,如今全队大多数民警都掌握了电脑操作技能。

2001年4月27日晚,天黑沉沉地下着雨。卓蓓驰在铁路上海站南一出口处执行查堵任务。19时35分许,黄山驶来的K817次列车到站,一个穿着绛色西装的青年旅客进入卓蓓驰的视野。出门旅行怎么只拎一只黑色马甲袋?高度警惕的卓蓓驰果断将他截住,要求检查身份证。"你的身份证是假的!"卓蓓驰一眼看出了破绽。那人顿时大惊失色,一下子翻越检票口的栅栏向站外逃窜。卓蓓驰立即紧追、疾呼:"抓住他!抓住他!"卓蓓驰急追300米,终于在上海邮电大厦西门、恒丰北路斜拉桥下追上那名歹徒,一把抓住了他的衣服,展开搏斗。凶残的歹徒狗急跳墙,从袖筒中抽出一把20多厘米长的利刃。一连3刀,刀刀致命。卓蓓驰倒下了,当战友赶到时,血人一般的他手指歹徒逃窜方向,艰难地吐出了最后一句话:"犯罪分子在桥上,抓住他!"

卓蓓驰自刻石章:人民乃父母,稳定是天职

卓蓓驰是全国开展"严打"整治斗争后牺牲的第一位民警。他用生命最后300米的冲刺,达到了人生辉煌的顶点。

卓蓓驰牺牲次日,公安部部长贾春旺即批示上海警方尽快破案,并对卓蓓驰的家属表示慰问。同日,铁道部公安局也发来慰问电。4月29日,上海市委副书记刘云耕等各级领导先后到医院看望并慰问卓蓓驰的家属。3
天后,凶手罗日民在安徽芜湖落网。后经查明,罗日民于 2000 年 12 月和
2001 年 1 月先后在江西犯下两起抢劫、强奸、杀人案,6 名无辜群众遇害。
这名凶残的歹徒之所以潜入上海,是为了实施更为疯狂的犯罪。为了报复,
他准备伺机杀掉当初在上海监狱服刑期间的几名管教干部。

中共上海市委组织部、市建设党委和上海铁路局党委举行了卓蓓驰事
迹报告会。同年 6 月,卓蓓驰被追认为中共党员,并被追授"全国公安系统
二级英雄模范""人民铁道卫士""上海市新长征突击手标兵",获"铁路青年
五四奖章"。卓蓓驰烈士现安葬在上海龙华革命烈士陵园内。

嘉兴革命烈士陵园墓区
烈士事迹简介

丁国荣(1919年—1941年)

原名丁梦华,曾用名张志荣、张永清,江苏省川沙县(今上海市浦东新区)人。曾就读于浙江农学院,在校期间,参加过"一二·九"学生运动并赴南京请愿。抗日战争全面爆发后,先后在上海等地参加抗日救亡运动,后又奔赴延安,进入陕北公学学习。1939年秋,加入中国共产党,并受党派遣到浙江金华、丽水、萧山等地活动。同年秋,受组织指派到浙西敌后工作,任安吉县委组宣部长。1940年以后,奉命到嘉兴敌后开辟新区,曾任中共嘉崇桐工委宣传委员、中共海北工委组织委员等职。

1940年2月,丁国荣受中共浙西特委委派,到崇德洲泉与共产党员姚旦、刘明一起组建中共嘉崇桐工作委员会。在洲泉召开的中共嘉崇桐工委第一次会议上,三人讨论了职务分工,姚旦、刘明已在当地活动,而丁国荣刚奉特委之命而来,为了顺利开展工作,丁国荣毅然决定从大局出发,不计较个人的得失,果断提名姚旦担任工委书记,刘明担任组织委员,自己担任实际排第三的宣传委员,使得嘉兴地区党的工作很快开展起来。

中共嘉崇桐工委建立起来后,根据分工,丁国荣前往桐乡屠甸镇,负责桐乡县(今桐乡市)党的工作。他在与当地地下党员取得联系后,确定对策。丁国荣确定了"先从敌伪势力弱的镇郊农村打开缺口,然后渐次向屠甸镇推进"的工作步骤,以政工队为名,以夜校为阵地,广泛发动群众,宣传抗日主张,并争取到了青帮力量的支持,不到3个月时间,就打开了屠甸党的工作新局面。

1940年7月,丁国荣奉命赴莫干山参加特委宣传工作会议,会上特委向丁国荣了解《浙西导报》的情况,因工委没有要他分管《浙西导报》的工作,所以特委要求他回去把这个工作抓起来,并安排他人接替了丁国荣的职务。面对变化,丁国荣毫无怨言,继续任劳任怨地为党工作。9月,浙西形势恶化,国民党地方当局不断对政工队进行排挤分化,妄图消除中共在浙西公开存在的主要理由,共产党员在浙西受到了迫害,二队队长姚旦等人遭通缉,《浙西导报》被国民党强行封闭。为了保存党的力量,姚旦在撤走之前把党的力量最集中的崇德县的工作移交给了丁国荣。面对困难的形势,丁国荣勇敢地挑起了这副重担。针对国民党的反共逆流,丁国荣根据上级指示,结合本地具体情况,提出了"发展社会关系,提高社会地位,长期埋伏,积蓄力量"的方针,及时将党的工作由公开、半公开转入秘密。在他的正确领导下,崇德县党组织基本上保存了下来。

1941年4月，为加强海北地区党的力量，根据上级的指示，丁国荣将崇德县的关系移交给中共吴兴县委，义无反顾地来到海北地区，担任中共海北工委组织委员。根据分工，丁国荣来到嘉兴新篁，化名张永清，以经商、教书为名，坚持敌后斗争。新篁是当时嘉南一带的中心。嘉兴沦陷后，国民党的地方当局返回敌后，即在新篁一带活动，反动派势力相当集中。同时新篁离嘉兴、新丰、王店、沈荡等日军据点很近，日伪军时常到该地"扫荡"，危险性相当大。

丁国荣到新篁后，先在镇上日军"扫荡"后的废墟上搭建了个草棚，开了个小酒馆，从来往人中了解、熟悉情况。后来丁国荣发现酒馆来往的人过于复杂，不利于党内同志的来去和组织活动的进行，于是立即将酒馆关掉，另开一家恒昌糖果店，以进货及做生意为名，在海北地区活动，发展党员，宣传党的主张。经过努力，他在海北地区发展了一些党员，党组织开始在新篁站住了脚。但随着许多党员到海北开展工作，党组织的经费越来越困难，丁国荣本人也是常常吃了上顿没有下顿，不管天冷天热就是一件衣服，破了就自己打几个补丁。最后，丁国荣到上海老家找母亲和姐姐想办法，母亲看到他虽然是一个大学生，但头发、胡子老长，衣服又破又烂，不禁悲从中来，苦劝丁国荣留在上海，不要再走了。丁国荣这个铁一样的汉子，此时也不禁潸然泪下，他何尝不想留在亲人身边，共享天伦之乐？关键时刻，共产党员的信念和责任使他毅然选择离开。通情达理的母亲和姐姐见留不住他，只好给他打点好行李，又塞给他五六百元钱，不料这是他们见的最后一面。1941年秋，丁国荣在日寇"扫荡"中牺牲。

杨杏观（1919年—1949年5月）

该烈士事迹在前文中已有说明，此处不做赘述。

盛君超（1926年—1949年8月）

该烈士事迹在前文中已有说明，此处不做赘述。

沈鹤龄(1931 年 8 月—1949 年 8 月)

该烈士事迹在前文中已有说明,此处不做赘述。

张俊仁(? —1949 年 8 月)

四川省人。1947 年 11 月 29 日参加革命,加入中国人民解放军第二十四军二一六团。1949 年 8 月 13 日牺牲。

方一平(1927 年—1951 年)

该烈士事迹在前文中已有说明,此处不做赘述。

罗四通(1920 年—1951 年 1 月)

湖南省醴陵县(今湖南省株洲市醴陵市)人。浙江军区浙东后方医院营级政委,1951 年 1 月 18 日病故。1952 年 5 月 12 日,华东军区追认其为革命烈士。

周　杰(? —1951 年 1 月)

安徽省无为县(今安徽省芜湖市无为市)人。华东军区军大卫生部营级指导员,1951 年 1 月 23 日牺牲。

周　杰

杨小福（1933 年—1951 年 2 月）

该烈士事迹在前文中已有说明，此处不做赘述。

孔孝法（1924 年—1951 年 10 月）

云南省腾冲县北大庄人。1951 年 10 月 13 日牺牲。

吴文新（？—1951 年 11 月）

山东省昆嵛山区人。加入浙江嘉兴军分区后勤处，1951 年 11 月 5 日牺牲。

刘家林（？—1952 年 1 月）

江苏省睢宁县人。1948 年 6 月 27 日参加革命，为中国人民解放军第二十一军六十三师一八七团三营九连副排长。1952 年 1 月 23 日牺牲。

安伯义（？—1952 年 1 月）

山东省日照县（今山东省日照市）人。中国人民解放军第二十一军六十三师一八九团二营五连副政指挥。1952 年 1 月 24 日牺牲。

安伯义

李相松(？—1952 年 1 月)

江苏省泗阳县人。1948 年 5 月 19 日参加革命,为中国人民解放军第二十四军一〇九团一营机炮连战士。1952 年 1 月 25 日牺牲。

郭玉停(1924 年 1 月—1952 年 2 月)

河南省漯河市(时为县级市)舞阳县(今河南省漯河市舞阳县)人。1948 年 10 月参加革命,为中国人民解放军第二十四军一〇九团一营机炮连战士。1952 年 2 月 20 日牺牲。

张光辉(？—1952 年 5 月)

四川省达县专区开江县(今四川省达州市开江县)人。中国人民解放军第二十一军六十三师一八七团炮兵连战士。1952 年 5 月 13 日牺牲。

段瑞成(？—1952 年 6 月)

四川省绵阳安县(今四川省绵阳市安州区)人。1949 年 8 月 15 日参加革命,为中国人民解放军第二十一军一八七团警营战士。1952 年 6 月 4 日牺牲。

刘同晋(？—1952 年 7 月)

山东省滨北胶县(今胶州市)人。中国人民解放军第二十一军速成学校班长。1952 年 7 月 29 日牺牲。

胡学忠(？—1952 年 12 月)

江苏省镇江丹阳县(今江苏省镇江市丹阳市)人。1948 年 10 月 7 日参加革命,为坦克二师摩托炮兵团政治处宣教副股长。1952 年 12 月 26 日牺牲。

蒋步华（？—1953 年 1 月）

江苏省沭阳县人。第 86 部队二三五大队八连战士，1953 年 1 月牺牲。

周伍仔（？—1953 年 2 月）

江西省抚州镇黎川县（今江西省抚州市黎川县）人。1949 年 4 月参加革命，为中国人民解放军第二十一军六十一师一八一团战士，1953 年 2 月19 日牺牲。

黎昌贵（？—1953 年 5 月）

重庆市万县（今重庆市万州区）人。1949 年 4 月参加革命，为步兵第二十七军八十师二三八团战士。1953 年 5 月 5 日牺牲。

张德胜（？—1953 年 7 月）

江苏省东台镇海堰乡（今江苏省盐城市东台市海丰镇）人。1949 年 4月参加革命，为中国人民解放军工兵十三团战士。1953 年 7 月 17 日牺牲。

李成岗（？—1953 年 8 月）

贵州省人。1950 年 8 月 28 日参加革命，为中国人民解放军第二十七军八十师战士。1953 年 8 月 1 日牺牲。

夏春清（？—1954 年 6 月）

山东省昆嵛山区人。1947 年 6 月参加革命，中国人民解放军第二十七军八十一师二四〇团二营一连排长。1954 年 6 月 3 日牺牲。

杨先敬(？—1954 年 9 月)

安徽省濉溪县五沟区(今安徽省淮北市濉溪县五沟镇)人。在华东军区第七陆军医院工作,1954 年 9 月牺牲。

甄士炽(？—1954 年 11 月)

广东省台山县(今广东省江门市台山市)人。在浙江军区第七陆军医院工作,1954 年 11 月 7 日牺牲。

于乃义(1927 年 7 月—1955 年 6 月)

又名于之平、于乃谊,山东省莱西县店埠区(今山东省青岛市莱西市店埠镇)人。1945 年 1 月入伍。1947 年 7 月参加革命,为空军嘉兴机场站汽车连二排副排长,荣立四等功 4 次。1955 年 6 月 1 日牺牲。

周 礼(？—1955 年 6 月)

吉林省梨树县人。中国人民解放军 2723 部队战士,1955 年 6 月 12 日牺牲。

李世英(？—1955 年 8 月)

安徽省阜阳县人。嘉兴机场站卫生队卫生员,1955 年 8 月 17 日牺牲。

邵吾松(？—1955 年 11 月)

杭州市萧山县(今杭州市萧山区)人。1951 年 10 月 29 日参加革命,为公安第十七师四十九团三营九连副排长。1955 年 11 月 14 日牺牲。

姚沛根(？—1956 年 7 月)

山东省临沂县(今山东省临沂市)人。1953年 10 月 14 日参加革命,为嘉兴市军分区助理员。1956 年 7 月 14 日牺牲。

姚沛根

王庆胜(？—1956 年 9 月)

辽宁省岫岩满族自治县人。中国人民解放军空军 2723 部队一支队少尉飞行员,1956 年 9 月 1 日牺牲。

王正统(1932 年 9 月—1956 年 9 月)

金华专区江山县(今衢州市江山市)人。1953 年 2 月入伍,为 0101 部队三支队二小分队战士。1956 年 9 月牺牲。2003 年 5 月 28 日迁移至嘉兴革命烈士陵园安葬。

巢绍林(1931 年 10 月—1959 年 3 月)

湖南省湘潭市汨罗公社汨罗镇(今湖南省岳阳市汨罗市汨罗镇)人。1950 年 10 月参加革命,为中国人民解放军空军 2957 部队少尉飞行员,1959 年 3 月 2 日牺牲。

李维舟(1927 年 3 月—1959 年 7 月)

山东省沂水县(今山东省临沂市)人。1944 年 2 月参加革命,为军区速成中学俱乐部主任。1959 年 7 月 28 日牺牲。

蔡汝荣(1942 年—1960 年 10 月)

金华专区衢县(今衢州市)人。浙江军区工兵营四连战士,1960 年 10 月 5 日牺牲。

高维强(？ —1960 年 12 月)

江苏省宿迁县(今宿迁市)人。守备第十一师高炮营三连战士,1960 年 12 月 5 日牺牲。

张文卿(？ —1962 年 5 月)

河南省南召县(今河南省南阳市南召县)人。中国人民解放军空军 2097 部队飞行中队中队长,1962 年 5 月 22 日牺牲。

孙智君(1942 年—1964 年 5 月)

辽宁省铁岭县(今辽宁省铁岭市)人。中国人民解放军空军 7411 部队战士,1964 年 5 月 1 日牺牲。

孙智君

赵金海（1931 年—1967 年 3 月）

该烈士事迹在前文中已有说明，此处不做赘述。

王庆云（1940 年—1969 年 11 月）

河北省唐山市人。他出生在一个世代煤矿工人的家庭。1958 年，他以优异的成绩考取了南开大学。在接到录取通知书的同时，王庆云毅然放弃了升学的机会，投笔从戎，成了光荣的人民解放军战士。入伍后曾先后荣立三等功 2 次，荣获"模范共产党员""五好飞行员"的光荣称号。1969 年 11 月 5 日，他接受了一次战备飞行任务。在返航途中，由于发动机故障，飞机急速下降，为保卫人民的生命财产，他 3 次拉杆，飞机终因失速而坠毁。空军党委为表彰他的英雄事迹，特地给他追记一等功，并号召全军向他学习。

王庆云

龚海荣（1953 年 8 月—1972 年 5 月）

该烈士事迹在前文中已有说明，此处不做赘述。

计张顺（1930 年 6 月—1978 年 1 月）

该烈士事迹在前文中已有说明，此处不做赘述。

卜森林（1958 年 7 月—1978 年 7 月）

该烈士事迹在前文中已有说明，此处不做赘述。

王培林（1958 年—1978 年 8 月）

该烈士事迹在前文中已有说明，此处不做赘述。

朱昌林（1958 年—1979 年 7 月）

该烈士事迹在前文中已有说明，此处不做赘述。

董德鑫（1935 年 2 月—1980 年 10 月）

该烈士事迹在前文中已有说明，此处不做赘述。

朱建国（1962 年 7 月—1988 年 4 月）

该烈士事迹在前文中已有说明，此处不做赘述。

李雄伟（1967 年—1998 年 2 月）

该烈士事迹在前文中已有说明，此处不做赘述。

张康杰（1984 年—2005 年 6 月）

该烈士事迹在前文中已有说明，此处不做赘述。

李继文（1974 年 3 月—2007 年 9 月）

该烈士事迹在前文中已有说明，此处不做赘述。

田春良（1953 年 7 月—2009 年 2 月）

该烈士事迹在前文中已有说明，此处不做赘述。

曹徵祥(？)

生卒年不详。江苏省吴江县（今苏州市吴江区）人，四平市 6008 部队战士。

曾国清(？)

生卒年不详。广东省河源市龙川县鹤市区人。中国人民解放第二十一军一八三团一营一连战士。

陈万昌(？)

生卒年不详。籍贯不详。牺牲时所在单位为武警浙江总队医院。

宋家铭(1940 年—？)

上海市人，北京军区某军参谋。

后　记

　　为了更好地讲述英烈故事,进一步弘扬"红船精神",在迎接中国共产党建党百年之际,我们即将出版《初心永在——嘉兴英烈谱》一书。

　　本书编写于 2018 年年初至 2019 年年底,在编写过程中,南湖革命纪念馆以现有烈士资料为基础,走访了相关市、县(市、区)党史研究室、档案局、退役军人事务局,吸收了对相关烈士的研究成果;针对一些烈士名字、出生年月有不同版本的情况进行了考证,注明了出处,使得本书内容尽量准确翔实。在编写过程中,我们还对一些烈士事迹进行了深入挖掘。

　　2020 年,嘉兴革命烈士陵园整体移交给嘉兴市退役军人事务局管理。嘉兴市退役军人事务局大力支持本书的编写,并参与到本书的审稿、改稿、定稿过程,在此表示衷心感谢! 由于我们的学术水平有限,且烈士事迹搜集的难度较高,难免有疏漏和不足,敬请读者赐教和指正。

编　者
2021 年 3 月